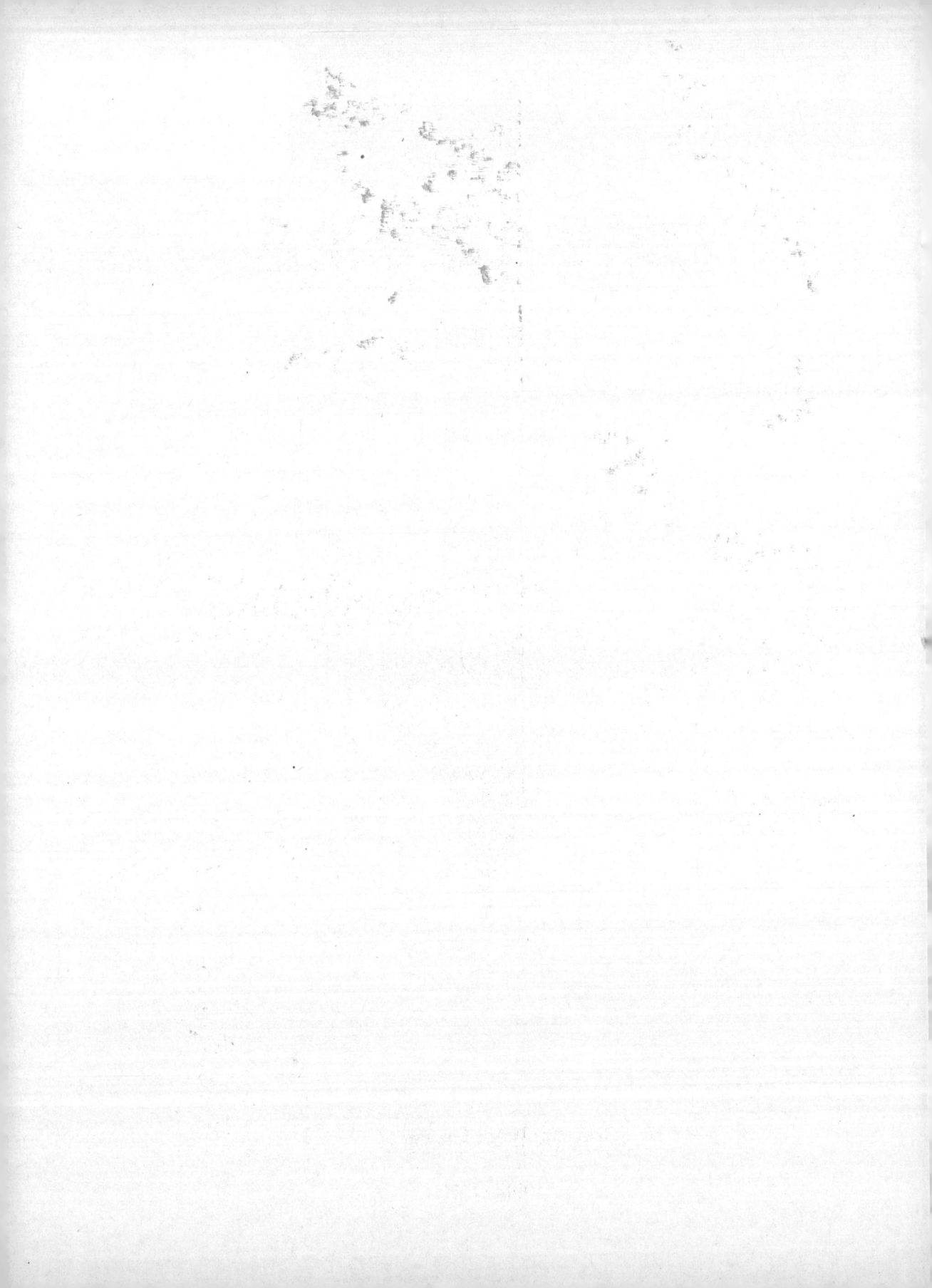

海峡华文教学论丛

（第1辑）

主 编 曾毅平

暨南大学出版社
JINAN UNIVERSITY PRESS

中国·广州

图书在版编目（CIP）数据

海峡华文教学论丛·第1辑／曾毅平主编．—广州：暨南大学出版社，2013.8
ISBN 978 - 7 - 5668 - 0552 - 2

I. ①海…　II. ①曾…　III. ①汉语—对外汉语教学—教学研究—文集　IV. ①H195 - 53

中国版本图书馆 CIP 数据核字（2013）第 086386 号

出版发行：暨南大学出版社

地　址：中国广州暨南大学
电　话：总编室（8620）85221601
　　　　营销部（8620）85225284　85228291　85228292（邮购）
传　真：（8620）85221583（办公室）　85223774（营销部）
邮　编：510630
网　址：http：//www.jnupress.com　http：//press.jnu.edu.cn

排　版：弓设计
印　刷：广东昊盛彩印有限公司

开　本：787mm×960mm　1/16
印　张：14.25
字　数：304 千
版　次：2013 年 8 月第 1 版
印　次：2013 年 8 月第 1 次

定　价：32.00 元

目　录

基于多媒体的汉语二语拼音教学实验研究^①

王功平

【摘　要】文章研究设计了基于多媒体的汉语拼音教学模式，并进行了教学实验。结果显示：该汉语拼音教学模式具有很强的适应性，可以显著提高汉语拼音教学效果。在实验研究基础上，文章详细介绍了基于多媒体的汉语拼音教学系统及其操作方法。

【关键词】多媒体；汉语拼音；教学模式；教学实验

0. 引言

从语音在语言系统中的地位角度看，语音是语言的物质外壳，是语言的首要因素。从人类交际手段的角度看，语音因具有便捷性、独立性等优点，而成为人类最重要的交际工具。从人类语言学习过程的角度看，听说总是领先于读写等其他技能。从教学法发展历程的角度看，众多教学法流派也都注重听说（盛炎，1989：138—159）。如 19 世纪末 20 世纪初产生于西欧的直接法（又称"改革法"或"自然法"），主张以口语教学为基础，强调语音和口语是外语教学的基础，是语言活动的中心，也是入门阶段的主要手段和目的。20 世纪二三十年代产生于英国的情景法，要求教学从口语开始，教材先用于口头训练，然后再教书面形式。20 世纪 40 年代产生于美国的听说法，更是强调要把教学的重点放在发展听、说技能上。从当前汉语二语学习者需求的角度看，他们对听说的需求最大。如高彦德、李国强、郭旭（1993：36）等人调查1 178 名来自不同国家、不同职业、不同汉语水平的汉语二语学习者后得出，分别有70.1% 和 58.5% 的受访者认为"说"与"听"很重要，遥遥领先于读（30%）、写（19.5%）、译（26.3%）三项语言技能。涩谷周二（2001）专门对日本汉语学习者的调查也显示："发音"和"听力"是日本学生心目中的学习难点和学习重点。但是当前的对外汉语教学和汉语国际传播中，语音教学效果还远未达到学习者的理想要求（林焘，1996；赵金铭，2004：12）。因此，我们必须大力探索提高汉语拼音教学效果的有效途径，以切实服务我国汉语国际传播战略的纵深发展。本研究设计了基于多媒体的汉语二语拼音教学系统，并开展教学实验对其效果进行了检验。

---

① 本文为国家语委研究项目《汉语国际传播中汉语拼音推广及应用的问题与对策研究》（项目编号：YB125 – 33）的研究成果之一。

1. 基于多媒体的汉语二语拼音教学系统

1.1 系统设计的理论基础

Krashen 认为第二语言能力来自习得的能力，来自下意识获得的语言知识。只有"习得"才能直接促进第二语言能力的发展（Krashen，1981）。并且，只有当习得者接触到"可懂的语言输入"，即略高于他现有语言技能水平的第二语言输入，而他又能把注意力集中于对意义或对信息的理解而不是对形式的理解时，才能产生习得（Krashen，1985）。也就是说，为了使二语学习者有所进步，输入的语言信息既不能过难，也不能过易，只能是 i + 1，i 代表学习者目前所处的语言水平，i + 1 是稍微超出他目前所处的水平。而要实现习得，就要给学习者创造大量的语言环境，这个必须借助多媒体来实现。同一个班的汉语二语学习者，国别各异，水平参差，要达到或者接近 i + 1 的输入，也只有借助多媒体来实现。

1.2 系统的构成

整个汉语语音教学系统包括三大块：一是标准汉语拼音发音数据库；二是汉语拼音感知教学系统；三是汉语拼音发音教学系统。三者相互交叉、相互支持。

1.2.1 标准汉语拼音发音数据库

该数据库由说标准普通话的中国人发音，共计包括 20 位中国标准普通话发音人的口语录音：其中男生 10 人，女生 10 人；来自中国北方地区的 10 人，来自中国南方地区的 10 人；普通话水平达到一级乙等的 10 人，普通话水平达到二级甲等的 10 人；年龄与大多数留学生的（即在 18—30 周岁）相当。录音的内容包括汉语拼音的声母、韵母、包含声韵母组合后各类声调的单字，以及包含各类声母组合、韵母组合和声调组合的双音节词、句子和短文。句子录音涵盖陈述句、疑问句、祈使句和感叹句四类，短文主要包括记叙文、散文、说明文和议论文四类。

1.2.2 汉语二语拼音听说训练系统

该系统除了一般的计算机外，还主要包括 Cool - Edit 语音录制处理软件、Praat 语音分析软件和汉语拼音训练—测试软件。其中 Cool - Edit 语音录制处理软件主要用于录制各类汉语语音学习材料，并对这些材料进行变速（加速或者减速等）处理，以适应不同汉语二语学习者的汉语拼音学习特点和需求，同时也随时录制学习者自己的发音。Praat 语音分析软件可以为汉语二语学习者掌握汉语拼音的发音特点提供直观的图谱和数字化的特征参数。汉语拼音训练—测试软件，可以让教师和汉语二语学习者及时地掌握自己在汉语拼音学习中的难点和弱点。

1.3 系统的功能

1.3.1 对比教学功能

根据对比材料的差异，对比教学功能主要包括语际对比、语内对比和正误对比三种。

　　语际对比指汉语拼音与学习者母语相似语音的对比。二语学习者学习二语语音过程中，普遍地受到母语"负迁移"（Negative Transfer）的影响（Lado，1957：2；Ellis，1999：19—41），语音上的表现尤为突出。汉语拼音教学通常都是学习者的汉语学习入门阶段，老师如果不讲两种语言中的相似语音的差异，学习者往往很容易错听或者错发成自己母语中的相似音。而讲解起来，往往会用到很复杂的语言，学习者难以理解。这时借助软件的直观对比，学习者可以更好地掌握二者的差异。如对于印尼汉语二语学习者来说，很容易将汉语辅音 c[tsʰ] 与其母语的辅音 c[ts] 相混淆。教师在教印尼汉语二语学习者汉语拼音声母 c[tsʰ] 时，可以利用 Praat 软件将标准普通话发音语料样本 cā[tsʰA⁵⁵] 和标准的印尼语发音样本 ca[tsa] 剪贴复制到同一个窗口中进行对比。为了尽量减少韵母对辅音学习的影响，这里用标准普通话的 cā[tsʰA⁵⁵] 和标准印尼语发音 ca[tsa] 对比，而不用标准普通话的 cā[tsʰA⁵⁵] 和标准印尼语发音 ci[tsi] 对比。通过观察图1，可以粗略地看出二者之间在时长、频谱下限位置，以及强频峰频率 F1、F2、F3、F4 的分布都存在明显的差异。

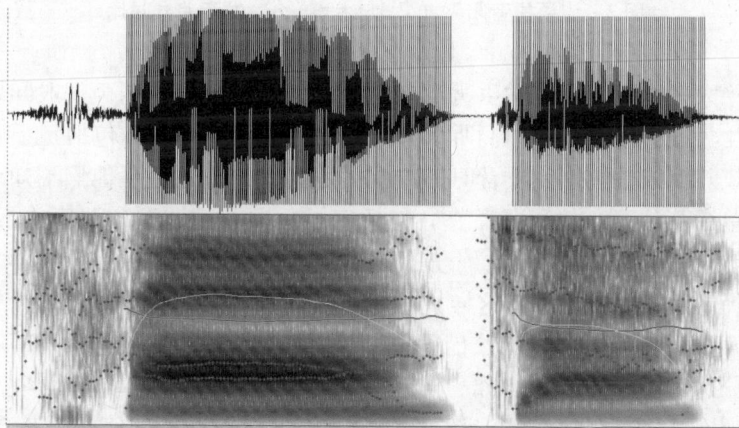

图1　标准普通话的 cā[tsʰA⁵⁵] 和标准印尼语 ca[tsa] 语图对比

　　语内对比，即汉语拼音内部相似的语音项目之间的对比。汉语中的第二声和第三声发音，对母语为无声调语言的汉语二语学习者来说非常困难，就是母语为声调语言的汉语二语学习者也常常把握不准。为了解决这一难点，教师引导学生练习时，可以将同一韵母下阳平与上声同时调入 Praat 软件，打开如下图2大小，引导学生一边听录音，一边看软件中的指针指示的语图特征。让学生在听和看中，体会上声与阳平的最大区别：一是中部靠前的地方尽力向下降，二是最后的音高点要明显低于阳平。

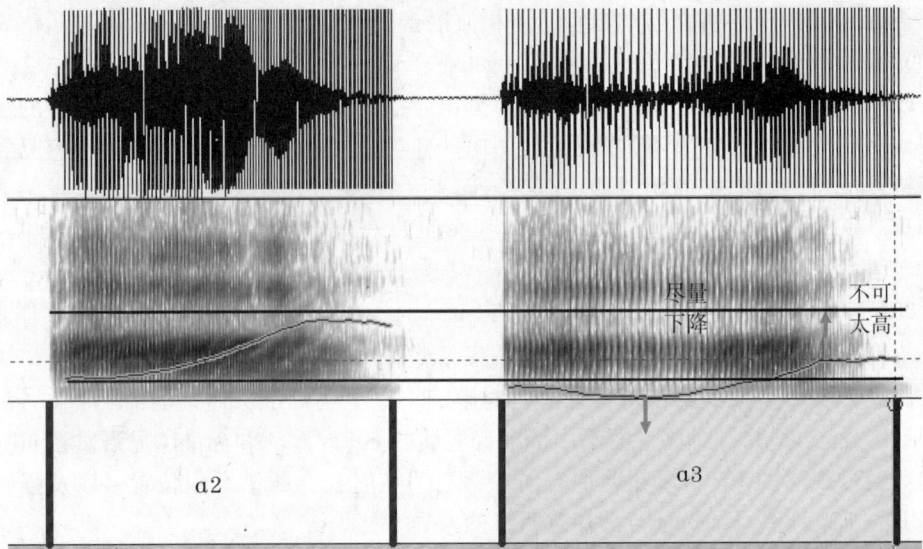

图 2　汉语拼音阳平（á）与上声（ǎ）发音差异对比

　　另外，绝大多数高年级留学生听辨单音节时，区分汉语的四声一般问题不大，发单音节时也比较准。但是，当他们听辨汉语双音节或者多音节（包括句子）中的四声时，偏误就成几何级数增加，发音时的洋调更是突出。这主要是他们不知道同样的一个声调，在单音节、双音节和多音节（包括句子）中，其调型和调值并不完全相同，有时甚至差异很大。老师上课时，一方面是主观上忽略了这点，另一方面是无法用准确的语言解释清楚其中的差异。这样使得留学生听辨或者发双音节和多音节（包括句子）字组的声调时，就错误百出。借助 Praat 软件进行声调语图对比，就可以帮助学生很好地区分这些声调的变体。如"今天（jīntiān）"尽管二字均是阴平，但是"今（jīn）"字的阴平与"天（tiān）"字的阴平显然不同，前者的调值比后者要高出很多。学生听辨类似"今天（jīntiān）"这样的阴平＋阴平组合时，可以将声音文件打开如图 3 大小，耳朵听音的同时，眼睛看图，看到图 3 所显示的"今（jīn）"字阴平与"天（tiān）"字阴平的调值差异，就可以很好地帮助听辨同一声调的各种变体。再有准备地模仿其中的发音，连调发音的偏误就可以大大减少。

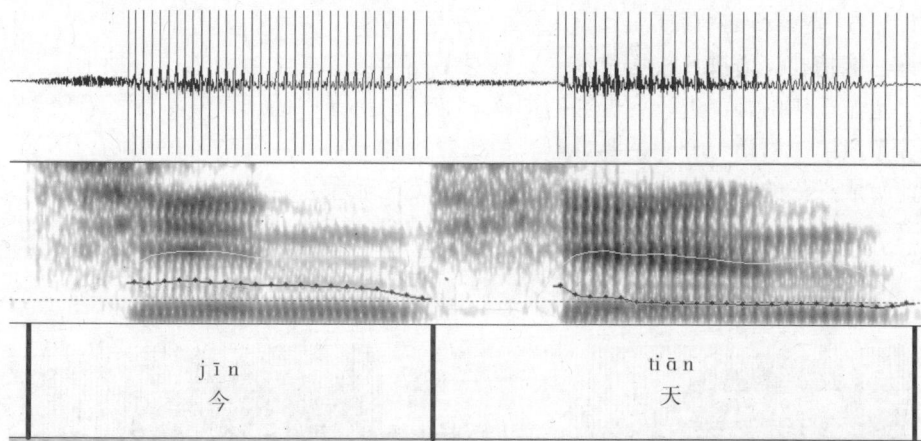

图3 "今（jīn）"字阴平与"天（tiān）"字阴平的调值对比

　　正误对比，即二语学习者的发音与标准音之间对比。二语学习者发汉语拼音时，发生了偏误，往往自己也听不出来。教师可以借助 Praat 软件，将其偏误音与标准音放在一起，在对比听辨的同时，对比观察其中的偏误差异。图4就是一留学生发 chà [tʂʰAˑ⁵¹] 时的偏误音 ch[tʂʰ] 与标准普通话的 ch[tʰ] 的语图对比。可以粗略地看出二者之间在时长、频谱下限位置，以及强频峰频率 F1、F2、F3、F4 的分布都存在明显的差异。

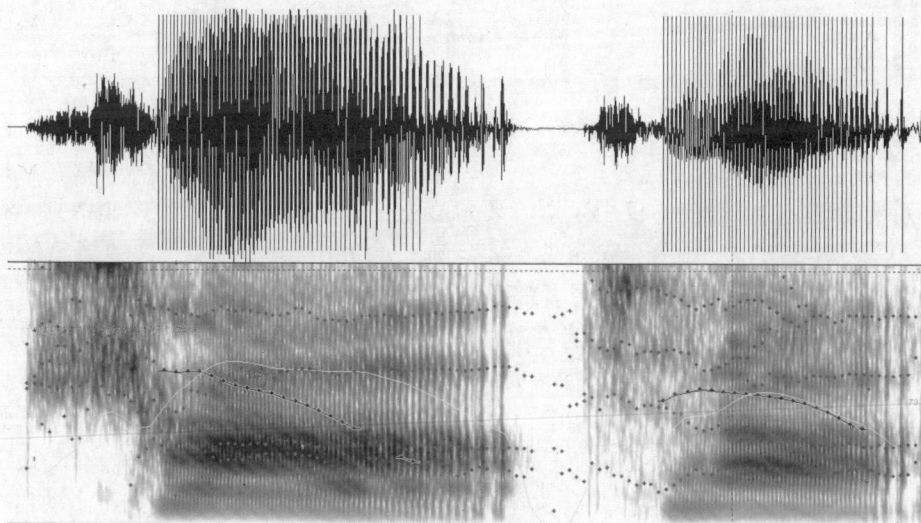

图4 标准普通话 chà[tʂʰAˑ⁵¹] 和二语学习者偏误音 chà[tʂʰAˑ⁵¹] 语图对比

1.3.2　定位凸显功能

该功能指在汉语拼音教学过程中，针对不同学习者的学习困难，借助上述系统和软件，定位于该困难，进行突击性的训练。如汉语拼音中的送气—不送气音听辨和发音是多数汉语二语学习者的主要难点。由于收到送气辅音后接韵母的影响，不送气的也可能听成送气的。借助 Praat 软件，我们可以准确地定位训练一个音节中的不送气或者送气部分，让学生一边用耳朵听音，一边用眼睛看图，让其自己发现二者的显著差异。

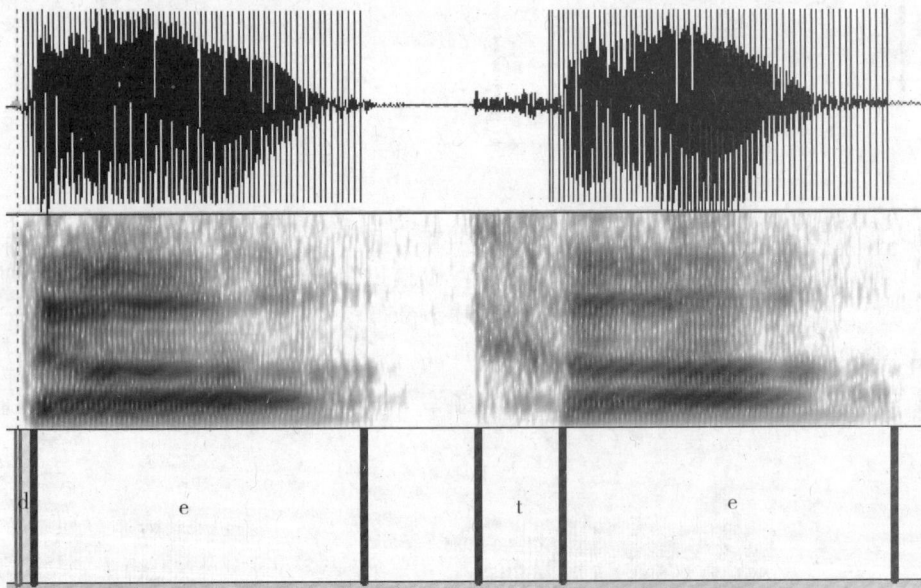

图 5　不送气—送声母（d–t）的语图差异

系统的定位凸显功能不仅用于语音要素教学中，在语流教学中的作用更加明显。例如，学习者在听辨"你先坐一下儿，李老师一会儿下了课就来"这句简单的汉语时，很多学习者，包括中高级学习者都听不懂说的是什么。将文字写给他们看时，初级学习者都明白。为什么呢？笔者在教学中发现，他们关键是没有听懂句中"一下儿"和"一会儿"这两个词语。如果是将单独的"一下儿"和"一会儿"语音材料给他们听，问题也不大。到了语流中，他们就不知所云了。这说明对于这类词语关键就是要夹在语流中进行训练。借助 Cool–Edit 或者 Praat，我们就可以轻松准确地定位于句中的"一下儿"和"一会儿"进行训练，真正做到有的放矢，达到事半功倍。

1.3.3　调整适应功能

该功能是调整教学材料，以便适应水平不同的汉语学习者。一般老师都很怕上听力课。因为在精读课中，老师应该根据不同水平的学习者调整提问的语速。但是听力课上，不管学习者是水平高的，还是水平低的，听力材料往往是一样的。利用 Cool - Edit 或者 Praat，我们就可以将听力材料加速和减速，用慢速—常速—快速，或者用快速—常速—慢速的顺序进行练习。这样各类水平的学生就都可以得到训练。特别是课后，教师可以将同一材料调整成不同的语速，发给不同水平的学生回家练习。真正做到因材施教，水平高的不会感到吃不饱，水平低的也不会吃不消。教师甚至也可以发给不同学习者不同语速的材料。

2. 教学实验

2.1 实验对象

实验对象为本校两个初级班，实验班和对照班的人数分别为 23 人和 21 人，分别来自韩国、印度尼西亚、泰国、越南、法国、巴拿马、俄罗斯、乌克兰、委内瑞拉等国家。两个班的男女性别比例、学生年龄、学习汉语的时间均基本相当。

2.2 实验时间

实验历时半个学期，大约 2 个月，共计 8 周。每周 3 次，每次 2 个小时的汉语拼音听说训练。

2.3 实验材料

实验班（非本科班）和对照班（本科班）都使用杨雪梅主编的《汉语听力教程》第一册（2004 年北京语言大学出版社出版），但是两个班使用教材的方式不同。具体差异见表1。两个班开设的其他课程类别（如精读、汉字）一样，课程使用的教材也一样，授课教师也基本相当。

2.4 实验过程

实验前，先对两个班的汉语语音水平进行一次测试，测试的试题、时间、方式都完全一样。包括汉语拼音听力测试和发音测试。

实验过程中，对实验班和对照班分别采用了不同的听—说教学方法。二者的主要区别在于：听力训练时，尽管两个班都由研究者一个人上课，上课的内容一样，并同样将录音内容发给学生，让学生可以课后自己练习。但是对照班仅仅按照教材提供的录音材料播放给学生听。实验班上课播放录音时，利用 Praat 提供可视的语图，让学生耳朵听录音的同时，眼睛看到不同发音的语图；利用 Praat 剪贴功能，科学地改变教材录音材料顺序，把一些留学生容易混淆的相似语音摆放在一起，进行密集的音 + 图对比（如上面的图2、图5）；老师讲解这些相似语音的差异时，也不仅是口头解释和放听录音，而是同时借助语图特征进行区分；并指导学生借助 Praat 软件的语速调整操作功能，对同一录音材料改变成不同的语速进行练习。

发音训练过程中，对照班只是一般性地模仿教师或者教材录音，而实验班在口头模仿的同时，眼睛可以看到所模仿语音的语图，以更好地控制自己的发音情况。模仿同一材料时，对照班只有一种语速；而实验班模仿，利用 Praat 有时改变成慢速模仿，有时改变成快速模仿。老师讲解相似语音发音差异时，对照班仅仅是口头解释 + 模仿；实验班则是口头解释 + 发音模仿 + 语图对照。实验班还指导学生利用 Praat 的精确选择功能，有的放矢地反复练习一些难词、难句的发音。两班教学的差异归纳如表 1。

表 1　两班训练方法和教材使用方式差异

	实验班	对照班
听力训练	耳听录音 + 眼看语图	仅仅听
	利用系统剪贴功能，进行密集对比	遵照教材录音顺序
	利用系统有针对性地改变语速听	遵照教材录音语速
	利用系统有选择有重点地反复听	一般地反复听
	利用系统显示的语图讲解相似语音的差异	一般地讲解相似语音的差异
口语训练	口模仿 + 眼看图	单一地模仿
	利用 Praat 语图对比发相似语音	一般性地对比发相似语音
	改变语速模仿发音	按教材语速模仿发音
	利用 Praat 突出句子难词的发音	一般地重复句子发音

实验结束后，对两个班进行统一测试。测试的试题、时间、方式都完全一样。测试仍包括听和说两个部分。听力试题的评阅由研究者一人完成，发音测试的录音，由三位受过语音专业训练的研究生共同评分，然后计算平均分。

测试结束后，对实验班和对照班学生的汉语拼音听和说两项成绩进行两个独立样本的 t 检验。

2.5　实验结果

通过对实验前两组被试的听力成绩进行两个独立样本的 t 检验（Independent Samples Test），结果显示，对照班感知的平均分为 49.250 7，标准差为 5.192 3；实验班汉语拼音感知的平均分为 47.163 2，标准差为 5.761 2（见表 2）。$p = 0.658 > 0.05$，说明两组被试汉语拼音的感知成绩无显著差异。

表 2　实验前实验班和对照班的听力测试成绩

	N	Mean	Std. Deviation	Std. Error Mean
对照班	21	49.250 7	5.192 3	1.835 2
实验班	23	47.163 2	5.761 2	1.970 1

同样，通过对实验前两组被试的汉语拼音发音成绩进行两个独立样本的 t 检验，结果显示，对照班发音的平均分为 35.501 1，标准差为 3.691 8；实验班发音的平均分为 33.153 1，标准差为 3.956 3（见表 3）。$p = 0.705 > 0.05$，说明两组被试的汉语拼音发音成绩也无显著差异。

表 3　实验前实验班和对照班的发音测试成绩

	N	Mean	Std. Deviation	Std. Error Mean
对照班	21	35.501 1	3.691 8	1.048 5
实验班	23	33.153 1	3.956 3	1.192 7

综合上面的结果，说明实验前两班的总体成绩无显著差异，而且对照班的成绩略微好于实验班的。

通过对实验后两组被试的感知成绩进行两个独立样本的 t 检验，结果显示，对照班感知的平均分为 67.515 6，标准差为 11.034 7；实验班感知的平均分为 83.172 9，标准差为 6.976 1（见表 4）。$p = 0.001 < 0.05$，说明两组被试的感知成绩存在显著差异，即实验班的听力成绩显著好于对照班的。

表 4　实验后实验班和对照班的汉语拼音听力测试成绩

	N	Mean	Std. Deviation	Std. Error Mean
对照班	21	67.515 6	11.034 7	3.158 1
实验班	23	83.172 9	6.976 1	2.169 7

同样，通过对实验后两组被试的发音成绩进行两个独立样本的 t 检验，结果显示，对照班的汉语拼音发音平均分为 53.692 1，标准差为 10.530 1；实验班的汉语拼音发音平均分为 76.835 6，标准差为 6.963 1（见表 5）。$p = 0.001 < 0.05$，说明两组被试的发音成绩存在显著差异，即实验班的口语成绩显著好于对照班的。

表 5　实验后实验班和对照班的汉语拼音发音测试成绩

	N	Mean	Std. Deviation	Std. Error Mean
对照班	21	53.692 1	10.530 1	5.069 1
实验班	23	76.835 6	6.963 1	3.721 9

3. 讨论与结论

实验中的两个班，所处的教学环境相同，开设的课程完全一样，其他课程的教学方法和教学时间基本一样，他们实验前的汉语基础也基本相当。实验前后两班的汉语拼音听辨和发音成绩产生了显著的差异，说明以上汉语拼音听说训练系统达到了很好的效果。整个实验过程都是在自然的状态下进行的，即学生不知道老师在进行教学实验。实验后，我们对实验班的有关学生进行了访谈，都认为这种语音教学系统对他们学习汉语拼音很有帮助。

该系统在使用过程中必须注意以下几点：

（1）先要让学生学会 Praat 软件的基本操作，教师讲解其操作过程时，不能用过多的语言解释，而要手把手地操作演示。

（2）教学生观察 Praat 所显示的语图特征时，不必要求全面，更不必要求精深，达到研究的水平，只要能了解大概轮廓，如哪些表示声母，哪些表示韵母，哪些表示声调等，有简单的认识就可以了。

（3）Praat 软件只能播放 WAV 格式的声音文件，因此教师无论是上课还是课后布置听说材料，都要注意将其他格式的声音文件转化成 WAV 格式后发给学生。

（4）告诉学生自己借助 Praat 软件练习发音时，也不必要求发出的音的各项参数都与中国人的标准普通话一样，只要达到相应比例就可以。如送气辅音的送气时长，中国人的标准普通话有的可以达到 200ms，留学生一般很难达到。只要留学生的成对不送气—送气辅音的相对时长拉开距离就可以了。如 d - t，不能 d 的时长是 41ms，t 的时长也只有 63ms。当然，该系统在教学中的高效运用，还有待进一步开发和完善。

参考文献

［1］Cenoz. J. Pauses and communication strategies in second language speech ［J］. *Reports-Research*, 1998，143：25 – 36.

［2］Ellis. R. *Understanding Second Language Acquisition* ［M］. 上海：上海外语教育出版社，1999.

［3］Flege，J. E. Second language speech learning：Theory，findings，and problems ［A］. In W. Strange（Ed.），*Speech Perception and Linguistic Experience：Issues in Cross-language Research* ［C］. Timonium，MD：York Press，1995. 233 – 277.

［4］Flege，J. E. The relation between L2 production and perception ［C］. In *Proceedings of ICPhS99* （San Francisco），1999. 1273 – 1276.

［5］Krashen,S. D. *The Input Hypothesis：Issues and Implcations* ［M］. London：Longman，1985. 83.

［6］Krashen，S. D. *Second Language Acquisition and Second Language Learning* ［M］. Oxford，etc：Pergamon，1981.331，336，362，363，388，391，404.

［7］Lado，R. *Linguistics across Cultures：Applied Linguistics for Language Teachers* ［M］. Ann Arbor：University of Michigan Press，1957.

［8］Larsen-Freeman，D. & Michael，H. *An Introduction to Second Language Acquisition Research*（第二语言习得研究概况）［M］. 北京：外语教学与研究出版社，2000.

［9］Li Aijun, Xia Wang. A contrastive investigation of standard Mandarin and accented Mandarin［A］. In *Proceedings of EURO SPPECH* 2003［C］. 2003. 317 – 319.

［10］Marsono. *Fonetic*［M］. Yogyakartar：Gadjah Mada University Press，1999. 61 – 98.

［11］Miracle，W. C. Tone production of American students of Chinese：A preliminary acoustic study［J］. *Journal of the Chinese Language Teachers Association*，1989，24（3）：49 – 66.

［12］Selkirk，E. Sentence Prosody：Intonation，stress，and phrasing［A］. In J. Goldsmith（ed.）*Handbook of Phonological Theory*［C］. Cambridge MA：Blackwell，1995. 550 – 569.

［13］Voicer. W. D. Diagnostic acceptability measure for speech communication systems［A］. *Acoustics，Speech，and Signal Processing，IEEE International Conference on ICASSP '77*［C］. 1977. 204 – 207.

［14］陈默，王建勤. 汉语作为第二语言的口语产出韵律边界特征的个案研究［J］. 汉语学习，2008（4）：102—108.

［15］董琳莉. 印尼华裔学生学习普通话语音的难点及其克服办法［J］. 汕头大学学报（人文科学版），1997（2）：84—89.

［16］高彦德，李国强，郭旭. 外国人学习与使用汉语情况调查报告［M］. 北京：北京语言学院出版社，1993. 36.

［17］林焘. 语音研究和对外汉语教学［J］. 世界汉语教学，1996（3）：18—21.

［18］盛炎. 语言教学原理［M］. 重庆：重庆出版社，1996.

［19］王功平. 留学生普通话单音节声母偏误实验研究［J］. 语言教学与研究，2008（5）：32—38.

［20］王建勤. 汉语作为第二语言的学习者语言系统研究［M］. 北京：商务印书馆，2006. 1—91，388—447.

［21］赵金铭. 对外汉语教学概论［M］. 北京：商务印书馆，2004. 349.

［22］周小兵. 遵循客观规律，降低汉语学习和使用难度［J］. 世界汉语教学，2007（3）：27—28.

【作者简介】

王功平，男，博士，暨南大学华文学院应用语言学系副教授，硕士研究生导师。主要研究领域：实验语音学、对外汉语教学、语法学。

韩国留学生汉语塞音塞擦音发音的实验研究

王茂林　于小婷

【摘　要】声学实验分析发现，随着学习阶段的变化，韩国留学生的送气和不送气对立意识并不总是呈向好趋势。同时，通过留学生各阶段所习得塞音、塞擦音与汉语普通话塞音、塞擦音的 VOT 差值对比，可以看到随着学习阶段的进阶，差值也不是越来越小，不同发音部位的塞音、塞擦音的习得情况各有不同。

【关键词】塞音；塞擦音；习得

0. 引言

在塞音和塞擦音方面，高美淑（2001）通过对汉语与韩语辅音的 VOT 均值对比，发现对塞音来说，韩语的紧辅音与汉语的不送气音更接近。汉语与韩语在送气音的强弱上差别不大。本文通过对韩国留学生塞音和塞擦音的习得进行声学参量上的考察，来看其中的情况和规律。

1. 实验程序

本文的发音字表共有 78 个单音节字，包含了除了 r 的所有声母辅音。被试组发音人为暨南大学华文学院语音集中教学阶段的韩国留学生，初级、中级、高级三个不同学习阶段的留学生各 12 名，其中每个阶段男女生各 6 位。对照组为 12 名普通话二甲以上的中国人，男女也各 6 位。在录音设备方面，我们使用的是 Cooledit 录音软件，采用 44 100Hz 的采样率和 16Bit 的采样精度。在统计数据方面，我们经过对录音进行有目的的加工，通过编写程序提取"浊音起始时间"和"中心频率"两个声学参量数据进行统计，分析韩国留学生习得塞音、塞擦音的情况。

2. 韩国留学生发音实验的声学分析

2.1 对塞音的声学分析

2.1.1 送气塞音和不送气塞音的 VOT 均值对比

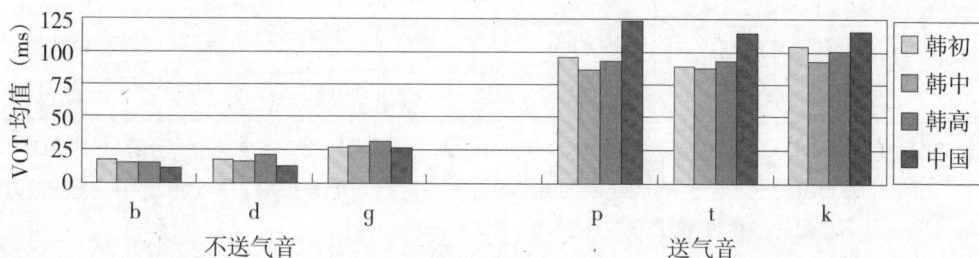

图1　中－韩塞音 VOT 均值对比

　　（1）从韩国留学生在初、中、高三个学习阶段习得不送气塞音和送气塞音的习得情况（见图1）来看，可以观察到韩国留学生在习得普通话塞音时，不送气塞音的 VOT 值大于标准塞音的 VOT 值，送气音的 VOT 值又小于标准塞音的 VOT 值，造成韩国留学生习得的塞音的不送气音与送气音 VOT 的差值比标准塞音的 VOT 差值要小，即表明送气/不送气这一对立意识还不够深刻，并且随着学习阶段加深，不送气塞音习得的情况始终得不到很好的改善。从韩语的语音系统来看，韩语塞音在同一发音部位分为紧音、松音、送气音。通常认为，紧塞音对应普通话辅音中的不送气音，送气音对应普通话辅音中的送气音，松音居于送气和不送气音之间。韩语紧塞音的 VOT 比普通话的不送气塞音的 VOT 略小，韩语送气塞音的 VOT 比普通话的送气塞音的 VOT 略大，如此说来，在习得普通话时这种不送气/送气的对立意识应该很强，但是结果却相反。我们分析可能存在两个原因。一是，在韩语中，紧音和松音并不存在区别意义，韩国学生经常把这两组音交替使用。高美淑（2001）曾提到过中国人在听韩语松辅音时，有时觉得像汉语不送气音，有时像汉语送气音。"从音位的角度考虑的话，韩语的松辅音属于不送气音，而它的声学表现由于出现位置的不同，当松辅音在词首位置时，带有轻微的送气。"这种用松音的发音方法来发送气和不送气音，导致了不送气/送气这一对立意识减弱。二是，由于我们在教学过程中，采用声韵结合的方式来教授辅音，如用 bo、po 来教授 b、p 两个辅音，这样一来，就容易拉长不送气音音长，缩短送气音音长，也致使学习者在送气/不送气音上有混听，会采用松音来代替不送气和送气音，最终导致送气和不送气音 VOT 差值很小，造成送气/不送气这一对立意识不强。

表1　标准普通话送气塞音与不送气塞音的 VOT 差值与韩国留学生初中高
各学习阶段送气塞音与不送气塞音的 VOT 差值对比

VOT 差值（ms）＼学习阶段	韩初	韩中	韩高	中国
△VOT（p－b）*	78.5	71.8	77.8	112.2
△VOT（t－d）	71.9	71.1	71.5	101.2
△VOT（k－g）	77.9	65.9	69.5	88.9

＊△VOT，表示两个 VOT 的差值。例如：△VOT（p－b）表示送气塞音 p 与不送气塞音 b 的 VOT 差值。当留学生表现出的这种差值越接近于汉语母语者所表现出来的差值时，即表明留学生对送气和不送气这一对立意识的习得也越好。

（2）在表1中，我们把韩国留学生在不同学习阶段中，送气塞音和不送气塞音的 VOT 差值与标准送气塞音和不送气塞音的 VOT 差值进行对比，可以发现，韩国留学生的送气和不送气这种对立意识在初、中、高三个学习阶段的差值变化并不是很大，或者说有点停滞不前的趋势。这说明在发音上能够区别意义正误的前提下，学生对这一发音方法的学习上有所放松。

2.1.2　标准塞音与留学生习得的塞音 VOT 均值对比

表2　标准塞音与韩国留学生不同学习阶段习得的塞音 VOT 均值的差值对比

VOT 差值（ms）＼塞音	△VOT（中－韩初）*	△VOT（中－韩中）	△VOT（中－韩高）
b	－5.8	－3.4	－3.2
d	－4.5	－3.4	－8.0
g	－0.5	－1.0	－4.7
p	27.9	37.0	31.2
t	24.8	26.7	21.7
k	10.5	22.0	14.7

＊△VOT（中－韩初），是指标准塞音与韩国留学生在初级学习阶段习得的普通话塞音的 VOT 差值。如 b＝－5.8，是指标准塞音 b 的 VOT 均值与韩国留学生在初级阶段习得的塞音 b 的 VOT 值的差值。若差值为正值，是指前者的 VOT 值大于后者的 VOT 值；若差值为负值，则相反。当△VOT 的绝对值越小，我们认为学生发音的准确性相对就越高。

（1）从韩国留学生习得的每个塞音在初、中、高三个阶段与标准塞擦音的 VOT

均值差值（见表2）来看，并不是随着学习阶段的进阶，VOT 差值越来越小，而是表现出，不送气音 VOT 差值呈现出"大小大"的趋势，送气音的 VOT 差值呈现出"小大小"的趋势。之所以会出现这种情况，一是因为紧音和松音的混淆，松音和送气音的混淆，二是可能因为在能够使用习得的辅音来表达正确的意思后，在学习态度上的松懈造成留学生不去追求更精准的发音。另外，在留学生对塞音习得的三个阶段中，我们发现中级阶段是很特别的，塞音 VOT 的习得基本上是在经历了这个阶段的调节后 VOT 发生或大或小的转变。所以，我们要特别重视中级阶段的语音教学活动。

（2）从发音方法来看，在初、中、高各个学习阶段，韩国留学生对不送气塞音的习得效果都比对送气塞音的习得效果要好。所以在我们教学的各个阶段都要加大对送气塞音的教学力度。

（3）从发音部位来看，在初、中、高三个学习阶段，韩国留学生对舌根音的习得情况看起来基本都比舌尖中音和双唇音的习得情况要好，特别是初级阶段较为明显。我们猜测这可能与发音部位有关系，舌根音本身发音部位靠后，本身除阻阶段时间要长，越可能采用紧音而不是松音的发音方法来发音，所以造成其与标准舌根音的 VOT 差值变小。另外，总的来说在各学习阶段，舌尖中音比双唇音容易习得，我们从简单分析出来的偏误表也可以看出舌尖易于双唇的习得，如表3所示。

表3　韩国留学生在初中高学习阶段对双唇音和舌尖中音习得的偏误次数统计

两类塞音	偏误次数（次）	韩初	韩中	韩高
	b	2	1	1
	d	0	0	0
	p	2	2	2
	t	0	0	1

2.2　对塞擦音的声学分析

2.2.1　送气塞擦音和不送气塞擦音的 VOT 均值对比

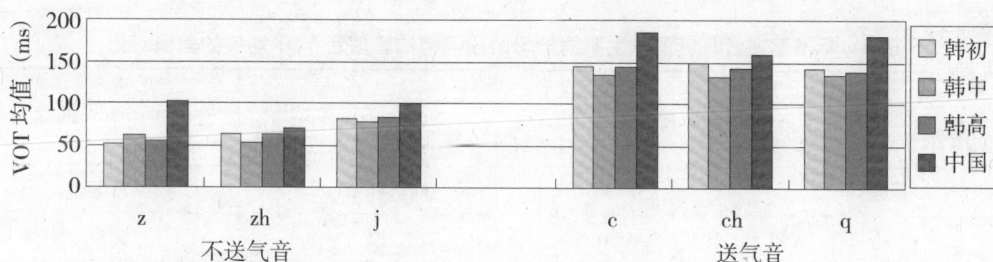

图2　中－韩塞擦音 VOT 均值对比

15

（1）从韩国留学生在初、中、高三个学习阶段习得不送气塞擦音和送气塞擦音的情况（见图2）来看，可以观察到韩国留学生在习得普通话塞擦音时，不送气塞擦音和送气塞擦音的 VOT 均值都要小于标准塞擦音的 VOT 均值，这是与塞音不同的。至于原因，可能是因为在塞音的习得中，韩语本身的语音系统中已经存在塞音音位，由于母语正迁移的影响和留学生习惯采用松音的发音方式来学习普通话塞音，就会使习得的塞音 VOT 均值偏大。而对于塞擦音来讲，原韩语语音系统中根本没有同汉语塞擦音这些发音部位相同的音，·可能在发音上由于不准确的缘故，致使塞擦音 VOT 值不如标准音的 VOT 值大，具体原因，还需从具体的语言偏误中寻找。

（2）在表4中，我们把韩国留学生在不同学习阶段中，送气塞擦音和不送气塞擦音的 VOT 差值与标准送气塞擦音和不送气塞擦音的 VOT 差值进行对比，可以发现，舌尖前音的送气和不送气这种对立意识经过中期的波折后的习得效果与标准音已相差无几；而舌尖后音和舌面前音的送气音和不送气音这种对立意识在三个学习阶段中变化不大，甚至随着学习阶段的加深，这种意识越来越弱。所以在教学过程中，特别是中高级阶段，对这种对立意识一定要再加强。但只是通过这样简单的△VOT 对比，也并不能描述出留学生在习得辅音时，送气和不送气音这种对立意识的准确情况，毕竟还需要看送气和不送气音各自内部的每个个体的 VOT 值情况。

表4　标准普通话送气塞擦音与不送气塞擦音的 VOT 差值与韩国留学生在初中高各学习阶段送气塞擦音与不送气塞擦音的 VOT 差值对比

VOT 差值（ms）　　学习阶段	韩初	韩中	韩高	中国
△VOT（c－z）	93.5	74	88.5	83.6
△VOT（ch－zh）	82.4	80.4	78.6	89.4
△VOT（q－j）	61.2	56.6	55	85.1

2.2.2　标准塞擦音与留学生习得塞擦音的 VOT 均值对比

表5　标准塞擦音与韩留学生不同学习阶段习得的塞擦音 VOT 均值的差值对比

VOT 差值（ms）　塞擦音	△VOT（中－韩初）	△VOT（中－韩中）	△VOT（中－韩高）
z	51.3	41.2	47.3
zh	6.3	17.8	6.1
j	16.6	20.0	13.0

（续上表）

VOT 差值（ms） 塞擦音	△VOT（中－韩初）	△VOT（中－韩中）	△VOT（中－韩高）
c	41.4	50.8	42.4
ch	13.3	26.8	16.9
q	40.5	48.5	43.1

（1）从韩国留学生习得的每个塞擦音在初、中、高三个阶段与标准塞擦音的 VOT 均值差值（见表5）来看，随着学习阶段的进阶，除了 z 以外，其余的塞擦音 VOT 差值都是呈现"小大小"的趋势，其中 zh/ch 在学习的中级阶段的波动很大，但最终习得结果还是不错的。

（2）从发音方法来看，除了 z，在初、中、高各个学习阶段，韩国留学生对不送气塞擦音的习得效果都比对送气塞擦音的习得效果要好。从留学生在不同学习阶段习得的塞擦音 z 与标准塞擦音 z 的 VOT 差值一直居高不下的情况来看，我们猜测塞擦音 z 应该是最难习得的，至于原因，有待进一步的探索。

（3）从发音部位来看，在初、中、高三个学习阶段，韩国留学生对舌面前音的习得效果要比舌尖前音的习得效果好，特别是不送气舌面音 j；舌尖后音 zh/ch 的习得效果看起来比舌尖前音和舌面前音的习得效果都要好。对 zh/ch 的习得效果，我们存在疑问，因为在韩语语音系统中存在的舌面音和舌尖音，类似于 z/c、j/q 两组音，所以，最起码在学习的初级阶段，这两组塞擦音的习得情况应该好于舌尖后音，舌尖后音应该不易习得。并且，从在中、高级阶段出现的偏误情况来看，舌尖后音出现的偏误次数都要比另两组塞擦音的偏误次数多，可以看出 zh/ch 并不易习得。究其原因，我们从已有的语音系统对比的论文成果可得，这三类塞擦音内部混读的偏误性很大。从表6也可以发现在标准音中，舌尖后音跟舌尖前音和舌面前音的 VOT 值相差仅仅20ms 左右。并且在留学生习得不同阶段时前者与后两者的 VOT 值差值变得更小，所以很有可能是留学生以一种偏向于 z/j、c/q 的中介音来代替 zh/ch 的发音，使得 zh/ch 的 VOT 值偏大，进而缩小了与标准音 VOT 的差值，使得习得效果看起来最好。

表 6　中国学生习得的塞擦音 VOT 均值与韩国留学生在各学习阶段习得的塞擦音 VOT 均值对比

VOT 均值（ms） 塞擦音	韩初	韩中	韩高	中国
z	51.6	61.7	55.6	102.9
zh	64.3	52.8	64.5	70.6
j	80.9	77.5	84.5	97.5
c	145.1	135.7	144.1	186.5
ch	146.7	133.2	143.1	160.0
q	142.1	134.1	139.5	182.6

　　通过对留学生在各阶段习得的塞音、塞擦音的 VOT 均值与标准音 VOT 均值的对比发现，韩国留学生对不送气塞擦音与标准音的 VOT 差值随着学习阶段的进阶，VOT 差值呈现"小大小"的规律。这就要求我们针对塞音、塞擦音在不同学习阶段习得的情况，在不同学习阶段对学生的要求也应该有所不同。比如，在中级阶段表现出来的不同习得程度，给予不同的关注。另外，我们发现很多习得辅音的 VOT 差值在中级阶段出现很大的波动，所以，在教学过程中，一定要注意在中级阶段加大对语音的教学力度，因为经过初级阶段对普通话语音的感知后，在中级阶段留学生会对自身的发音特别是发音部位作出自我调整。我们要借此机会提高留学生的语音水平，以免造成语音上的"化石化"。

3. 结论

3.1

　　通过韩国留学生在习得塞音、塞擦音时，对送气和不送气音 VOT 的观察发现，随着学习的初、中、高三个阶段的变化，留学生的送气和不送气对立意识并不总是呈现越来越好的趋势，甚至出现停滞和倒退的现象，而导致这种现象的原因也各不相同。

3.2

　　通过韩国留学生各阶段所习得的塞音、塞擦音与汉语普通话塞音、塞擦音 VOT 差值对比，发现随着学习阶段的进阶，差值也不是越来越小；在不同学习阶段中，对不同发音部位的塞音和塞擦音的习得情况也是不同的，所以我们要在不同教学阶段有的放矢地对语音进行不同侧重的教学。另外，我们也发现留学生对不送气音 VOT 的习得往往要好于对送气音 VOT 的习得。

参考文献

［1］高美淑. 汉韩塞音、塞擦音的对比实验研究［J］. 汉语学习，2001（4）.

［2］金椿姬. 对韩汉语教学的认识［A］. 全国首届对韩汉语教学研讨会，2000.

［3］金定元. "洋腔洋调"探源［J］. 语言教学与研究，1986（4）.

［4］林熹，王理嘉. 语音学教程［M］. 北京：北京大学出版社，1992.

［5］刘明章. 语音偏误与语音对比［J］. 韩语学习，1990（5）.

［6］权英实. 韩国人学习汉语时难发的音及其纠正方法［D］. 北京语言文化大学硕士学位论文，1997.

［7］齐士钤，张家騄. 汉语普通话辅音音长分析［J］. 声学学报，1982（1—6）.

［8］王秀珍. 韩国人学汉语的语音难点和偏误分析［J］. 世界汉语教学，1996（4）.

【作者简介】

王茂林，男，博士，暨南大学华文学院应用语言学系副教授，主要研究实验语音学、对外汉语教学。

于小婷，女，暨南大学华文学院硕士研究生。

泰国学习者对汉语擦音和送气塞擦音的知觉加工[①]

梅 丽

【摘　要】 知觉同化和范畴区分的两个实验考察了泰国学习者对汉语擦音和送气塞擦音的知觉加工，结果表明：泰国学习者在知觉上将汉语［s］、［ʂ］同化到泰语擦音/s/范畴，并认为与泰语擦音相似度最大的是汉语［s］，其次是汉语［ʂ］；他们将汉语［ɕ］归类到泰语/tɕʰ/范畴。为学习者所熟悉、泰语中有的元音环境有助于他们对汉语擦音作出准确的范畴归类，不熟悉的元音环境会增大汉泰擦音的知觉语音非相似度。泰国学习者对汉语擦音和送气塞擦音存在一定程度的知觉混淆，难以区分汉语/tɕʰ/－/ɕ/以及舌尖元音环境下的/tsʰ/－/s/、/tʂʰ/－/ʂ/，这说明语音环境是影响成人知觉区分非母语语音对立的重要因素。

【关键词】 泰国学习者；汉语；擦音；塞擦音；知觉

0. 引言

　　汉语普通话在舌尖、舌面部位有三个清擦音［s］、［ʂ］、［ɕ］，而泰语只有一个舌尖部位的清擦音。泰语擦音发音时舌尖抵下齿背，舌端靠近齿龈，气流从舌端和齿龈间摩擦而出（潘德鼎，1989：66），学界都将其记为［s］（国际语音学会，2008：212；房英、杨万洁，2004：53；吉娜、简启贤，2004）。由于泰语只有一个［s］，泰国人学习汉语［ʂ］、［ɕ］时存在比较大的困难，如将"lǎoshī"说成"lǎosī"（李红印，1995），将［ɕ］发成［s］、［ʂ］、［ʃ］（蔡整莹、曹文，2002）。需要进一步探究的问题是，泰国学习者汉语擦音的发音困难是否来自于知觉困难，他们如何在知觉上加工汉语三个擦音。

　　现代认知心理学研究表明，当我们面临一个新事物、问题或情境时，总是先把它归入某一类别，然后运用该类别的有关知识决定采取何种行动（韩劢、莫雷，2000）。跨语言言语知觉研究也发现，成人听到非母语语音时会用母语音系对其进行归类。当听者觉察到非母语音子与母语音在发音部位、发音方法上的共同性时，就可能将非母语音子知觉同化到母语音位中。知觉同化在一定程度上影响了听者对非母语语音对立的区分水平。当听者将非母语语音对立同化到母语两个范畴中，就能很好地将这类对立区分开；当听者将非母语语音对立同化到同一个母语范畴中，并认为两个非母语音

---

　　① 本研究得到中央高校基本科研业务费专项资金（10JYB2078）、广东高校优秀青年创新人才培育项目（WYM10082）资助。

与母语范畴的相适度（category goodness）没有什么差异，那么听者对这类对立就区分得很差。（Best，1995）

Flege 通过考察二语经验丰富的成人的发音，也认为第一语言与第二语言语音范畴之间的知觉关系非常重要。第二语言言语产生始终存在"外国口音"，甚至学习者有多年二语经验也无法摆脱，是因为二语音段被"等同归类"为第一语言音系范畴。那些一开始在知觉上被认为明显不同于第一语言范畴的二语音段不会被同化。随着二语经验增加，这些音段被学习者表征为不同于第一语言的范畴，知觉和产生正确性相对较高。与一语音段相似的两个或多个二语音段，哪个与一语音段的知觉语音非相似度（perceived phonetic dissimilarity）大，哪个的可学性更强。（Flege，1987，1995）

根据现有理论模型可以预测，由于汉语［s］与泰语擦音在发音部位与发音方法上非常接近，泰国学习者可能会在知觉上将汉语［s］同化到泰语/s/中。需要进一步考察的是，学习者如何在知觉上加工汉语［ʂ］和［ɕ］。这两个辅音的发音部位分别是舌尖硬腭、舌面硬腭，与泰语擦音的发音部位存在差异，泰国学习者在知觉上是将它们归类到泰语/s/中、其他泰语范畴中，还是将它们判定为泰语中不存在的新音？如果学习者将汉语擦音同化到相同泰语辅音范畴中，那么汉语擦音与泰语辅音范畴的知觉语音非相似度是否存在差异？擦音所处元音环境是否影响跨语言辅音知觉关系？本研究将采用知觉实验对上述问题进行考察。

1. 泰国学习者对汉语擦音的知觉同化

1.1　方法

1.1.1　被试

泰国留学生 54 人，其中女 27 人，男 27 人。测试期间留学生均在广州暨南大学华文学院学习汉语，学习时间 3—27 个月。其中华裔 32 人，非华裔 22 人。华裔中有 10 人不清楚自己的汉语方言，有 13 人的汉语方言为潮汕话，另外还有客家话、粤语等。实验对被试的汉语方言水平进行了控制，绝大部分华裔留学生完全不会汉语方言或者方言水平比较低，仅有 3 名华裔能说汉语方言日常用语。另外，实验也将被试年龄控制在 18—24 岁（另有 2 人 25 岁，1 人 27 岁）。被试听力正常，实验后付给少量报酬。

1.1.2　材料

声母为汉语普通话 s/sh/x 的 CV 结构单音节共 12 个（见表 1）。实验对辅音所在音节的声调进行了匹配①，每个音节分别配阴平、阳平（或上声）两种声调，阳平/

---

① 实验没有将汉语 s/sh/x 所在音节的声调作为自变量来考察，是因为在前期探测实验中没有发现声调对跨语言辅音知觉同化的影响。

上声的选择由普通话声、韵、调配合规律决定，阳平作为第一选择，没有阳平的选上声①。实验也匹配了辅音所处元音环境，选择了两类单元音：一类是泰国学习者熟悉、汉泰语中都有，如/a/、/i/；另一类是泰国学习者不熟悉、汉语有而泰语没有，如/y/、/ɣ/、/ʅ/。

实验材料通过2位普通话标准的发音人（1男1女）的录音得到，总计12个汉语单音节作为目标项，另有干扰项8个，合计20个。实验材料随机排序，发音人口齿清楚，以朗读语速念一遍20个项目。选择男发音人的奇数项与女发音人的偶数项，得到20个实验测试项。同一测试项连续播放2次，间隔0.5秒。不同测试项之间间隔4秒。

表1　知觉同化实验材料所用汉语 CV 结构单音节的声、韵、调搭配

声母＼韵母	α	i	ü	-i
s	sā　sǎ			sī　sǐ
sh	shā　shá			shī　shí
x		xī　xí	xū　xú	

1.1.3　程序

被试在语音实验室完成测试。正式开始前，被试先听10个刺激以熟悉实验，指导者用中文说明。接着正式的20个实验测试项通过电脑随机呈现给被试，同时以纸质形式提供给被试泰语辅音字母选项"ด、ฎ、ช、ส、ฉ"②。被试连续听同一个测试项2遍后进行判断，若判定单音节中辅音声母与泰语辅音相像，则选择相应泰语字母，并评定两者相似度，在候选项"有一点像、有一些像、非常像、完全一样"中选择其一。若判定单音节中辅音声母与所列泰语辅音不像，则选择候选项"不像"。

1.2　结果

1.2.1　泰国学习者对汉语擦音的知觉同化

从统计结果来看（见表2），泰国学习者在知觉上将汉语［s］一致判定为"像泰

---

① 实验只将声调分为高起点和非高起点两类。普通话四个声调中，阴平和去声是高起点，阳平和上声是低起点。高起点的声调选择了阴平。低起点的声调选择了阳平、上声，这是因为受到普通话声韵调搭配的限制，仅用阳平或仅用上声不足以匹配。

② 泰语辅音字母选项"ด、ฎ、ช、ส、ฉ"是在前期探测实验的基础上归纳出来的。探测实验有6位泰国人参加，要求他们用泰语辅音字母来记录所听到的汉语单音节辅音声母，结果表明汉语擦音主要被他们记为泰语ด、ฎ、ช、ส、ฉ，即泰语不送气清塞擦音、送气清塞擦音、擦音，转写为其他泰语辅音字母的极少。

语擦音［s］"。在［ʂ］和［ç］的判定上有分歧：［ʂ］有66%的比例被判定到泰语/s/范畴，33%的比例被判定到泰语/tɕʰ/①范畴；汉语［ç］有28%的比例被判定到泰语/s/范畴，69%的比例被判定到泰语/tɕʰ/范畴。这说明学习者在知觉上认为汉语［s］是泰语/s/的好样例，其次是［ʂ］，而［ç］则主要被认为是泰语/tɕʰ/的样例。另外，学习者将［ʂ］和［ç］判定为像泰语送气塞擦音，意味着他们对送气塞擦音和擦音的发音方法存在一定程度的混淆。

表2　泰国学习者将汉语擦音判定为泰语辅音的次数百分比（%）

汉语刺激	辨认结果			
	泰语/tɕ/	泰语/tɕʰ/	泰语/s/	不像泰语辅音
s　/s/		4	95	1
sh　/ʂ/		33	66	1
x　/ç/		69	28	3

1.2.2　元音环境对汉语擦音知觉同化的影响

汉语擦音被知觉同化入泰语范畴出现了两种情况：一是汉语擦音被纳入一个泰语范畴，例如［s］。这种情况下元音环境没有影响知觉同化，学习者对［s］在不同元音环境下的知觉归类一致，归类比例达到95%。二是汉语擦音被纳入两个泰语范畴，例如［ʂ］和［ç］。第二种情况下元音可能影响了知觉同化，因此研究考察了汉语［ʂ］和［ç］的后接元音所起的作用，结果见表3。

表3　泰国学习者将汉语/ʂ/和/ç/判定为泰语辅音的次数

汉语刺激		辨认结果			
		泰语/tɕ/	泰语/tɕʰ/	泰语/s/	不像泰语辅音
sh/ʂ/	/a/	1	26	81	
	/ɤ/		45	61	2
x/ç/	/i/		65	42	1
	/y/		83	18	7

统计分析表明，两种元音环境在/ʂ/的归类结果上差异显著，$x^2 = 10.9$，$df = 3$，

---

① 本文依据潘德鼎（1989）的描述，选择《国际语音学会手册：国际音标使用指南》（2008：212）的标准将泰语塞擦音记为/tɕ/、/tɕʰ/。

$p < 0.05$；两种元音环境在 /ɕ/ 的归类结果上差异非常显著，$x^2 = 16.29$，$df = 2$，$p < 0.001$。/ʂ/ 与 /a/ 组合时被判定为泰语擦音的次数多于其与 /ɤ/ 组合时。/ɕ/ 与 /i/ 组合时被判定为泰语擦音的次数多于其与 /y/ 组合时。这说明，泰国学习者熟悉、泰语中有的元音环境有助于学习者将 /ʂ/ 和 /ɕ/ 判定到擦音范畴。但上述结果中，汉语 /ʂ/ 和 /ɕ/ 都没有出现在一种元音环境下被同化到一个范畴，在另一种元音环境下被同化到另一个范畴的情况。/ʂ/ 在两种元音环境下都更多被判定为像泰语擦音，/ɕ/ 在两种元音环境下也是更多被判定为像泰语清送气塞擦音。

1.2.3　汉泰擦音的知觉语音非相似度

知觉同化结果表明，泰国学习者在范畴归类上一致将汉语 [s] 归入泰语 /s/，而对 [ʂ] 和 [ɕ] 的归类则没有达到一致：66% 的 [ʂ]、28% 的 [ɕ] 被归入泰语 /s/。这在一定程度上说明，学习者在知觉上认为汉语 [s] 是泰语擦音的好样例，其次是 [ʂ]。为此，研究进一步采用知觉语音非相似度考察了汉语 /s/、/ʂ/、/ɕ/ 与泰语擦音的知觉距离，以及元音环境对跨语言辅音知觉语音非相似度的影响。

研究采用重复两个因素的 3（汉语擦音发音部位）×2（元音熟悉性）两因素被试内设计来考察汉泰擦音的知觉语音非相似度。自变量汉语擦音发音部位分为 3 个水平（舌尖齿龈、舌尖硬腭、舌面硬腭），自变量元音熟悉性分为两个水平（熟悉、不熟悉）。"熟悉性" 是针对泰国学习者而言，"熟悉" 元音指汉泰语中都有的，"不熟悉" 元音指汉语有而泰语没有的。这样，汉语 /s/、/ɕ/、/ʂ/ 的元音环境分别选择了 /a/、/ɤ/、/ʅ/、/i/、/y/。选择元音熟悉性来考察，是因为汉语擦音的元音环境数量多且辅元音组合有互补分布，难以形成统一维度，通过 "熟悉、不熟悉" 两个水平可以考察第一语言元音如何影响学习者第二语言辅音知觉。因变量为知觉语音非相似度，采用五度制等级量表，5 = "不像"，4 = "有一点像"，3 = "有一些像"，2 = "非常像"，1 = "完全一样"。

方差分析结果表明（见表 4），汉语擦音发音部位的主效应非常显著，F（2，106）= 88.78，$p < 0.001$，多重比较表明：在与泰语擦音的非相似度上，/s/ 显著小于 /ʂ/（$p < 0.001$），/s/ 显著小于 /ɕ/（$p < 0.001$），/ʂ/ 显著小于 /ɕ/（$p < 0.001$）。元音熟悉性的主效应非常显著，F（1，53）= 38.06，$p < 0.001$。擦音发音部位与元音熟悉性的交互作用不显著，F（2，106）= 0.16，$p > 0.05$。以上结果说明，汉语 /s/、/ʂ/、/ɕ/ 与泰语擦音的知觉语音非相似度存在非常显著的差异，泰国学习者认为汉语 /s/ 最像泰语擦音，其次是 /ʂ/，而 /ɕ/ 不像泰语擦音。另外，处在熟悉、不熟悉元音前的汉语擦音与泰语擦音的知觉语音非相似度存在非常显著的差异，泰国学习者认为处在熟悉元音前的汉语擦音不像泰语擦音。

表4　汉泰擦音的知觉语音非相似度

汉语擦音发音部位					
/s/舌尖齿龈		/ʂ/舌尖硬腭		/ç/舌面硬腭	
/a/ 熟悉元音	/ɣ/ 不熟悉元音	/a/ 熟悉元音	/ɣ/ 不熟悉元音	/i/ 熟悉元音	/y/ 不熟悉元音
2.14	2.76	3.29	3.79	4.16	4.74

1.3　讨论

汉泰语音对比表明，汉语三个擦音与泰语/s/发音方法一致，发音部位有差异。泰国学习者学习汉语时，如何在知觉上加工 s、sh、x。学习者接触汉语前其母语已发展完善，形成了关于泰语/tɕʰ/、/s/的表征，因此在接触到汉语擦音时便不可避免会出现用母语音位来对二语语音进行分类的认知过程。知觉同化结果表明，泰国学习者一致将汉语 s 归类到泰语擦音范畴，并且认为两者很像，将汉语 s 看作泰语擦音的好样例。学习者也将汉语 sh 归类到泰语/s/，认为两者有一些像，不能算是泰语/s/的好样例。学习者主要将汉语 x 归入泰语/tɕʰ/，认为 x 与泰语擦音不像。汉语 x 是舌面硬腭擦音，泰国学习者在知觉上可能觉得该音与泰语擦音的发音部位距离较远，所以即使这两个音发音方法一致仍不足于使学习者将两者判定到同一个范畴中。泰语在舌面硬腭这个部位没有擦音，但有/tɕ/、/tɕʰ/（国际语音学会手册，2008：212）。有关汉语送气塞擦音与擦音的研究表明，虽然汉语擦音在时长上长于送气塞擦音（吴宗济、林茂灿，1989：123），但两者音长差异不大（齐士钤、张家騄，1982），在汉语辅音知觉结构中都处在"长音"这一维度（张家騄、齐士钤、吕士楠，1981；吕士楠、张家騄、齐士钤，1981）。因此，"长音"特征上的共享以及发音部位的接近，造成泰国学习者将汉语 x 主要归入泰语/tɕʰ/。

另外，跨语言辅音知觉中，后接元音的熟悉性是一个影响因素，泰语中有的、学习者熟悉的元音有利于他们对汉语擦音作出正确的范畴判定，不熟悉元音会增大汉泰擦音的知觉语音非相似度，学习者觉得元音/a/环境下的汉语 s、sh 比舌尖元音环境下的 s、sh 更像泰语/s/。

2. 泰国学习者对汉语送气塞擦音和擦音的知觉区分

知觉同化实验表明，泰国学习者在擦音与送气塞擦音的发音方法上存在混淆，他们把汉语［ç］、［ʂ］同化到泰语擦音和送气塞擦音两个范畴。另外，梅丽（2011）发现泰国学习者将汉语送气塞擦音［tsʰ］知觉同化到泰语/s/中。这意味着泰国学习者形成的送气塞擦音表征中可能包含了汉语擦音，擦音表征中可能包含了汉语送气塞擦音，学习者对同发音部位的汉语擦音与送气塞擦音的知觉区分可能存在困难。为此，研究进一步考察了泰国学习者对汉语 c-s（$/ts^h/$-$/s/$）、ch-sh（$/tʂ^h/$-$/ʂ/$）、q-x（$/tɕ^h/$-$/ɕ/$）对立的知觉区分。

2.1 方法

2.1.1 被试

与知觉同化实验相同。

2.1.2 材料

实验采用范畴区分测试（categorial discrimination test）（Flege、Mackay & Meador，1999；Guion、Flege、Akahane-Yamada & Pruitt，2000），每对辅音对立区分都采用 8 个"变化测试"和 8 个"无变化测试"。"变化测试"考察被试在两个不同范畴中识别辅音的能力。例如，辅音 c-s 对立的"变化测试"包含 3 个刺激 c_2、s_1、c_3（数字下标表示不同发音人），被试通过选择纸张上的选项"第 2 个"来表明第 2 个辅音与其他两个不同。"无变化测试"考察被试区分范畴内部变异的能力，需要忽略发音人造成的变异才能作出正确判断。例如辅音 c-s 对立的"无变化测试"包含 3 个刺激 c_1、c_2、c_3 或 s_1、s_2、s_3，被试通过选择纸张上的选项"都一样"来表明 3 个辅音相同。

实验材料由声母为 c/s/ch/sh/q/x 的 CV 结构单音节构成（见表5），对辅音所在音节的声调进行匹配，分别配阴平、阳平（或上声）两种声调，阳平/上声的选择由普通话声、韵、调配合规律决定，阳平作为第一选择，没有阳平的选上声。实验也匹配了辅音后接元音，选择了两类单元音：一类是泰国学习者熟悉、汉泰语中都有的，如/a/、/i/；另一类是泰国学习者不熟悉、汉语有而泰语没有的，如/y/、/ɤ/、/ʅ/。

实验刺激通过 4 位普通话标准的男性发音人的录音得到。按照辅音对立所包含"变化测试"和"无变化测试"来安排，总计 48 个测试项，"变化测试"和"无变化测试"各 24 个。测试项随机排列，间隔 4 秒。每个测试项包含 3 个由不同发音人发出的声音刺激。3 个刺激随机排列，间隔 0.5 秒。

表5　知觉区分实验材料所用汉语 CV 结构单音节的声、韵、调搭配

韵母 ＼ 声母	c		s		ch		sh		q		x	
ɑ	cā	cǎ	sā	sǎ	chā	chá	shā	shá				
-i	cī	cǐ	sī	sǐ	chī	chí	shī	shí				
ü									qū	qú	xū	xú
i									qī	qí	xī	xí

2.1.3 程序

被试在语音室完成测试。正式开始前，被试先完成 10 个测试项以熟悉实验，指

导者用中文进行说明。接着正式的 48 个测试项通过电脑随机呈现给被试。同时以纸质形式提供给被试 4 个选项"第 1 个"、"第 2 个"、"第 3 个"、"都一样"。每个测试项播放一次，其中包含 3 个声音刺激，若被试判定 3 个刺激的辅音都一样则选择"都一样"，若被试判定 3 个刺激中的辅音有一个与其他两个不一样则选择该音所在位置"第 1 个"、"第 2 个"或"第 3 个"。

2.1.4　测量指标

为减少反应偏向对实验结果的影响，分析因变量采用 A′成绩，以被试在"变化测试"中的正确反应比例和"无变化测试"中的错误反应比例作为基础，计算方法如下：H = 被试在"变化测试"中正确选择的比例。FA = 被试在"无变化测试"中错误选择的比例。当 H = FA，A′= 0.5；当 H > FA，A′= 0.5 +［（H − FA）×（1 + H − FA）］/［（4×H）×（1 − FA）］；当 H < FA，A′= 0.5 −［（FA − H）×（1 + FA − H）］/［（4×FA）×（1 − H）］（转引自 Aoyama、Flege、Guion、Akahane-Yamada & Yamada，2004）。当 A′成绩达到 1.0 时，表示被试有很好的区分能力。当 A′成绩为 0.5 或低于 0.5 时，表示被试对辅音对立的敏感度缺乏。A′成绩不仅反映了学习者对不同范畴的区分水平，也反映了其对范畴内部因样本变异所造成差异的区分水平。

2.2　结果

研究采用重复两个因素的 3（辅音对立所处发音部位）×2（元音熟悉性）两因素被试内设计。自变量"辅音对立所处发音部位"分为 3 个水平（舌尖齿龈、舌尖硬腭、舌面硬腭），自变量"元音熟悉性"分为两个水平（熟悉、不熟悉）。"熟悉"元音指汉泰语中都有的，"不熟悉"元音指汉语有而泰语没有的。因变量为 A′成绩。

方差分析结果（见表 6）表明：发音部位的主效应非常显著，$F_{(2, 106)}$ = 59.99，$p < 0.001$。多重比较表明：c-s 区分成绩差于 ch-sh（$p < 0.01$），c-s 区分成绩好于 q-x（$p < 0.001$），ch-sh 区分成绩好于 q-x（$p < 0.001$）。元音熟悉性的主效应非常显著，$F_{(1, 53)}$ = 222.33，$p < 0.001$。发音部位与元音熟悉性的交互作用显著，$F_{(2, 106)}$ = 29.44，$p < 0.001$。简单效应分析表明：从辅音发音部位角度看，ca-sa 与 ci-si 的区分成绩差异非常显著（$p < 0.001$），cha-sha 与 chi-shi 的区分成绩差异非常显著（$p < 0.001$），qi-xi 与 qu-xu 的区分成绩差异显著（$p < 0.05$）。从元音熟悉性角度看，熟悉元音前三组辅音对立的区分成绩差异非常显著（$p < 0.001$），事后检验表明 ca-sa 与 cha-sha 差异不显著，ca-sa 与 qi-xi 差异非常显著、cha-sha 与 qi-xi 差异非常显著。在不熟悉元音前三组辅音对立的区分成绩差异显著（$p < 0.01$），事后检验表明 ci-si 与 chi-shi 差异显著（$p < 0.01$），ci-si 与 qu-xu 差异不显著（$p > 0.05$）、chi-shi 与 qu-xu 差异显著（$p < 0.01$）。

上述结果说明，泰国学习者汉语辅音对立的区分成绩受到发音部位与后接元音的共同影响。当 c-s、ch-sh 处在元音/a/前，学习者能很好地区分，A′成绩都在 0.9 以上。当 c-s、ch-sh 处在舌尖元音前，区分成绩大幅度下降到了 0.5 左右，表示被试对

c（i）-s（i）、ch（i）-sh（i）差异的敏感度缺乏。学习者对 q-x 的区分在两种元音环境下都比较差，区分成绩都在 0.5 之下，表明他们对 q-x 差异的敏感度缺乏。

表6　泰国学习者知觉区分汉语 c-s、ch-sh、q-x 的 A′成绩

汉语送气塞擦音与擦音对立					
c-s（舌尖齿龈）		ch-sh（舌尖硬腭）		q-x（舌面硬腭）	
/a/	/ɤ/	/a/	/ɤ/	/i/	/y/
熟悉元音	不熟悉元音	熟悉元音	不熟悉元音	熟悉元音	不熟悉元音
0.93	0.38	0.91	0.53	0.48	0.37

2.3　讨论

知觉同化实验结果中，汉语 [ç] 主要被归入泰语 /tɕʰ/，汉语 [ʂ] 也有小部分被归入泰语 /tɕʰ/，表明学习者对汉语送气塞擦音与擦音的发音方法存在混淆。知觉区分结果进一步证明，学习者区分处在相同发音部位的汉语送气塞擦音—擦音对立确实有困难。虽然他们能很好地区分 ca-sa、cha-sha，却难以区分 ci-si、chi-shi、qi-xi、qu-xu。由于学习者仅将舌尖元音环境下的汉语 c 纳入泰语 /s/，而将舌面元音 /a/ 环境下的汉语 c 纳入泰语 /tɕʰ/，因此在学习者的知觉表征中舌面元音 /a/ 环境下的 c 和 s 可能处于两个范畴，舌尖元音环境下的 c 和 s 则处于同一个范畴，从而造成他们区分 ca-sa 好、区分 ci-si 差。学习者区分 cha-sha 与 chi-shi 的成绩差异如此之大，似乎未能在跨语言辅音知觉上找到直接原因，但可以从声学上进行分析。音节 /tʂʰɤ/ 中元音和辅音几乎是同部位的，所以在送气段声道形状改变很小，再加上送气时声道收紧处缝隙仍然很小，因此送气气流造成的摩擦与前边摩擦段的摩擦在频谱上非常相似，以至完全无法分开。此时它们与同部位擦音 /ʂ/ 的差别大大缩小，因为对于单念的孤立音节来说，闭塞间隙无任何特殊标记，而爆破段本身的冲直条也不是总能看得见（吴宗济、林茂灿，1989：201）。

3. 总讨论

泰国学生汉语语音习得中，舌尖和舌面擦音是难点之一，已有研究从发音角度进行了深入考察。蔡整莹、曹文（2002）分析了 22 位泰国学生的汉语语音偏误，sh 偏误率为 23%，x 偏误率达到 100%。x 多数被错发成 [s]，sh 有的也被错发成 [s]。有关二语语音习得的研究表明，二语发音问题的部分原因来自知觉，因为"听成那样"，所以"发成那样"。那么泰国学习者如何在知觉上加工汉语三个擦音。本文通过知觉同化实验，发现学习者在知觉上把汉语 s 和 sh 都同化到泰语擦音 /s/ 范畴，并认为 s 是泰语擦音的好样例，而 sh 不是好样例。学习者在知觉上主要把汉语 x 同化到泰

语送气塞擦音/tɕʰ/范畴。擦音所处元音环境影响了汉泰擦音知觉相似性，泰语中没有的元音环境增大汉语与泰语擦音之间的知觉非相似度。

知觉同化实验结果说明：①泰国学习者在知觉上可能没有为汉语 sh 形成独立范畴，而将其归类到/s/中，形成一个包含泰语［s］、汉语［s］、汉语［ʂ］的融合范畴。这种知觉上的等同是造成其发音上用［s］来代替［ʂ］的一个原因。②泰国学习者在知觉上可能没有为汉语 x 形成独立范畴，而将其归类到泰语/tɕʰ/中。这种知觉等同也造成学习者在发音上用［tɕʰ］来代替［ɕ］。蔡整莹、曹文（2002）的考察中汉语 x 多数被泰国人发成［s］。为此，本文也收集了泰国被试的汉语发音进行听辨分析，发现泰国被试"xi"的发音偏误形式主要是［si］，"xu"的发音偏误形式主要是［su］。这表明泰国学习者在发音上采用了音节替代策略，用母语音节来替代相近的二语音节。③跨语言擦音知觉同化中，泰国听者主要依据了发音方法和发音部位两个特征。当汉语擦音与母语擦音发音部位基本一致或比较接近时，听者会依据发音方法来同化。当汉语擦音与母语擦音发音部位距离相对远一点时，听者更多会依据发音部位，将汉语擦音同化到发音部位比较接近，且共同具有"摩擦"、"长音"特征的泰语塞擦音范畴。④元音环境是影响跨语言辅音知觉相似性的一个主要因素。

从知觉同化实验结果中，可以看到泰国学习者在汉语擦音与送气塞擦音上存在一定程度的混淆。为此本文设计了第二个范畴区分实验对此进行考察，发现泰国学习者区分 q-x 的能力很弱，区分 c-s、ch-sh 时受到元音环境的显著影响，舌面元音/a/环境下可以很好地将 c-s、ch-sh 区分开，舌尖元音环境下则难以区分 c-s、ch-sh。知觉区分实验结果说明，元音环境显著地影响了二语辅音对立知觉区分水平。早期跨语言言语知觉研究证明，非母语语音对立如果在成人听者的母语中不构成音系对立，不具有区别性，则听者在知觉区分上有困难。而之后的一些研究又发现，听者在区分母语中不存在的音系对立时，并不是都有困难，也有区分得好的情况。例如，英语母语者区分波斯语软腭—小舌塞音（Polka，1992），英语母语者区分祖鲁语吸气辅音在发音部位上的对立（Best、McRoberts & Sithole，1988）。另一方面，非母语语音对立即使作为音系对立存在于母语中，听者也未必区分得好，例如，英语母语者区分法语/i/-/e/（Gottfried，1984）。这些研究结果表明，听者对非母语语音对立区分得怎么样，有两方面因素需要考虑：一是非母语语音对立在听者母语中是否作为音系对立存在；二是听者对非母语语音对立的知觉同化。本文通过考察泰国人对汉语辅音对立的知觉区分，进一步证明听者对非母语语音对立的知觉区分受到了语音环境（如元音环境、辅音环境）的影响。在今后的研究中，还有很多有意义的问题值得去探察，如听者在刚接触到非母语语音对立如何知觉，随着听者对这种语言接触的增多，他们对非母语语音对立的知觉同化和知觉区分有怎样一个发展变化过程等。

总之，本文通过知觉同化和范畴区分两个实验考察了泰国学习者对汉语擦音和送气塞擦音的知觉加工，结果表明：泰国学习者在知觉上将汉语［s］、［ʂ］同化到泰语擦音/s/中，并认为与泰语擦音相似度最大的是汉语［s］，其次是汉语［ʂ］。学习者在知觉上主要将汉语［ç］归类到泰语清送气塞擦音范畴。泰国学习者熟悉、泰语中有的元音环境有助于学习者对汉语擦音作出正确的范畴归类，不熟悉元音会增大汉泰擦音的知觉语音非相似度。泰国学习者对汉语擦音和送气塞擦音存在一定程度的知觉混淆，难以区分汉语/tɕʰ/-/ç/以及舌尖元音环境下的/tsʰ/-/s/、/tʂʰ/-/ʂ/，说明语音环境是影响成人知觉区分非母语语音对立的重要因素。

参考文献

［1］蔡整莹，曹文. 泰国学生汉语语音偏误分析［J］. 世界汉语教学，2002（2）.

［2］房英，杨万洁. 泰语语音［M］. 北京：民族出版社，2004.

［3］国际语音学会. 国际语音学会手册：国际音标使用指南［M］. 江荻译. 上海：上海教育出版社，2008.

［4］韩劢，莫雷. 分类研究中的原型与样例观［J］. 心理学探新，2000（2）.

［5］吉娜，简启贤. 泰国学生初学汉语的偏误分析［J］. 云南师范大学学报（对外汉语教学与研究版），2004（3）.

［6］李红印. 泰国学生汉语学习的语音偏误［J］. 世界汉语教学，1995（2）.

［7］吕士楠，张家騄，齐士钤. 汉语辅音知觉混淆研究中的多维标度方法［J］. 声学学报（中文版），1981（6）.

［8］梅丽. 泰国学习者汉语塞擦音的知觉同化与区分［J］. 世界汉语教学，2011（2）.

［9］潘德鼎. 泰语基础教程（第1册）［M］. 北京：北京大学出版社，1989.

［10］齐士钤，张家騄. 汉语普通话辅音音长分析［J］. 声学学报，1982（1）.

［11］吴宗济，林茂灿. 实验语音学［M］. 北京：高等教育出版社，1989.

［12］张家騄，齐士钤，吕士楠. 汉语辅音知觉结构初探［J］. 心理学报，1981（1）.

［13］Aoyama, K., Flege, J. E., Guion, S. G., Akahane-Yamada, R. & Yamada, T. Perceived Phonetic Dissimilarity and L2 Speech Learning: The Case of Japanese /r/ and English /l/ and /r/［J］. Journal of Phonetics, 2004, 32: 233–250.

［14］Best, C. T. A Direct Realist View of Cross-language Speech［A］. In W. Strange (ed.), Speech Perception and Linguistic Experience: Issues in Cross-language Research［C］. Timonium, MD: York Press, 1995: 171–204.

［15］Best, C. T., McRoberts, G. W. & Sithole, N. M. Examination of perceptual reorganization for nonnative speech contrasts: Zulu click discrimination by English–speaking adults and infants［J］. Journal of Experimental Psychology: Human Perception and Performance, 1988, 14: 345–360.

［16］Flege, J. E. The production of "new" and "similar" phones in a foreign language: Evidence for the effect of equivalence classification［J］. Journal of Phonetics, 1987, 15: 47–65.

［17］Flege, J. E. Second language speech learning: theory, findings, and problems［A］. In W. Strange (ed.), Speech Perception and Linguistic Experience: Issues In Cross-language Research［C］. Timonium, MD: York Press, 1995: 233–277.

［18］Flege, J. E., MacKay I. R. A. & Meador, D. Native Italian speakers' perception and production of English vowels [J]. *Journal of the Acoustical Society of America*, 1999, 106: 2973 – 2987.

[19] Gottfried, T. L. Effects of consonant context on the perception of French vowels [J]. *Journal of Phonetics*, 1984, 12: 91 – 114.

[20] Guion, S. G., Flege, J. E., Akahane-Yamada, R. & Pruitt, J. C. An Investigation of Current Models of Second Language Speech Perception: The Case of Japanese Adults' Perception of English Consonants [J]. *Journal of the Acoustical Society of America*, 2000, 107: 2711 – 2724.

[21] Polka, L. Characterizing the Influence of Native Language Experience on Adults' Speech Perception [J]. *Perception and Psychophysics*, 1992, 52: 37 – 52.

【作者简介】

梅丽，女，博士，暨南大学华文学院应用语言学系讲师，主要研究方向为第二语言习得。

面向对外汉语词汇教学的词语模定级、定量研究

刘晓梅 马 杰

【摘 要】词语模是具有较强能产性、具有语法和语义规则的产生新词语的结构模式。词语模教学法可以作为对外汉语词汇教学中的辅助方法。本文从已出版的多种词表和词典中构拟出词语模，严格限定其结构义和语义限制，并进一步把同模词、词语模按频度和级别分类，形成针对对外汉语词汇教学用的词语模库。在具体的教学实施过程中，应简化表达词语模及其结构义和语义限制，注意适时、适量地引入同模词。

【关键词】对外汉语词汇教学；词语模教学法；定级；定量

0. 问题的提出

词语模是具有较强能产性、语法和语义规则的产生新词语的结构模式。

词语模最先是由李宇明（1999）提出的，他认为其包括"模标"和"模槽"两部分，如"X迷"、"绿色X"中的"迷"、"绿色"是模标，是不变的成分；"X"是模槽，即空位成分。董秀芳（2004）进一步提出了"词法模式"这一概念，她认为，词法模式是指汉语中具有一定规则性的产生词的格式，其特征是：①其中一个成分具有固定性，另一个成分具有语法类别和语义类别的确定性，或者虽然其中没有一个固定性成分，但两个成分都具有语法和语义类别的确定性；②构成成分之间的语义关系固定；③整体的意义基本可以预测。这当中的第二点就成为词法模式和词语模之间的分野：词法模式的范围比词语模更广一些，词语模中必须包含一个固定不变的词，而词法模式不但包括有标志性语素的，也包括没有标志性语素但在组成成分的形类和语义上有规则可循的词语格式，如"材质＋构成物"：塑料瓶、玻璃杯、皮鞋、木桌、水泥地、草屋、砖瓦房等。我们采纳"词语模"这个术语，但采用"词法模式"的界定和范围。

目前关于词语模的本体研究已有一定的规模，且都立足于李宇明的开创，如禹存阳的硕士论文《现代汉语词语模研究》（2006）属综合性研究，曹春静的硕士论文《当代汉语词语模研究——兼论相关新词新语》（2007）、苏向红的《当代汉语词语模研究》（2010）专门研究当代新产生的类词缀和一些正在向类词缀方向发展地语素或词充当模标的词语模。而董秀芳的专著《汉语的词库与词法》从质和量两个角度上确定能产性，其中词语模的意义和语义条件的严格限定使得词语模的本体研究提升了一大步。

利用词语模辅助教学并不是一个全新的方法，一般多是将同词语模的词语称作同语素词，从属于语素教学法。在对外汉语词汇教学中老师们大多会严格限制在李宇明的界定范围内，有意识地运用词语模进行词语的扩展，以帮助理解和类推生词，或归纳学过的词语。针对此教学方法所做的零星研究散见于语素教学法的研究当中，从语素教学法的提出（盛炎，1990）到如何具体实施到教学当中（吕文华，2000；肖贤彬，2002；赵果，2002；李开，2002；解永俊，2004；杨捷，2006；侯宇，2008；何飞英，2010；彭小川、马煜逸，2010），在定性研究和实证研究上都出现了大量的成果。

但在具体的教学实践中，由于教学用词语模的语料不健全，词语模教学方法的具体实施还存在一定的随意性；另外，还极少运用诸如"材质＋构成物"之类没有模标但语义有规则的词语模。鉴于此，本文拟将对外汉语词汇教学所涉及的词语模分两类进行定性（指确定词语模的结构义和语义限制）、定级、定量研究，以期为教学提供可资借鉴的语料。

1. 词语模库的建构

1.1 语料来源

本文以最新出版的《现代汉语常用词表》（草案，《现代汉语常用词表》课题组，商务印书馆，2008 年）、《汉语国际教育用音节汉字词汇等级划分》（《汉语国际教育用音节汉字词汇等级划分》课题组，北京语言大学出版社，2010 年，以下简称为《词汇等级》）为主要的词语来源，以《现代汉语频率词典》（北京语言学院语言教学研究所，北京语言学院出版社，1986 年）、《现代汉语词典》（第 5 版，中国社会科学院语言研究所词典编辑室，商务印书馆，2005 年）、《HSK 汉语水平考试词典》（邵敬敏，华东师范大学出版社，2009 年）为辅助词语来源。

1.2 建构方法

第一步，根据前述各种词表、词典所收录的所有词语，归纳出两类词语：一是具有相同构成部分的词语，二是没有共同构成成分但具有共同的语义、语法特征的词语，确定同模词。针对第一类词语，还提取出能产性强的构词语素或构成词组的词，后者如在"纪念碑、纪念塔、纪念册、纪念馆、纪念币、纪念章、纪念品、纪念物"一组词组中提取出"纪念"一词。

第二步，在第一步的基础上归纳词语模。确定词语模的结构义和语义限制。比如"警花"、"校花"、"系花"、"班花"等归纳出来的"×＋花"词语模，结构义是"在一定范围内最年轻漂亮的女性"，其语义限制是"在某一群体或单位范围内"。有些词语模有语义限制，有些则没有。

第三步，依据《现代汉语常用词表》确定同模词的频度（见表 1 指标 1）。再根据《词汇等级》划分同模词的等级（见表 1 指标 2），分为高、中、低三等，分别对应高级、中级、初级汉语学习者，该词汇大纲未收录的词语则根据其他指标综合判断。为了利于统计词语模的分值，我们又将同模词频度按梯度进行评价，给出评价分，同模词频度评价分和同模词频度划分的对应为：100 分（1—5 000）、90 分（5 001—10 000）、80 分（10 001—15 000）、70 分（15 001—20 000）、60 分（20 001—30 000）、50 分（30 001—），此分值在统计词语模时的权重为 40%。整个词语模里面的同模词的总体频度分值取的是平均数。

第四步，依据《现代汉语常用词表》等词典、词表统计同模词或同模词组的数量（见表 1 指标 3）。针对第一类具有相同构成部分的词语构成的词语模，依据《现代汉语常用词表》确定模标的频度（见表 1 指标 4）、模槽的频度（见表 1 指标 5）。指标 3 的分值和同模词或同模词组的数量梯度的对应为：40 分（1—5）、70 分（6—10）、100 分（11—）。指标 4 分值和模标频度梯度的对应为：100 分（1—500）、70 分（501—1 000）、40 分（1 000—）。指标 5 模槽分值和模槽频度梯度的对应为：100 分（1—1 000）、70 分（1 001—2 000）、40（2 001—），就整个词语模里面的模槽的总体频度分值也取平均数。这三个指标权重分别为 20%、30%、10%。

第五步，根据《词汇等级》适当剔除不适用于对外汉语词汇教学所用的词语，保留常用但未收入该词汇大纲的词语。如"本届、本国、本市、本省、本校"这样的词在生活中经常听到、用到，虽然未收录在该《词汇等级》当中，我们还是根据其常用性来收录。

第六步，以上指标 1、3、4、5 四项在确定词语模的等级（见表 1 指标 6）时同时起作用，计算公式为：指标 6 = 指标 1 的平均值 + 指标 3 + 指标 4 + 指标 5。词语模的等级也分为高、中、低三等，分别对应高级、中级、初级汉语学习者。高等词语模对应的分值≤60 分，中等词语模对应的分值为 60—80 分，低等词语模对应的分值≥80 分。

以上指标 1、3、4、5 的统计基础均以《现代汉语常用词表》为主，辅以其他词典，但不包括《汉语国际教育用音节汉字词汇等级划分》。目的就是为了客观地反映各种指标在现代汉语词汇中的真实情况。

针对表 2，由于无固定成分模标，只取指标 7 同模词频度、指标 8 同模词等级、指标 9 同模词/词组数三项，权重各为 40%、30%、30%，梯度划分和计算方式同前。

1.3 词语模库的构成

本词语模库共收词语模 762 个，覆盖了 5 307 个词语。排序方面，以词语模为纲，按其首字音序排序，以便于检索。本库首先是按照词语模的不同分成两种类型的库，一类是有模标的，二类是无模标的。有模标的词语模库包括词语模结构义、词语模的语义限制、同模词及其频度和等级、模标和模槽的频度、模标的构词/词组数量、词语模的等级。无模标的库不含模标和模槽的频度。下面举出样例来综合呈现两种词语模的样态。

表1　有模标的词语模库

词语模	结构义	语义限制	同模词	指标1 同模词频度(40%)	评价分	指标2 同模词等级	指标3 同模词/词组数(20%)	评价分	指标4 模标频度(30%)	评价分	指标5 模槽频度(10%)	评价分	指标6 词语模等级	评价分
本1+×	原来就有的事物、性质、特征		本质	1980	40	中					1846	7		
			本能	6840	36	高					29	10		
			本色	8059	40	高					1695	7		
			本性	10014	32	高	6	14	115	30	652	10	低	86.5
			本意	12126	32	高					1386	7		
			本心	29388	24	低					270	10		
本2+名*①	自己所在地域或团体	"名"指地方	本地	3102	40	中					1907	7		
			本届	3479	40	中					959	10		
			本国	4596	40	中	6	20	115	30	190	10	低	95
			本市	7349	36	低					356	10		
			本省	11916	32	低					766	10		
			本校	17627	28	低					1226	7		
当+×	在事情发生的那个时间	×为时间段	当年	1193	40	中					25	10		
			当天	13573	32	中					74	10		
			当日	50130	20	高	5	8	591	21	131	10	中	69.4
			当晚	未收	36	高					787	10		
			当夜	20082	24	中					897	10		
地点+人*②	出生或居住在某地的人	地点是国家或地方	中国人	未收	40	低					44	10		
			北京人	未收	40	中					141	10		
			广州人	未收	36	低	6	20	12	30	1385	7	低	95
			南方人	未收	40	中					2144	4		
			亚洲人	未收	36	中					1607	7		
			美国人	未收	40						21310			

①② 词语模后带"＊"的表示该词语模的构词能力强，所构词语没有全部统计，只选取常用的。

（续上表）

词语模	结构义	语义限制	同模词	指标 1		指标 2	指标 3		指标 4		指标 5		指标 6	
				同模词频度（40%）	评价分	同模词等级	同模词/词组数（20%）	评价分	模标频度（30%）	评价分	模槽频度（10%）	评价分	词语模等级	评价分
多+×	数量大、种类多		多种	1583	40	中	19	20	21	30	566	10	低	90.3
			多次	1805	40	中					57	10		
			多年	3142	40	中					25	10		
			多元	7319	36	中					95	10		
			多彩	15371	32	中					3135	4		
			多变	9644	36	高					264	10		
			多层	7758	36	高					640	10		
			多方	6793	36	高					372	10		
			多日	17197	28	中					131	10		
			多项	5563	36	高					374	10		
			多姿	21705	24	中					未收	4		
			多端	22622	24	中					1746	7		
			多发	11918	32	中					3954	4		
			多边	5080	36	中					441	10		
			多样	5242	36	中					2171	7		
			多情	12960	32	中					811	10		
			多虑	30693	20	低					未收	4		
			多事	27774	24	低					137	10		
			多疑	20807	24	中					3368	4		
恶+×	坏的的事物或人		恶意	9003	36	高	7	14	2459	12	1386	7	中	60.4
			恶梦	15993	28	高					1207	7		
			恶果	18610	28	中					2364	4		
			恶习	19696	28	中					7709	4		
			恶人	19950	28	中					12	10		
			恶名	29008	24	中					102	10		
			恶行	30378	20	中					1675	7		

表2　无模标的词语模库

词语模	结构义	语义限制	同模词	指标7		指标8		指标9		指标10	
				同模词频度（40%）	评价分	同模词等级（30%）	评价分	同模词/词组数（30%）	评价分	词语模等级	评价分
东西+器具*	盛东西的器具	"东西"指的是散开的	油箱	32454	20	中	21	9	30	中	72
			水缸	20785	24	中	21				
			水桶	14474	32	高	30				
			蜜罐	未收	20	高	12				
			油罐	23837	24	中	21				
			醋瓶	未收	20	中	12				
			水盆	未收	32	高	21				
			尿盆	未收	20	中	12				
			酒盅	28284	20	中	12				
材质+构成物*	用某种材料质做成的东西		木桶	28116	24	中	21	14	30	低	86
			铁锅	22758	24	中	21				
			木板	8591	40	高	30				
			钢管	22269	24	中	21				
			铁环	31446	20	中	21				
			木屐	39972	20	低	12				
			木椅	未收	24	高	21				
			木屋	16717	24	中	21				
			石桌	未收	24	中	12				
			石柱	22695	24	中	21				
			石像	26154	24	中	21				
			铁链	20880	24	中	21				
			银盘	未收	24	中	21				
			布鞋	6462	40	中	21				
动物+动物身体一部分	动物身上的某部分	多用来指吃的东西	牛奶	7505	36	高	30	6	330	中	73
			鸭蛋	26367	24	中	21				
			猪肝	28690	24	中	21				
			鸡腿	28927	24	中	21				
			鱼皮	36078	20	低	21				
			鸡翅	44709	20	低	12				

在处理过程中出现了一些问题。一是在未收入在词表、词典以及《词汇等级》当中的常用词语的定位按实际的词语使用状况来归类、定位。二与词语模界定本身有出入的极少数词语，但具体词性有差别，而其意义可类推性强，能产性强，如"多＋X"一组就属于这种情况。具体来看，其中包括了名词性的、形容词性的、动词性的。这样的情况还是极少的。

2. 词语模教学法的定性与操作建议

2.1 词语模教学法是辅助性方法

词语模教学法从属于语素教学法，是对其进行严格限制之后的一种方法，而不是与语素法等教学法并立。

词语模教学法是一种辅助性的方法。对外汉语教材对词汇的编排是十分重视的，词汇的数量、覆盖率、出现的位置和顺序、时间、重现率等都是要考虑的因素，因此在教学的过程过中教师虽然可以更改一课中词语教学的先后顺序，但总体上要依据教材中的词汇展开教学。词语模教学是词汇教学的辅助性工具，它的主要目的是为了帮助理解词义、扩展词汇，或者归纳同模词，所以这种方法只能依附课本内容进行。虽然抓住了汉语词汇的特征，但由于在目前还没有专门的词汇课的情况下，它只能是一种辅助性的方法。

2.2 词语模教学法的适用对象

过早地把词语模引入对外汉语词汇教学中并不合适。初级上阶段的词汇教学的主要任务是帮助学生掌握一批最常用词语的基本意义和主要用法，词汇量有限，除了一些特别重要、常用的，不提倡词汇扩展。这个阶段的学生的汉语水平还较低，汉语语感差，对汉语词汇的构词特点了解甚少，教师应把握一个原则，那就是不宜"词语开花"。进入初级下、中高级阶段词汇教学的主要任务是帮助学生扩大词汇量，因此词语模教学运用的前提应该是至少具备初级下汉语水平的学生，并且强调要在学生掌握了一定量的单音节词和多音节的合成词之后才能进行。为了证明这一观点，笔者对刘珣主编的《新实用汉语课本》（北京语言大学出版社，2002—2009年）进行了抽样调查，结果如表3、表4、表5所示：

表3 《新实用汉语课本》第一册第10—14课

生 词	第11课	第12课	第13课	第14课
生词数	32	31	30	31
单音节词数	14	11	10	10
多音节词数	18	19	20	21
可利用词语模扩展的多音节词语数	0	0	1	1

表4　《新实用汉语课本》第二册第19—22课

生　词	第19课	第20课	第21课	22课
生词数	36	35	36	35
单音节词数	15	4	6	6
多音节词数	21	31	30	29
可利用词语模扩展的多音节词语数	4	5	4	3

表5　《新实用汉语课本》第三册第29—32课

生　词	第29课	第30课	第31课	第32课
生词数	37	37	38	38
单音节词数	8	4	7	8
多音节词数	29	33	31	30
可利用词语模扩展的多音节词语数	7	2	5	5

　　《新实用汉语课本》共六册，前四册供初级上、下的学生使用，五、六册供中级上、下的学生使用。第一册240个生词中，单音节词语有106个，占44.2%。多音节生词中专有名词等占了很大的比重。这一阶段，汉语的学习主要集中在日常生活中常用、常见的单音节词上。按照我们的词语模标准衡量，第一册中几乎未出现可以扩展的词语。进行第二、三册，随着汉语词汇的积累，单音节生词数渐渐减少，可利用的词语模也稍有增加。按照该教材的设置，第三册应该是初级下的学生使用。经过半年的累积和沉淀，随着词汇量和词汇知识的增长，利用词语模的进行词语扩展，适合在初级下及以上水平的学生中进行。

2.3　词语模教学法的操作建议

2.3.1　适时

　　彭小川、马煜逵（2010）指出"字词的扩展要适时"。词语模的教学不是独立进行的，它必须依托课本。换句话说，当一篇课文中没有出现可利用的词语模时，词语模教学法就无用武之地了。适时性原则决定了词语模教学法在教学上的从属地位，即不能随时随地地进行。只有在某篇课文中出现了可以运用词语模进行扩展的生词时，才可以运用词语模教学法进行词汇扩展。在初级下及中高级阶段，教师要善于抓住时机适时利用。比如前面提到《新实用汉语课本》第四册第40课出现了"自信"一词，第五册第52课出现了"自杀"，我们既可以在第40课时引入词语模"自 + V_2"（结构义为"自己以某种方式对待自己"），也可以在第52课时引入。不过我们主张选择后者，因为在学习了"自信"之后再学习"自杀"，学生的头脑中就更容易形成一种构词模式，教师就可以因势利导，引入词语模"自 + V$_2$"，并给出同模词，再归纳结构义和语义限制。

2.3.2 适量

留学生在汉语的学习中，掌握的词汇量当然是越多越好，但这并不意味着利用词语模扩展出的词语数量越多越好。我国心理学者测定的短时记忆容量为：无联系的汉字，平均一次能记住六个；十进位数字，七个。所以我们建议根据一个生词带出的同模词最好不要超过五个。比如前面提到的词语模"自 + V$_2$"可以带出"自助、自爱、自夸、自救、自卫"这五个。

本文所建的词语模库，大部分的词语模都包含了五个以上的词语，这就要求教师在扩展时适当选取。扩展的词语应该以常用性为主，模槽位置上的语素尽量是已经学过的，以适应学生的汉语水平。

2.3.3 简明地表达

这一点要求词语模表达的简明化、词语模结构义及语义限制表达的简明化。具体体现在以下三个方面：一是尽量用形式化的方式表达词语模，二是描述结构义和语义限制时尽量选用易懂的词语，三是去除书面化的表述方式。比如表6所示：

表6　词语模表达的结构义、语义限制和同模词

词语模	结构义	语义限制	同模词
师 + 亲属	同一个老师的学生之间的称呼	"名"只限于同辈之间的称呼	师姐、师妹、师弟、师兄、师哥
参 + 名	加入某种职业或活动		参军、参政、参赛、参展、参战
形/名 + 式	某种样子或形式的		新式、旧式、老式、西式、欧式、法式、英式
速 + 动	很快地做某事		速成、速冻、速记、速溶、速递、速算
偷 + 动	悄悄地、不让别人知道去做某事		偷渡、偷看、偷拍、偷听、偷袭、偷运
从 + 名	加入某种职业	"名"指的是职业名称	从教、从军、从商、从政、从医
名 + 方	某个方向	"名"也是表示方向的名词	东方、西方、南方、北方、前方、后方、左方、右方

（续上表）

词语模	结构义	语义限制	同模词
数字＋亲属	按顺序称呼亲属	排在第一位的只用"大"，不用"一"，最后一位还可用"老"或"小"	大舅、二舅妈、三姑、四姨、二娘、四大爷、三婶、老叔、小姨父
罢＋名	为了实现某种要求而停止某种工作或活动	"名"指的是多人参加的某项活动	罢工、罢课、罢赛、罢演、罢市
外＋名	国外的人或事物		外宾、外商、外语、外企、外资

3. 词语模教学法的优势和局限

汉语学习者的词汇扩展主要有两个途径：一是直接的词汇习得，二是间接的词汇习得。直接的词汇习得有教师参与。老师通过讲解、启发、引导等方式进行有意义的词汇教学，增加学习者的词汇量。间接的词汇习得以学生为主导。学生通过读书、查字典或是日常的交际生活等各种方式扩展自己的词汇量。间接的词汇习得在广度上占有优势，但是它带有很大的随意性。零乱、无强制性等这些特点使得学习效果参差不齐。词语模教学法的引入不仅能辅助课堂教学，而且通过掌握一定的扩展模式，对学生间接学习也能起到一定的帮助作用。

词语模教学法在一定程度上弥补了现有的语素教学法的一些不足。同模词是同素词当中具有严格的语义、语法上的一致的一组词，具有可类推性，这就在很大程度上避免了同素词教学的漫无边际、无以类推的弊病。

词语模教学法的局限性存在于以下三个方面。一是适用的教学对象有限制，学生只有积累了一些词汇，对汉语词汇构成方式有一定的了解后，才能有效地进行词汇扩展。二是依附于教材的生词情况。三是不能保证学生依照词语模进行类推的有效性，目前看来，只能通过强化学生对结构义和语义限制的理解来降低错误类推。这就要求教师在词语模的选择、同模词的选择和扩展数量都要仔细考虑。

对外汉语教学相关研究的定量化、定级化的趋势越来越明显，目前有汉字的定级定量，有词汇的定级定量，有语法的定级定量，语素项、多义词义项的定级定量也在尝试当中。本文所研究的词语模的定级定量就是在这样的研究趋势中产生的，并以词语模库的形式体现出来。如何进一步强化本研究的实用性、系统性、科学性，减少错误类推，是我们下一步的研究重点。

参考文献

［1］李宇明. 词语模［M］. 北京：北京语言文化大学出版社，1999.

［2］董秀芳. 汉语的词库与词法［M］. 北京：北京大学出版社，2004.

［3］禹存阳. 现代汉语词语模研究［D］. 湘潭大学硕士学位论文，2006.

［4］曹春静. 当代汉语词语模研究——兼论相关新词新语［D］. 上海师范大学硕士学位论文，2007.

［5］苏向红. 当代汉语词语模研究［M］. 杭州：浙江大学出版社，2010.

［6］盛炎. 语言教学原理［M］. 重庆：重庆出版社，2006.

［7］吕文华. 建立语素教学的构想［A］. 胡明扬. 第六届国际汉语教学讨论会论文选［C］. 北京：北京大学出版社，2000.

［8］肖贤彬. 对外汉语词汇教学中"语素法"的几个问题［J］. 汉语学习，2002（6）：68—73.

［9］赵果. "我国"中的"我-"——兼论对外汉语词汇教学［J］. 汉语学习，2004（4）：67—72.

［10］李开. 对外汉语教学中的词汇教学与设计［J］. 语言教学与研究，2002（5）：55—58.

［11］解永俊. 语素教学法初探［D］. 华中科技大学硕士学位论文，2004.

［12］杨捷. 对外汉语语素教学的实施策略［J］. 语言文字应用，2006（2）：36—38.

［13］侯宇. 论对外汉语语素教学法［D］. 陕西师范大学硕士学位论文，2008.

［14］何飞英. 语素教学法在汉语高级阶段词汇教学中的运用［J］. 韶关学院学报，2010（1）：165—168.

［15］彭小川，马煜逵. 汉语作为第二语言词汇教学应有的意识和策略［J］. 语言文字应用，2010（1）：107—113.

【作者简介】

刘晓梅，女，吉林辽源人，暨南大学华文学院应用语言学系副教授、博士，主要从事汉语词汇学的教学与研究。

马杰，山东烟台人，暨南大学华文学院硕士研究生。

词语的语用对比及留学生的语用习得[①]

李小凤

【摘　要】词语从教学的角度而言，一般注重其意义、句法方面，而对于语用方面的规律关注不够，在词典中一般也未涉及。本文尝试考察、分析同义词"说"、"讲"的语用异同，得出二者的差别在于："说"具有优先选择性，"讲"与第二人称"您"具有关联倾向性；其相同之处为二者的"VV""V—V"重叠式都具有会话语体倾向性。以此为基础，继而探讨留学生词语、句式的语用习得在语感培养中的重要性及一般规律、现状、途径等。

【关键词】词语；语用；语感；语体；习得

0. 引言

　　词语从教学的角度而言，一般注重其意义、句法方面，而对于语用方面的规律关注不够，在词典中一般也未涉及。对于母语习得者而言，凭借语感一般能恰当选择、运用词语，而对于留学生而言，词语的语用规律往往成了使用中的障碍，从而出现一些错误或偏误。

　　本文拟就动词"说"与"讲"在现代汉语普通话中作语用方面的对比，探讨二者语用异同，从而对留学生的语用习得方面作一些思考和探索。

　　《现代汉语词典》（第5版）对"说"释义（P1285）的第1个义项为："动用话来表达意思：我不会唱歌，只～了个笑话。"对"讲"释义（P676）的第1个义项为："动说：～故事　他高兴得话都～不出来了。"从释义来看，两者第1个义项是相同的。因而，"说大话"、"说白话"、"说瞎话"、"说梦话"、"说假话"、"说普通话"、"说粗话"、"说脏话"、"说好话"、"说坏话"等，其中的"说"都可换成"讲"，此处"说"、"讲"的意义都是"用话来表达意思"。

　　就这个义项，时维超先生（2009）从词源学的角度探讨了"说"与"讲"在语义方面的细微差别。他认为"说"，从言，兑声，兑声的字多有"小"、"细"、"短小"之义，如"锐"、"绕"等，因而，"说"侧重短小；"讲（講）"，与之声旁相同的字，皆有"相遇"、"重叠"、"相交"之义，如"构"（構）、"篝"等，因而"讲"要求对象，即要有听者。这样解释有一定道理，如"某某同学上课讲小话"，其中的

---

① 本文获得2010年广东省高等学校本科特色专业建设点建设经费支持。

"讲"不能替换成"说"。下文首先以语料库为基础，通过词频统计及语体对比等方面探讨二者的语用区别。

1. "说"与"讲"的语用对比

1.1 选择倾向

从已建立的书面语体平衡语料库（包括科学语体、政论语体、文艺语体、事务语体以及报纸、网络综合语料，共 114 436 070 个字节）① 中随机抽取 9 925 560 个字节的语料，其中每个子类字数相当。对这个小型语料库进行检索发现，"说"、"讲"同为第 1 个义项时分别出现的频次为 9 433 和 718，"说"的使用频次约高达"讲"的 13 倍。再检索一些常用搭配②，得出数据如下：

表 1　"说"、"讲"的固定搭配频次调查表

固定搭配	频次	固定搭配	频次
说大话	14	讲大话	1
说白话	2	讲白话	0
说瞎话	9	讲瞎话	0
说梦话	5	讲梦话	0
说假话	6	讲假话	1
说普通话	1	讲普通话	4
说粗话	1	讲粗话	0
说脏话	7	讲脏话	0
说好话	44	讲好话	4
说坏话	14	讲坏话	8

虽然"说"的常用搭配一般都可替换成"讲"，但数据表明，除"说普通话"外，"说"的频次明显远远高于"讲"。

另外，语料中发现，"说"还形成了一些其他的固定搭配，如"××说"、"比如说"、"对××来说"、"总的来说"、"举例来说"、"一般说来"等，当然，大部分也可替换成"讲"，如"一般来讲"、"总的来讲"等，但"说"的固定短语或搭配的使用频次也是远远高于"讲"的固定短语或搭配。如语料中"××说："频次为 9 423，"××讲："频次为 32；"××来说"频次为 12 987，"××来讲"频次为 1 884。

---

① 下文称书面语体语料库，感谢暨南大学华文学院刘华博士提供部分语料。

② 包括中间插入其他成分。

从以上调查的"说"、"讲"及其固定搭配的使用频次来看,"说"为"用话来表达意思"之义的主体词,与"讲"相比具有优先选择性。

1.2　人称关联倾向

"说"、"讲"都能与第一、二、三人称搭配,但在第二人称使用时,"讲"多用敬称"您","说"多用"你"。我们从随机收集的中央电视台 67 个栏目 2008 年语料(共 114 082 120 个字节)① 中检索,得出数据如表 2②:

表 2　"说""讲"与第二人称关联调查表

检索对象	频次	检索对象	频次
你说	2 799	您说	782
你讲	273	您讲	416

表中数据发现,同样的语料,"你说"的频次约为"您说"的 3.6 倍,而"你讲"的频次约为"您讲"的 66%。为什么在人称上"说"与"讲"会有这样的选择倾向呢?我们随机挑一些语料看看:

(1)"妈呀!你说明儿我穿什么衣服?我只好躲在家里不出去了,他们又笑我骂我!"但是林大娘不回答。(茅盾《林家铺子》)

(2)记者:"你说是哪一种?这个是最标准的?还是这个?"彭焕新:"这个是最标准的。"(中央电视台《致富经—闯天下》2008 年 10 月 8 日)

例中看出,"说"一般是说出自己的看法,内容不长,无需太多准备,对系统性、严密性要求不高。这与时维超先生从词源学角度探讨得出侧重"短小"是一致的。另外,说者与听者大多比较亲密或处于平等、"下"对"上"关系。从"诉说"、"劝说"、"说服"、"演说"等词语也可得到证明,这几个词中的语素"说"的含义为"用话来表达意思",但只有"演说"一词是处于"上"对"下"的关系。再看看"讲"的例子:

(3)主持人:陈书记,我听了您讲的,我怎么觉得来了大学生村官,您的工作不仅没轻松,反而更复杂了呢?(中央电视台《新闻会客厅》2008 年 4 月 15 日)

(4)观众:许老师您好,刚才您讲到了美国这次 7000 亿救援计划实际上是经过

---

① 下文称电视语体语料库,由中国传媒大学有声媒体语料库提供。

② 检索对象包括"说"、"讲"的重叠式,人称为"说"、"讲"的动作发出者,中间可插入其他成分。

了两次波折才得到通过的……（中央电视台《对话》2008 年 11 月 5 日）

（5）同学们都说，要您给我们讲讲自己成长的历程，讲讲您自己少年时代的故事，敬爱的叔叔，您答应吗？（《又一个黎明》编剧：霍秉全，《当代戏剧》2002 年第 6 期）

以上几例都是用"讲"或其重叠式，讲的内容相对来说，主题比较确定，逻辑严密并具有一定的系统性和完整性。我们从以"讲"为语素构成的"讲述"、"讲话"（指正式发言）、"演讲"、"讲座"等词语也能得到证明。另外，在"讲"的内容注重严密性、逻辑性、完整性时，"讲"者与听者通常具有一定的距离，是一种"上"对"下"的关系，听者对"讲"者比较尊敬，因而多用"您"来指称"讲者"。

从"说"与"讲"的第二人称关联来看，一定程度上反映了交际双方的权势关系。"说"者与听者一般比较亲密、亲切或处于平等、"下"对"上"的关系；"讲"者相对听者而言，通常为尊者、长者，"讲"讲求内容的系统、严密。

1.3 重叠式的语体倾向

单音动词重叠形式一般有四种："VV"、"V—V"、"V 了 V"、"V 了—V"。一般而言，"V 了 V"、"V 了—V"表示已经完成的事情。那么，"VV"、"V—V"相应地也就指正在做或将要做。就"说"、"讲"而言，我们主要考察前两种重叠式的语体倾向。由于"说"、"讲"的语义特点，加上"VV"、"V—V"表示的动作与时间的关联，那么，"说说"、"讲讲"、"说一说"、"讲一讲"就表示正在说（讲），或将要说（讲），既然这样，一般而言，说明有听者存在，那么，"说"、"讲"的"VV"、"V—V"式就只能用于面对面或假设是面对面的谈话中。

基于此假设，我们做一个调查，对书面语体语料库和电视语体语料库进行检索，得出以下数据。

表3　"说""讲"的"VV""V—V"式语体分布数据表

频次 / 语体类型	重叠式	说说	讲讲	说一说	讲一讲
书面语体	事务语体	0	0	0	0
	科学语体	1	0	0	0
	政论语体	2	2	4	1
	文艺语体	411	56	26	0
	报纸、网络综合语料	86	17	5	7
电视语体		883	260	107	69

数据表明，就书面语体而言，事务语体中重叠式为 0，科学语体中有 1 个重叠式，政论语体中有 9 个重叠式，而文艺语体及报纸、网络语料中有大量的重叠式。电视语体相对书面语体而言，重叠式更多。从数据分布来看，明显证明了谈话多的语体，"说"、"讲"的重叠式多。

再对出现的重叠式进行抽样考察，发现文艺语体、报纸网络语料中，绝大多数都出现在人物对话中。极少数没出现在人物对话中时，与科学语体、政论语体一样，在语气上，是模拟面对面交谈，如：

（6）昨天 Office2003 刚出来，笔者就从各种途径抢到一套……首先说说 Word 这个办公软件的老大哥，从 Word97 到 Word2003，其中经历了多代版本……（太平洋电脑网《火线速递：Office2003 简单试用报告》）

（7）同志们！这个问题的正面，已经说完了。让我再来说一说它的反面……（毛泽东《论反对日本帝国主义的策略》）

例中都是假设听者存在而进行的交谈或交流，这也是书面语体中为拉近与读者的距离而常用的一种手法。另外，有一种情况是因固定搭配"说说而已"而得出"说说"，如："说说容易，做起来难"。

至于电视语体中的重叠式，主要出现在主持人与现场嘉宾或电视机前观众的交谈中，极少的一部分出现在记者与新闻人物的谈话中。由于电视是传者与受众"面对面"的交流，因而，重叠式使用的频次很高。

调查数据及语料分析证明假设是客观存在的，即"说"、"讲"的"VV"、"V—V"重叠式一般用于谈话或模拟谈话中，那么，可以说明"说"、"讲"的两类重叠式对谈话有一定的依存性。根据法国 Bally 提出的会话语体，美国 Longacre（1983）提出的行为言谈体，也可将以谈话形式出现的语体，包括在文艺语体等出现的谈话形式，称为会话语体或言谈语体。因此，可以说"说"、"讲"的两类重叠式具有会话语体或言谈语体倾向性。对于动词重叠的语体归属，陈杨、吕世媛（2008）认为，"动词重叠多用于口语及文艺语体，不用于公文语体、政论语体及科技语体等"。那么，"说"、"讲"的语体归属比一般动词重叠的语体归属更明确。

2. 留学生的语用习得

分析可见，"说"、"讲"在汉语中是一组常用的同义词，在词义、句法方面无明显差异，但在语用方面，则出现比较明显的倾向性：①"说"具有优先选择性；②"讲"与第二人称"您"具有关联倾向性；③二者的"VV"、"V—V"重叠式都具有会话语体倾向性。

这种语用方面的特点，对于母语习得者而言，一般不会对语言运用造成干扰，普遍认为是语感在起作用。因而许多学者提倡在留学生汉语习得中要注重语感的培养。那么，词语、句式的语用习得也是语感培养的一个重要方面。根据周健先生提出的观点，"语感是对语言文字的敏锐感知，是一种心理图式结构。依据语感对象即言语的要素划分，语感也可以分为语音感、汉字感、词汇感、语法感、语义感、篇章感等"，因而对词语、句式语用方面的语感可称为"语用感"。符号学认为，"语形学研究指号（sign，也译为符号）联合的种种方式，语义学研究各种指号的意谓，语用学从指号的解释者的全部行为中来研究指号的起源、应用与效果。"简单地说，语形学（Syntactics，也译为句法学）研究符号与符号的关系，语义学（Semantics）研究符号与它所指称对象之间的关系，语用学（Pragmatics）研究符号与其解释者（使用者）之间的关系。因此，相对语音、词汇、语法等语言要素而言，语用与使用者直接相关，是应用范畴，具有动态性。因而，留学生的语用感非常重要，但又是建立在语音感、汉字感、词汇感、语法感等之上的。所以，初级阶段以培养语音感、汉字感、词汇感、语法感等为主，而到高级阶段，语用感的重要性明显增强。

从目前对外汉语教学的现状来看，语用感不太受重视。一般在留学生教材乃至课堂上，词语主要讲解意义、常用搭配，语用方面的规律讲得很少，因为这些往往潜藏在母语习得者的语感中，词典一般也未进行说明。正因为这样，留学生在习得相应词语、句式后运用汉语时，常会出现一些偏误或用词不当等现象，很大程度是由于对词语、句式的语用功能尤其是词语的语用功能不熟悉所致。

那么，如何培养留学生注重词语、句式的语用习得呢？周健先生提出培养汉语语感的有效途径主要有：按照汉语的特点教汉语、学汉语，扩大语言输入，语料真实、自然、地道、生动。对于语用感的培养，还需加强"语用"规律的捕捉和总结，教师要注意在教学中适时、适当地引导学生关注词语、句式的语用功能，多引导学生对一些看似"习惯"的用法进行总结和分析，同时多思考留学生提出的"怪问题"或出现的偏误。

参考文献

[1] 时维超. 从词源学角度看"谈""讲""论""说"的区别 [J]. 现代语文（语言研究版），2009（5）：72.

[2] 王德春，陈瑞端. 语体学 [M]. 南宁：广西教育出版社，2000.7.

[3] 陶红印. 操作语体中动词论元结构的实现及语用原则 [J]. 中国语文，2007（1）：4.

[4] 陈杨，吕世媛. 也谈现代汉语动词重叠 [J]. 现代语文，2008（8）：36.

[5] 周健. 论汉语语感教学 [A]. 对外汉语语感教学探索 [C]. 杭州：浙江大学出版社，2005.1—24.

[6] [美] 莫里斯. 指号、语言和行为 [M]. 罗兰，周易译. 上海：上海人民出版社，1989.262.

［7］朱前鸿. 先秦名家四子研究［M］. 北京：中央编译出版社，2005. 30.

【作者简介】

李小凤，女，湖南衡阳人，暨南大学华文学院讲师，博士，主要从事修辞学、语体学、对外汉语教学研究。

印尼留学生汉语句子产生中的跨语言句法启动[①]

张金桥　王　燕

【摘　要】本文采用图片描述范式探讨了不同年级印尼留学生汉语句子产生中的跨语言句法启动效应。结果发现，印尼语主动句启动条件下中年级印尼留学生没有产生跨语言句法启动，而高年级印尼留学生产生了跨语言句法启动；印尼语被动句启动条件下中、高年级印尼留学生均产生明显的跨语言句法启动。本研究结果初步表明，印尼留学生印尼语—汉语间跨语言句法启动与词序无关而与汉语水平有关。即使启动句为词序不同的印尼语被动句时，也能产生印尼语—汉语间跨语言句法启动。中年级印尼留学生句法表征中母语句法特征占优势，高年级印尼留学生句法表征中母语和汉语两种句法特征处于一种平衡状态。

【关键词】印尼留学生；句子产生；跨语言；句法启动

0. 前言

句子产生（sentence produce）是把头脑中的思想转换成具体的句子，以语音形式表达出来的过程，包括概念化（conceptualization）、言语组织（formulation）和发音（articulation）三个过程（Dell, 1986；Levelt, 1989）。言语组织包括功能和位置两个结构，功能结构是指通达词条、给词条指派句法，即句子的语义结构；位置结构是指建构层级句法结构（也称句法结构树）和线性结构（Garrett, 1975；Bock & Levelt, 1994）。

句子产生中的句法启动（syntactic priming），又称句法坚持（syntactic persistence）或结构启动（structural priming），是指个体在产生一个句子时，倾向于重复使用刚刚加工（阅读、听或产生）过的句法结构（Bock, 1986；Pickering & Branigan, 1998, 1999）。

跨语言句法启动是指发生在两种语言间的句法启动现象。一些研究表明，句子产生中存在着跨语言句法效应（Desmet & Declercq, 2006；杨洁、张亚旭, 2007）。研究者认为，两种语言的句法特征相同是跨语言句法启动产生的必要条件，某种语言的启动句不仅能激活该语言的句法结构信息，而且能激活另一种语言的句法结构信息，从而对另一种语言句子产生中的句法选择产生易化作用，两种语言的句法信息共享同一

---

①　本文属教育部人文社会科学研究规划基金项目（09YJA740053）。本文发表在《心理行为与研究》2012年第3期。

表征（Meijer, Fox & Tree, 2003；Hartsuiker, Pickering & Veltkamp, 2004；杨洁、张亚旭，2007）。

近期，词序因素在跨语言句法启动效应的作用日益受到研究者的关注。一些研究发现，两种语言之间某种句法结构的功能结构、层级结构和词序均相同，能产生跨语言的句法启动（Meijer, Fox & Tree, 2003；Hartsuiker, Pickering & Veltkamp, 2004；Schoonbaert, Hartsuiker & Pickering, 2007；杨洁、张亚旭，2007）。一些研究表明，两种语言间某种句法结构的功能结构、层级结构相同，如果词序不同，则不能产生跨语言的句法启动（Loebell & Bock, 2003；Bernolet, Hartsuiker & Perking, 2007）。然而，以韩语—英语双语者为被试的研究却发现，即使两种语言词序不同，也能产生跨语言句法启动（Shin & Christianson, 2007）。

主动句和被动句是研究句法启动现象的常见材料，也是汉语和印尼语中常见的两种句式。语言对比研究表明，两种语言的主动句和被动句的功能结构和层级结构相同，在线性结构（词序）方面则表现出不同的特点。主动句在汉语和印尼语中词序完全相同，如汉语主动句"警察抓小偷"，印尼语为"Polisi（警察）menangkap（抓）pencuri（小偷）"；而被动句在汉语和印尼语中词序不同，如汉语被动句"小偷被警察抓"，印尼语为"Pencuri（小偷）di（被）tangkap（抓）polisi（警察）"（张琼郁，1993；陈延河，2002）。同时，两种语言的主动句和被动句的使用频率方面表现出不同的特点。有研究发现，汉语中主动句使用频率较高（Xiao, McEnery&Qian, 2006），印尼语中被动句的使用数量较多（陈延河，2002）。

前人的研究主要集中考察了印欧语系语言之间的跨语言句法启动，很少有针对汉语与其他语言间跨语言句法启动的研究；前人的研究很少关注二语水平对跨语言句法启动的影响（贾月芳、陈宝国，2009）。值得探讨的问题是，印尼留学生在汉语句子产生是否存在着跨语言句法启动？词序因素是否对印尼留学生汉语句子产生中跨语言句法启动产生影响？随着汉语水平的提高，这种句法启动效果是否会变化？表现出何种特点？本研究准备采用经典的图片描述范式，以印尼语主动句和被动句为启动刺激，系统探讨不同年级印尼留学生汉语句子产生中的跨语言启动的特点与规律。

1. 研究方法

1.1 被试
暨南大学华文学院中、高年级的印尼留学生各15名为被试参加此实验。

1.2 材料
首先，编制启动句16个（主动句和被动句各8个）和目标句16个（目标句既可以用主动句也可以用被动句表示），启动句和目标句中的名词、动词及所表述的内容为印尼留学生所熟悉。其次，请印尼语教师（印尼华侨）将所有启动句翻译成对应的印尼语。再次，请美术老师对目标句16个句子进行绘图，要求图片能清晰地反映句子内容，请来自同一群体不参加正式实验的中、高年级各5名印尼留学生对目标句和对应的图片内容进行语义内容匹配评判，采用里克特（Likert）5级量表（0表示完全不能反应，4表示完全能反应），评定结果为3.57。最后，将启动句与目标图片进行启动匹配，两者间无语义关联。

1.3 设计与程序

本研究采用2×2混合实验设计，启动条件为被试内因素，分为印尼语主动句和被动句两种水平，用ABBA方法平衡其顺序。年级为被试间因素，分为中年级和高年级两种水平。每个被试单独进行测试。主试为高年级印尼留学生，向被试大声说出印尼语启动句，被试仔细听该句子，接着呈现一幅图片，要求被试迅速对该图片内容进行描述。实验分两阶段进行，完成8个项目实验后，主试和被试用4分钟左右时间谈谈在中国旅游或在广州生活和学习的一些情况，接着再完成后面的8个项目。用录音笔记录被试对该图片的描述情况。

2. 实验结果

被试的反应分为主动句式、被动句式和其他句式三类。将被试录音转化为文本。两名专家对被试说出的句子进行评定，共同确定其是否为主动句式、被动句式或其他句式。表1列出了本实验中不同启动条件下被试每种反应类型的反应频次。根据李荣宝（2006）的研究并结合本研究特点，对有关频率数据采用非参数检验（Wilcoxon检验）。在以下处理中，Z_1指以被试为随机误差的统计检验值，Z_2指以项目为随机误差的统计检验值。

表1 本实验条件下各种类型反应的平均频次*

反应句型	中年级		高年级	
	主动句启动	被动句启动	主动句启动	被动句启动
主动句	3.07（1.72）	2.27（1.75）	4.47（0.64）	2.67（1.23）
被动句	3.13（1.92）	4.80（1.74）	2.33（0.72）	5.00（1.07）
其他	1.80（1.37）	0.93（0.96）	1.20（0.68）	0.33（0.49）

*括号外为平均反应频次，括号内为标准差。

根据本研究目的，分别对中年级和高年级不同启动条件下反应类型的频次进行统计检验。结果发现：

对中年级印尼留学生而言，印尼语主动句启动条件下目标句表述为主动句的反应频次（3.07）和被动句的反应频次（3.13）无差异（$Z_1 = -0.19$, $p > 0.05$；$Z_2 = -0.12$, $p > 0.05$）；印尼语被动句启动条件下目标句表述为被动句的反应频次

（4.80）要多于表述为主动句的反应频次（2.27）（$Z_1 = -2.46$，$p = 0.014 < .05$；$Z_2 = -2.02$，$p < 0.05$）。

对高年级印尼留学生而言，印尼语主动句启动条件下目标句表述为主动句的反应频次（4.47）要多于表述为被动句的反应频次（2.33）（$Z_1 = -3.32$，$p = 0.001$；$Z_2 = -3.18$，$p < 0.01$）。印尼语被动句启动条件下目标句表述为被动句的反应频次（5.00）要多于表述为主动句的反应频次（2.67）（$Z_1 = -2.82$，$p < 0.01$；$Z_2 = -3.08$，$p < 0.01$）。

3. 讨论

3.1 词序在印尼留学生汉语句子产生中跨语言句法启动的作用机制

本研究表明，无论是中年级还是高年级印尼留学生，与汉语被动句词序不同的印尼语被动句作为启动句时，都产生了十分明显的跨语言句法启动效应。本结果与有关德语—英语（Schoonbaert, Hartsuiker & Pickering, 2007）以及荷兰语—英语（Bernolet, Hartsuiker & Perking, 2007）双语者的跨语言句法启动研究结果不一致，即两种语言功能结构、层次结构同而词序不同时，不能产生跨语言句法启动。但与韩语—英语双语者的跨语言句法启动研究结果一致，即两种语言功能结构、层次结构同而词序不同时，也能产生跨语言句法启动（Shin, Christianson, 2007）。

为什么会出现这种情况？我们认为，这可能与具有两种不同相似程度语言的双语者的句法表征特点有关。双语者头脑中两种语言句法结构的微句法特征都相同，形成的句法表征稳定，易产生该句法结构的跨语言句法启动。如果两种语言的句法的功能、层级和线性（词序）等三种结构相同，形成的双语句法表征稳定且质量好，容易产生跨语言句法启动。如果两种语言的句法的功能结构和层级结构相同但线性结构（词序）不同，则表现出复杂的情况，其句法表征质量与两种语言的相似程度有关。在功能结构和层级结构这两个微句法特征方面，两种语言完全相同，匹配成功，共享同一节点（nod），处于正向的活跃状态；而两种语言的词序这个微句法特征不同，匹配不成功，不能共享同一节点，处于负向的排斥状态。按照言语产生的激活扩散模型（Dell, Chang & Zenzi, 1997），这三类微句法特征信息（2个相同和1个相异）相互反馈激活扩散，产生一定的冲突并处于不稳定状态。当两种语言相似度较高时，由于词序与具体语言形式联系较大，词序必须进行具体的匹配，所引起负向的排斥状态的强度较大，与功能结构和层次结构相同的正向活跃状态产生严重的冲突与不协调，形成的双语句法表征不稳定且质量差，不能产生跨语言句法启动。然而，当两种语言差异较大时，词序更可能进行的是一种较为抽象的匹配，由词序差异引发的负向的排斥状态的强度较小，与功能结构和层次结构相同的正向活跃状态不会产生严重的冲突，因此仍然能形成较为稳定的双语句法心理表征，从而成功地产生跨语言句法启动。

3.2 不同汉语水平的印尼留学生汉语句子产生中跨语言句法启动的作用机制

本结果表明，启动句为印尼语主动句时，中年级印尼留学生在汉语句子产生中没有出现句法启动，启动句为印尼语被动句时，中年级印尼留学生出现了句法启动；无论启动句是印尼语主动句还是被动句，高年级印尼留学生都出现了句法启动。

为什么会出现上述情况？这可能与不同年级印尼留学生句法特征的心理表征特点有关。中年级印尼留学生的汉语水平不高，句法的心理表征中母语的句法特征可能占优势，被动句的句法结构信息处于较活跃状态。当启动句为印尼语主动句时，能激活主动句句法结构，它与处于优势的被动句句法结构竞争，大体上达到一种平衡状态，没有表现出启动效果。如果启动句是被动句，能激活相应的被动句句法结构，而本身被动句句法结构就处于优势状态，两股力量发生叠加从而表现为十分明显的跨语言句法启动。

高年级印尼留学生的情况发生了变化。他们的汉语水平相对较高，母语和汉语的句法结构特征均处于活跃状态，两种句法结构特征处于大体平衡的竞争状态。当启动句为主动句或被动句时，能迅速地将已处于活跃状态的主动句或被动句句法结构信息激活，对另一种句法结构信息产生抑制作用，从而促进了被试在汉语句子产生中对启动句的句法结构的选择，表现出句法启动效应。

4. 结论

本研究得到如下结论：

（1）对中年级印尼留学生而言，印尼语主动句启动条件下不能产生跨语言句法启动，而印尼语被动句启动条件下能产生跨语言句法启动；

（2）对高年级印尼留学生而言，印尼语主动句和被动句启动条件下均能产生跨语言句法启动；

（3）印尼留学生汉语句子产生中跨语言句法启动与词序无关；

（4）汉语水平影响着印尼留学生汉语句子产生中的跨语言句法启动。

参考文献

［1］陈延河. 印尼语、汉语语序对比及印尼学生汉语学习中常见语序偏误分析［J］. 暨南大学华文学院学报，2002（1）：9—18.

［2］贾月芳，陈宝国. 双语跨语言的句法启动［J］. 心理科学进展，2009，17（1）：56—63.

［3］李荣宝. 跨语言句法启动及其机制［J］. 现代外语，2006，29（3）：275—283.

［4］杨洁，张亚旭. 句子产生中的句法启动［J］. 心理科学进展，2007，15（2）：288—294.

［5］张琼郁. 现代印尼语语法［M］. 北京：北京语言文化大学出版社，1993. 76—85.

［6］Bernolet, S., Hartsuiker, R., & Perking, M. J. Shared Syntactic Representations in Bilinguals: Evidence for the Role of Word-Order Refection［J］. *Journal of Experimental Psychology：Learning，Memory，and Cognition*，2007（33）：931 - 949.

［7］ Bock，J. K. Syntactic Persistence in Language Production ［J］. *Cognitive Psychology*，1986（18）：355 – 387.

［8］ Bock，J. K.，& Levelt，W. J. M. Language Production：Grammatical Encoding ［A］. In M. A. Gernsbacher（ed.），*Handbook of Psycholinguistics* ［M］. San Diego CA：Academic Press，1994：945 – 984.

［9］ Dell，G. S. A spreading activation theory of retrieval in language production ［J］. *Psychological Review*，1986（93）：226 – 234.

［10］ Dell，G.，Chang，F. & Zenzi，G. Connectionist Models of Language Production：Lexical Access and Grammatical Encoding ［J］. *Cognitive Science Society*，1997，23（4）：517 – 542.

［11］ Desmet，T.，& Declercq，M. Cross-linguistic Priming of Syntactic Hierarchical Configuration Information ［J］. *Journal of Memory and Language*，2006（54）：610 – 632.

［12］ Garrett，M. F. The Analysis of Sentence Production ［A］. In G. H. Bower（ed.）. *The Psychology of Learning and Motivation* ［M］. New York：Academic Press，1975：133 – 177.

［13］ Hartsuiker，R. J.，Pickering，M. J.，& Veltkamp，E. Is Syntax Separate or Shared Between Languages？ Crosslinguistic Syntactic Priming in Spanish/English Bilinguals ［J］. *Psychological Science*，2004（15）：409 – 414.

［14］ Levelt，W. J. M. *Speaking*：*Form Intention to Articulation* ［M］. Cambridge. MA：The MIT Press，1989：8 – 13.

［15］ Loebell，H.，& Bock，J. K. Structural priming across languages. *Linguistics*，2003（41）：791 – 824.

［16］ Meijer，P. J. A.，Fox.，& Tree，J. E. Building Syntactic Structures in Speaking：A Bilingual Exploration ［J］. *Experimental Psychology*，2003（50）：184 – 195.

［17］ Pickering，M. J.，& Branigan，H. P. The Presentation of Verbs：Evidence From Syntactic Persistence in Written Language Production ［J］. *Journal of Memory and Language*，1998（39）：633 – 651.

［18］ Pickering，M. F.，& Branigan，H. P. Syntactic Priming in Language Production ［J］. *Trends in Cognitive Sciences*，1999，3（4）：136 – 141.

［19］ Schoonbaert，S.，Hartsuiker，R. J. & Pickering，M. J. The representation of lexical and syntactic information in bilinguals：Evidence from syntactic priming ［J］. *Journal of Memory and Language*，2007（56）：153 – 171.

［20］ Shin，J. A.，& Christianson. Cross-linguistic Syntactic Priming in Korean-English Bilingual Production ［C］. *Poster Session Presented at the Annual CUNY Conference on Human Sentence Processing*，La Jolla，CA，2007：123 – 136.

［21］ Xiao，Z. A.，McEnery，& Qian，Y. Passive Constructions in English and Chinese：A Corpus-based Contrastive Study ［J］. *Languages in Contrast*，2006（6）：109 149.

【作者简介】

张金桥，男，博士，暨南大学华文学院教授，硕士生导师。

王燕，女，硕士。

"比"字句偏误的计算机辅助识别及纠正

王洁

【摘 要】"比"字句是汉语中表达比较意义时常用的一种句式,本文借助 HSK 动态作文语料库,从便于计算机识别和修改的角度对"比"字句病句做了偏误分析,并采用规则的方法进行了"比"字句偏误自动识别及纠正的实验,通过与人工标注的结果相比较,证实了计算机能够在这方面发挥较好的作用。
【关键词】"比"字句;偏误;偏误分析;自动识别及纠正

0. 研究缘起

留学生在学习汉语的过程中会出现各种各样的偏误,目前学生的偏误主要是靠教师发现并纠正,如果计算机在识别偏误方面能够发挥一定的辅助作用,就可减轻教师的负担,同时还可帮助学生自学,从而提高教学效率。

本文以"比"字句偏误为切入点,探讨计算机识别偏误的可行性。

1. "比"字句

"比"字句是汉语中表达比较意义时常用的一种句式,《高等学校外国留学生汉语言专业教学大纲》(国家汉办,2002)中总结了其基本形式并给出相应例句:

A + 比 + B(+更/还)+形容词/动词性短语

① 我们班的同学比他们班(的)(同学)少。

② 我们比他们学得快。(我们学得比他们快)

③ 哥哥已经很高了,弟弟比哥哥还高。

④ 她比我更了解这里的情况。

A + 比 + B + 形容词 + 数量补语

① 那个教室比这个(教室)小一点。

② 他妹妹比我妹妹大两岁。

③ 这件衣服比那件(衣服)长得多。

④ 上次考试比这次(考试)容易多了。

2. "比"字句偏误

目前已有的偏误分析的著作中一般都会涉及"比"字句偏误,如程美珍(1997:

256—261）共给出使用不当的"比"字句 14 例（书中编号为：例 694—707），每例都给出了相应的正例、分析了出错原因；再如李大忠（1996：143—148）列出了三类"比"字句偏误，各类给出了少量例句，并分析了病因。

本文的目标是让计算机来发现偏误，已有研究对"比"字句偏误的分类对计算机而言概括的还不够全面、划分得不够细致，且提供的例句数量远远无法满足实验测试的需要。因此，较好的做法是从大规模的中介语语料库中提取相关病句，从中观察并总结偏误类型。

本文工作利用了 HSK 动态作文语料库（1.0 版）（下文简称"HSK 作文库"）。该语料库由北京语言大学汉语水平考试中心开发，人工对 HSK（高等）作文中的字、词、句、篇等各类偏误进行了标注，收入作文 10 740 篇，约 400 万字。

HSK 作文库中标注的"比"字句病句共 124 句，给出了一个统一的标记"｛CJ-bi｝"，但没有对这些病句进一步指出病因即划分小类。"比"字句偏误从形式上可以分为两大类：有"比"句偏误（标注出 109 句）和无"比"句偏误（标注出 15 句）。前者句子中出现单字词"比"，如"学习比上学期较难"；后者句子中没有出现单字词"比"，即该用"比"字句而没用，如"后者的含量还前者多"。由于无"比"句偏误缺乏形式标记且占少数，本文仅以有"比"句偏误为研究对象。

本文主要从便于计算机识别的角度（当然也兼顾语言学方面的合理性）对有"比"句偏误做了进一步细分，总结了 10 个小类，最常见的 2 个小类如下所示：

A. 谓语中心词前出现表示程度的词语。

此类根据所表程度的不同又可分为 4 个小类（各例句紧随其后，例句中可能还存在其他类型语病，皆尊重原貌，下同）：

a. A 比 B（很｜非常｜十分｜相当｜特别｜太｜格外｜多｜极）谓语中心词

（1）不过现代的代沟问题比以前很严重。

b. A 比 B（比较｜有些｜较｜有一些｜一些）谓语中心词

（2）但是现在我知道的文学作品比别人比较多。

c. A 比 B（有点｜有一点｜有点儿｜有一点儿｜一点｜一点儿）谓语中心词

（3）现在绿色食品比一般的食品有点儿贵。

d. A 比 B 越来越 谓语中心词

（4）现在社会生活水平比以前越来越高。

之所以需划分如此细致，是因为各自的修改方式不同。此外还需说明，谓语中心词不只由形容词充当，还可以是"'有'＋名词"结构（如："有经验"、"有能力"）或可用于比较的动词（如："了解"、"讲究"等，下文简称"可比动词"）。

B. 否定词使用不当

a. A 比 B（不｜没｜没有｜不是）谓语中心词

（5）而东方国家的人民、比西方国家人们思想没开放。

b. A 比 B（不｜没｜没有｜不是）（很｜非常｜十分｜相当｜特别｜太｜格外｜多｜极）谓语中心词

（6）可以说小孩子从父亲和母亲能学会的事情比其他动物不很少。

c. A 比 B（不｜没｜没有｜不是）谓语中心词（多｜极了｜的很多｜得很｜得多）

（7）我觉得饿不饿的问题比怎么活的问题不重要得多。

d. A（不｜没｜没有｜不是）比 B（那么｜这么｜那样｜这样）谓语中心词

（8）因为自己没有比歌手那么好的歌唱力。

e. A（没｜没有）比 B 谓语中心词

（9）长得就会没比吃绿色食品健康。

f. A（不｜没｜没有｜不是）（和｜跟｜与）B 比得上

（10）父母的爱没有跟别的比得上。

g. A（不能｜无法）比 B

（11）上海不能比北京。

3. 识别方法

3.1 知识准备

计算机利用规则方法识别偏误所需的知识主要是词、词类、词语小类。

词和词类可以通过自动分词和词性标注获得。本文使用了北京语言大学信息处理研究所开发的 GPWS 软件。该软件的词性标记集采用了北大的词性标记集（俞士汶，2002）。经过分词及词性标注后的例句如下：

(12) 学习/v 比/p 上/v 学期/n 较/d 难/a，/w

说明：n 代表名词，v 代表动词，p 代表介词，d 代表副词，w 代表标点。

词语小类是指一些特殊的词语小类，无法通过词法处理软件的标注结果直接识别，本文主要通过穷尽收集的方式获得。穷尽收集的方式主要有两种，一种是某类词语语言学方面已有充分研究，可以将相关归纳总结直接拿来使用，如程度副词都有哪些；另一种是某类词语语言学方面的研究无法满足计算机的需要（或关注较少；或虽有专门研究，但研究结果在公开发表时并没有穷尽列举），我们采取从大规模汉语语料库中自动抽取的方式，以达到尽可能穷尽收集的目的。

从语料库中自动抽取各类相关的特殊词语，需具体问题具体对待。在此仅以"可比动词"的抽取为例作一简单介绍。吕叔湘（2006：73）指出："比"用于比较性状和程度时谓语如用动词，限于表示能力、愿望、爱好、增减的动词或"有"、"没有"等。我们通过观察，发现这些可以充当"比"字句谓语的动词都可以受副词"更"修饰，凭借这一知识便可给出相应规则从大规模的汉语语料库中抽取出候选的"可比动词"。当然，由于自然语言的复杂性，自动抽取出候选后还需进一步的人工干预，经人工去伪存真后，才得到所需的"可比动词"列表。

3.2 识别模式级纠错规则

为了自动识别及修改各类有"比"句偏误，我们给出了一系列识别模式及纠错规则。

首先，对模式及规则中用到的变量给出说明，见表1。

表1 有"比"句偏误模式相关变量

变量名	$word	$adj	$noun	$verb	$adv	$pronoun	$mm	$ww	$verb_compare
含义	词	形容词	名词	动词	副词	代词	数词	标点	可比动词

其次，以上文给出的偏误小类 A 为例，给出偏误模式、偏误实例、纠错规则及修改后的实例。

我们用 * 表示任意多个；用 + 表示一个或多个；用（a｜b｜c）表示 abc 中任选其一；用变量 $i 表示模式中第 i 对（ ）匹配到的实际内容，比如例（13）匹配模式 $Pattern1 时，$1 = "不过现代的代沟问题"，$2 = "以前"，$3 = "很"，$4 = "严重"；用 s/X/Y/ 表示"将 X 替换为 Y"的操作；用 P→Q 表示"若匹配模式 P，则执行操作 Q"的规则。

偏误模式：

$Pattern1 = （$word *）比（$word +）（很｜非常｜十分｜相当｜特别｜太｜格外｜多｜极）（$adj｜$verb_compare｜有 $noun）$ww

偏误实例：

（13）不过/c 现代/t 的/u 代沟/n 问题/n 比/v 以前/f 很/d 严重/a。/w

（14）比/p 我们/r 多/a 有/v 经验/n，/w

纠错规则：

Rule1：$Pattern1 ——→s/ $3 $4/ $4 得多/

改后实例：

（13'）不过现代的代沟问题比以前严重得多。

（14'）比我们有经验得多，

$Pattern2 = （$word *）比（$word +）（比较｜有些｜较｜有一些｜一些）（$adj｜$verb_compare｜有 $noun）$ww

（15）但是/c 现在/t 我/r 知道/v 的/u 文学/n 作品/n 比/p 别人/r 比较/d 多/a。/w

（16）学习/v 比/p 上/v 学期/n 较/d 难/a，/w

Rule2：$Pattern2 ——→s/ $3 $4/ $4 一些/

（15'）但是现在我知道的文学作品比别人多一些。

（16'）学习比上学期难一些，

$Pattern3 = （$word *）比（$word +）（有点｜有一点｜有点儿｜有一点儿｜

一点｜一点儿）（$adj｜$verb_compare｜有$noun）$ww

（17）现在/t 绿色/n 食品/n 比/p 一般/a 的/u 食品/n 有/v 点儿/n 贵/a。/w

Rule3：$Pattern3 ——s/ $3 $4/ $4 一点/

（17′）现在绿色食品比一般的食品贵一点。

$Pattern4 =（$word ∗）比（$word +）（越来越）（$adj｜$verb_ compare｜有$noun）$ww

（18）现在/t 社会/n 生活/v 水平/n 比/v 以前/f 越来越/d 高/a。/w

Rule4：$Pattern4 ——s/ $3//

（18′）现在社会生活水平比以前高。

4. 实验结果及分析

4.1　实验步骤

首先，对 HSK 作文库中的作文进行还原。

其次，对还原后的作文进行自动分词和词性标注。

再次，从分词及词性标注后的 HSK 作文库中抽取出所有包含单字词"比"的句子共 2 474 句（断句标志为标点"，""；""。""？""！""，""."）作为测试语料。

第四，利用总结好的规则库在测试语料中进行偏误识别。在识别的基础上，有的偏误可以直接纠正，有的则只能给出提示。只能给出提示的情况如例句（19）。

（19）你们/r 那里/r 是/v 比/p 这里/r 南方/f，/w

计算机给出提示：A 比 B 怎么样

4.2　实验结果

2 474 句测试语料中共自动报错 190 句，其中真错 176 句，假错 14 句。识别出的真错中修改（包括提示）准确的有 173 句。

我们先计算自动识别的准确率、自动修改的准确率，计算公式及结果如下：

自动识别准确率：

Precision_auto = 真错数量/报错数量 = 176/190 = 92.6%

自动修改准确率：

Precision_auto_cor = 修改准确的真错数量/真错数量 = 173/176 = 98.3%

为了进行对比，我们也计算一下人工标注的准确率。HSK作文库中标注为病句的有"比"句109句，其中有15句本文认为不该算"比"字句偏误，如例句（20）、（21）。

（20）我/r发现/v它/r比/p以前/f胖/a得/u多/a，/w

（21）所以/c我/r比/v以前/f更/d想/v学习/v很多/m东西/n。/w

人工标注的准确率可以如下计算：

Precision_manual = 真错数量/标错数量 = （109 – 15）/109 = 94/109 = 86.2%

由此可知，计算机识别有"比"句偏误的准确率比人还高，而且计算机在识别的同时还可进行纠正，人工标注时只给出一个统一的标记"｛CJbi｝"而已。

除了准确率外，还有一个常用的测试指标——召回率。就某一识别对象而言，召回率的计算方法为：正确识别出来的数量/实际存在的数量。要得到作文库中实际存在的有"比"句偏误的数量需对测试语料的2 474句进行一一核查（因为人工标注时有漏标现象），目前没有做这一工作，我们把自动识别的真错与人工标注的真错取并集作为实际存在的偏误来计算召回率。在自动识别的真错176句和人工识别的真错94句中有66句是共有的，那么实际存在的偏误数量应为204（176 + 94 – 66）句。自动识别和人工标注的召回率如下：

Recall_auto = 176/204 = 86.3%

Recall_manual = 94/204 = 46.1%

4.3 结果分析

自动识别存在误报和漏报现象。在误报的14句中有7句是因为原句字词错误而引起的，如例句（22）；有7句因目前的规则系统难以奏效所致，如例句（23）及相应修改（23'）。在漏报的28句（94 – 66，即计算机相对于人没有召回的）中，有3句是由于自动分词时"比"没有作为单字词切分出来从而没被提取到测试语料中；其余的主要是因为规律性不强难以总结识别规则，如例句（24）、（25）。

（22）这/r种/v二/m手/n烟/n比/p一手/n的/u更/d制/v命/n。/w

（23）比/p英语/n我/r的/u能力/n比较/d低/a。/w

（23'）比英语我的能力低一些。

（24）你们/r比/p现在/t好多/m好多/m。/w

（25）这个/r方法/n比/p团体/n旅游/v尺/q有所/v短/a，/w寸/q有/v所长/n的/u。/w

人工标注也存在误报和漏报现象，漏报现象比较严重。在此我们不讨论误报，只分析一下漏报的原因。人的召回率之所以偏低并不是因为人发现不了偏误，而是因为人对偏误的归类不统一造成的。比如例句（26）、（27）、（28），计算机都识别为"比"字句偏误，而人工标注结果分别是："比"字句偏误；词"较"多余；状语"较"多余。

（26）学习比上学期较难｛CJbi｝，
原文：学习比上学期较难，
（27）不吸烟者比吸烟者的寿命｛CD较｝长，
原文：不吸烟者比吸烟者的寿命较长，
（28）周围的人受的影响比吸烟｛CQ者｝本人的·｛CJ＋zy较｝大｛CC多｝。
原文：周围的人受的影响比吸烟本人的较多。

5. 结语

除了"比"字句之外，我们还对"把"字句、"被"字句、"有"字句做了类似的偏误自动识别实验，此外，还结合《外国人学汉语语法偏误分析》（李大忠，1996）一书给出的语法偏误类型体系对计算机识别语法偏误的可行性做了整体上的理论分析（王洁，2011）。无论是点的实验还是面的分析，都证明计算机识别语法类偏误具有较强的可行性。这就使计算机不仅在辅助教学，而且在辅助偏误标注方面都有了很好的用武之地。

参考文献

［1］程美珍. 汉语病句辨析九百例［M］. 北京：华语教学出版社，1997. 256—261.
［2］国家对外汉语教学领导小组办公室. 高等学校外国留学生汉语言专业教学大纲［M］. 北京：北京语言文化大学出版社，2002. 29.
［3］李大忠. 外国人学汉语语法偏误分析［M］. 北京：北京语言大学出版社，1996. 143—148.
［4］吕叔湘. 现代汉语八百词（增订本）［M］. 北京：商务印书馆，2006. 73.
［5］俞士汶，段慧明，朱学锋等. 北京大学现代汉语语料库基本加工规范（续）［J］. 中文信息学报，2002（6）：64.
［6］王洁. 计算机识别汉语语法偏误的可行性分析［J］. 语言文字应用，2011（1）：135—142.

【作者简介】
王洁，女，山东青岛人，暨南大学华文学院应用语言学系讲师，博士，研究方向为计算语言学、对外汉语教学。

高级阶段印尼留学生汉语"着"的习得①

丁雪欢　周真真

【摘　要】在对高级阶段印尼留学生作文语料中动态助词"着"的定量分析的基础上，文章从"着"字句式类型与数量分布、"着"字句式的复杂度和准确度几方面进行了细致的考察，并与初中级阶段、汉语本族语进行对比。研究发现高级阶段印尼留学生在习得动态助词"着"的过程中，习得重点在于结构或意义较复杂的"着"字叠用句、表"变化"意义的"着"字句等；高级阶段"着"字句的复杂度和准确度都要好于初中级阶段，但与汉语本族语相比仍存在一定差距。这些结论可为高级阶段印尼留学生动态助词"着"的教学提供一定的参考。

【关键词】印尼留学生；高级阶段；"着"句式类型；复杂度；准确度

0. 引言

0.1　问题的提出

动态助词"着"一直是外国留学生汉语学习的难点，因而成为汉语第二语言习得研究关注的对象。过去对"着"的研究内容主要集中在留学生习得"着"的偏误分析和教学对策上，如刘丽华（2007）、陈广艳（2000），对于"着"的具体习得过程尤其是在不同学习阶段的习得状况缺少探究。在研究对象上，也仅限于欧美、日韩国家的学生，如薛晶晶（2003）、高蕊（2006）。本文试图弥补这些不足，具体考察高级阶段印尼留学生动态助词"着"的分布特点和习得重点，以期为高级阶段动态助词"着"的教学提供借鉴。

0.2　语料来源

本文所采用的高级阶段印尼留学生"着"字句语料，主要来自北京语言大学"HSK 动态作文语料库"，从中摘得"着"字句 414 例。初中级阶段的"着"字句语料主要来自暨南大学华文学院的"留学生汉语书面语料库"，从中摘得"着"字句 639 例。汉语本族语语料为老舍的长篇小说《四世同堂》，其中的"着"字句共 2 906 例（不含语料中包含词形"着"而不表示动态语法意义的句子）。

0.3　研究方法

一是定性和定量研究。我们将初中、高级各阶段语料的句式结构类型进行分析和归纳，并统计各结构类型的使用频率，分析各种偏误特点及其原因。

---

① 本文属广州市哲学社会科学规划课题（课题号 09Y34）。

二是比较研究。我们将高级阶段与初中级阶段、汉语本族语语料以上各方面进行性质和数量上的对比，从中探寻高级阶段印尼留学生动态助词"着"的习得特征和习得重点。

1. 高级阶段印尼留学生使用的"着"字结构的类型及其分布

1.1　高级阶段印尼留学生"着"所在句的结构与意义类型

根据李蕊、周小兵（2005）对于留学生"着"结构的归类，结合我们所收集语料的情况，综合其意义和结构特点将留学生语料中各类"着"字结构归纳如下：

句式1：基本句

1a. 静态①：表示状态的持续。（状语）V着（+O）。例如：

（1）同学们只好带着雨伞。

1b. 动态：表示动作的进行。（状语）V着（+O）。例如：

（2）马林追着一只鸡。

句式2：方式句

2a. 静态："V_1着"表示动作行为V_2P的方式。（状语）V_1着+V_2P。例如：

（3）我拿着遥控器不停地乱按。

2b. 动态："V_1着"表示动作行为V_2P的伴随状态。（状语）V_1着+V_2P。例如：

（4）沙姆希尔哭着回家。

句式3：存现句

3a. 静态：表示某处存在某事物。处所+（状语）V着+O。例如：

（5）墙上挂着一个"福"字。

---

①　戴耀晶（1997）认为，动态和静态指的是事件的存在方式，动态反映变化，体现的是事件进程中异质的时间结构，即每一瞬间的状态都与其他瞬间不同；静态不反映变化，表现出的是事件处于均质的时间结构，每一瞬间都有着相同的状态。

3b. 动态：表示某处隐现某事物。处所＋（状语）V 着＋O。例如：

（6）天上飘着白云。

句式 4：变化句
在进行动作行为"V_1"时出现了变化"V_2P"。（状语）V_1 着 V_1 着（O）＋V_2P。例如：

（7）我唱着唱着，心情也好多了。

句式 5：叠用句
两个"V 着"叠用。V_1 着（O）＋V_2 着（O）。例如：

（8）我们四个带着怀疑的眼光望着他。

句式 6：祈使句
表示请求或命令进入某种状态，或保持某种状态。V 着（＋点儿）。例如：

（9）你们等着吧！

1.2 高级阶段各"着"字句式的分布：与初中级阶段及汉语本族语的比较

首先将初中级阶段、高级阶段的作文语料、本族语《四世同堂》语料中的各类"着"字句的比例，统计如表1：

表1 初中级阶段、高级阶段、汉语本族语中各类"着"字句的使用比例*

句式	1a	1b	2a	2b	3a	3b	4	5	6
初中级阶段	52.4%	3.8%	22.8%	2.1%	6.5%	1.6%	0.2%	1.5%	0.5%
排序	1	4	2	5	3	6	9	7	8
高级阶段	49.9%	4.2%	21.7%	3.9%	5.4%	1.9%	0.7%	5.9%	1.3%
排序	1	5	2	6	4	7	9	3	8
汉语本族语	38.5%	7.7%	28.7%	7.3%	4.7%	2.2%	1.1%	7.9%	1.9%
排序	1	4	2	5	6	7	9	3	8

*某类"着"字句的频次/该语料样本中所有"着"字句的总频次。

为了检验各阶段之间对各句式的使用率之间是否存在显著差异，我们运用 SPSS 统计软件对其进行了卡方检验，结果见表2：

表2 初中级阶段、高级阶段、汉语本族语与各类"着"字句之间的卡方检验

	值	df	渐进 Sig.（双侧）
Pearson 卡方	137.588*	16	0.000
似然比	153.645	16	0.000
有效案例中的 N	3884		

*单元格（3.7%）的期望计数少于5。最小期望数为3.63。

由表2我们可以看出，三个组中各类"着"字句的使用率存在显著差异（$p = 0.000$）。

1.2.1 与初中级阶段不同的特点

一是高级阶段印尼留学生方式句、叠用句、变化句和祈使句的使用比例高于初中级阶段，基本句、存现句的使用比例低于初中级阶段。

基本句、存现句结构简单，学习难度比较低。初中级阶段留学生的汉语水平比较低，他们乐于使用这种句式。而高级阶段学习者的汉语水平提高，他们更偏重于使用结构比较复杂的句型，故基本句和存现句的使用率下降，而方式句、叠用句、变化句和祈使句使用率上升。这一方面说明初中级阶段的留学生对"着"字句的习得重点在结构简单的基本句和存现句上，高级阶段印尼留学生的习得重点开始向结构相对复杂的方式句、叠用句、祈使句、变化句过渡。另一方面也反映了高级阶段印尼留学生对动态助词"着"的习得程度高于初中级学习者，即随着学时等级的提高，留学生对"着"的习得程度也随之提高。

二是高级阶段印尼留学生"着"字句的数量分布较初中级阶段更接近汉语本族语。

观察表1中初中级阶段、高级阶段、汉语本族语中各类"着"字句的使用比例的排序，发现高级阶段印尼留学生"着"字句的数量分布几乎接近汉语本族语，除了句式1b、2b、3a内部排序略有差异外。这说明高级阶段"着"语言项目的使用更多受自然语言中诸语言项的分布状况的制约，较少受语义和句法难度的束缚。

1.2.2 与汉语本族语不同的特点

一是高级阶段留学生存现句的使用率高于汉语本族语。存现句表示某地存在或隐现某事物，是一种具有汉语特色的句型，在教学中得到较多的强调和训练，因而留学生的使用率高于汉语本族语。

二是高级阶段留学生叠用句、变化句、祈使句的使用率低于汉语本族语。叠用句

是两个简单句的叠加，结构比较复杂。变化句则表示在进行动作行为"V_1"时出现了变化"V_2P"，意义比较复杂，不容易为留学生所理解和掌握。祈使句从"着"的意义上而言更是一种偏离基本意义的标记性强的句式。它们的学习难度都比较大，标记性比较强，因此高级阶段留学生对其掌握程度远不如汉语本族语者。

2. 高级阶段印尼留学生所用"着"字句的复杂度考察

2.1 "着"前所附动词的语义类型

高级阶段的语料中"着"前出现的动词共计 157 个。我们主要依据李里（2008）对"着"前动词语义类型的分类，对这 157 个动词逐一进行归类。

A. 人自身的动态动作，例如：

（10）身旁坐着神情紧张的母亲。

B. 把某物放在某地

B 类动词又被细划为动作义、位置义和存有义。

a. 动作义

"动作义"动词，表达的是"放"的具体动作，例如：

（11）家里放着一大柜子的刊物、书籍。

b. 位置义

"位置义"动词表达的是两个物体之间的相对位置，例如：

（12）我隔着玻璃窗看雨景。

c. 存有义，例如：

（13）我的童年充满着快乐，也充满了父母对我的期待。

C. 一个论元表示工具，即动词后的宾语表示动作发生时使用的工具。例如：

（14）头上还盖着一块方巾。

D. 表达可选状态中的一种

D 类动词又可分为"可选状态义"、"出现义"和"限制义"三个小类。

a. 可选状态义

"可选状态义"的动词一般和另一个动词互为极性反义词。例如：

（15）我每天都<u>开着</u>空调。

b. 出现义

"出现义"动词是表示"表现"、"产生"这样意义的。例如：

（16）眼前<u>浮现着</u>爸爸慈祥的脸。

c. 限制义

"限制义"是指"对某人或某物加以制约或约束"。例如：

（17）艰苦的生活<u>逼迫着</u>我。

E. 和"穿"有关系，例如：

（18）我们全家仅仅<u>穿着</u>一件睡衣逃离火场。

F. 五官动作义

"五官动作义"动词主要指和"五官"各部分有关系的动作，又分为"眼部动作义"、"口鼻部动作义"、"耳部动作义"和"面部表情义"。

a. 眼部动作义，例如：

（19）上小学时总看到别的同学有零用钱，下课时可买些零食吃，可我只能<u>看着</u>别人吃。

b. 口鼻部动作义，例如：

（20）我们在路上<u>唱着</u>歌。

c. 耳部动作义，例如：

（21）想想看，若每天都<u>听着</u>伤心的话，自己会不会心动呢？

d. 面部表情义，例如：

（22）我们<u>笑着</u>、谈着，不知何时，三姐弟都已进入梦乡。

G. 有"拿走"、"拿着"、"带领"义，例如：

（23）星期天，爸爸<u>牵着</u>我的手，带我去市场买菜。

H. 宾语是一个人或动物的动词，例如：

（24）因为时差，大家彻夜不眠，在电视机前、收音机前，<u>陪着</u>他们，为他们加油打气。

I. 心理义动词，例如：

（25）直到现在我还<u>留恋着</u>我的童年生活。

J. 其他，例如：

（26）有时我会<u>装着</u>要买什么的样子，故意问价钱啦，问切来的肉是否新鲜啦等。

我们把高级阶段与初中级阶段、汉语本族语"着"前动词的语义类型进行了比较考察，统计结果见表3：

表3　初中级阶段、高级阶段、汉语本族语"着"前动词的语义类型分布比例

类型	动词意义		初中级阶段		高级阶段		本族语	
A	人自身的动态动作		10.9%		17.2%		13.3%	
B	将某物放在某地	动作义	6.8%	9.2%	5.4%	9.4%	3.7%	8.8%
		位置义	2.1%		3.6%		3.1%	
		存有义	0.3%		0.4%		2%	
C	论元表示工具		—		0.2%		0.6%	
D	表达可选状态中的一种	可选状态义	6.2%	6.7%	4.4%	5.4%	6%	8.6%
		出现义	—		0.3%		1.6%	
		限制义	0.5%		0.7%		1.2%	

（续上表）

类型	动词意义		初中级阶段		高级阶段		本族语	
E	和"穿"有关系		5%		4.5%		2.8%	
F	五官动作义	眼部动作义	14.2%	26.5%	9.4%	18.6%	9.3%	17.5%
		口鼻部动作义	4.8%		3.5%		5.7%	
		耳部动作义	1.6%		1.1%		1.5%	
		面部表情义	5.9%		2.8%		1%	
G	有"拿走"、"拿着"、"带领"义		13.1%		12.7%		11.4%	
H	一个人或动物的动词		3.9%		4.9%		6%	
I	心理义		0.8%		0.5%		2.5%	
J	其他		23.9%		26.6%		28.5%	

　　首先，从总体上看，高级阶段印尼留学生"着"前动词的使用类型比较丰富。汉语本族语中使用的动词类型，在高级阶段留学生的语料中都可找到。而初中级阶段的语料中未出现C类动词和D类的"出现义"。高级阶段印尼留学生使用的动词类型比初中级阶段丰富这说明，随着学习阶段的提高，留学生对"着"前动词的使用类型也随之增加。

　　其次，高级阶段印尼留学生"着"前动词语义类型的数量分布和汉语本族语比较一致。从上表可以看出，高级阶段印尼留学生使用频率最高的是F类、A类和G类，分别是18.6%、17.2%、12.7%。这和汉语本族语的使用情况基本一致，在汉语本族语中，使用频率最高的F类占到17.5%，A类和G类分别占到13.3%和11.4%。汉语本族人常用的动词类型，留学生也同样有很高的使用比率。汉语本族语中使用频率最低的C类和I类（0.6%、2.5%），高级阶段印尼留学生使用的也最少，分别是0.2%和0.5%。两项使用情况的对比说明，高级阶段印尼留学生和汉语本族语各大类动词在使用比率上具有较大的相似性。

　　第三，对各大类动词中的某些小类，高级阶段印尼留学生使用的种类及使用率好于初中级阶段，但不及汉语本族语。汉语本族语中的C类动词和D类的"出现义"在初中级阶段没有出现一例，在高级阶段仅有一例，远远低于汉语本族语的使用频率。另外B类的"存有义"、D类的"限制义"动词的使用比例，高级阶段与初中级阶段相比都有所提高，分别为0.4%、0.7%和0.3%、0.5%，但与汉语本族语的2%、1.2%相比存在一定的差距。这一方面说明，高级阶段"着"前动词语义类型的使用情况要好于初中级阶段，另一方面也说明留学生在动词的使用方面一定程度上存在选择性，即某类动词类型容易掌握，留学生在使用中倾向于选择这类动词，某类动词较难习得，留学生则较少使用。

2.2 "着"所在句结构的复杂度

为了进一步了解高级阶段印尼留学生对动态助词"着"的习得情况，我们又考察了"着"所在句的结构。其结构类型如下：

A. 简单句

即（状语）V 着＋O，例如：

（27）奶奶在这儿<u>等着</u>你。

B. 复杂句

a. 兼语句，例如：

（28）每天他们都<u>看着</u>我写字。

b. 连动句，例如：

（29）两个人<u>拿着</u>不放，结果把花瓶打破了。

c. 作嵌入成分，例如：

（30）她能在我情绪极端恶劣时，像雨露阳光哺育我，使我心里<u>隐藏着</u>的不愉快之事慢慢地消失。

d. 叠用句

（31）爸爸、妈妈也都<u>偏爱着</u>她，<u>疼着</u>她。

高级阶段印尼留学生使用正确的"着"字句共有 389 句，复杂句占 59.1%，已达到总句数的一半以上，而初中级阶段复杂句的比例仅为 38.1%。可见，高级阶段印尼留学生随着学时等级的提高，所用"着"字句结构的复杂度也随之提高。但与汉语本族语的 83.6% 仍存在一定差距，还有待进一步提高。

2.3 "着"所在句意义的复杂度

"着"表示"动作或状态的持续"，即"着"的"持续义"有静态和动态之分。高级阶段印尼留学生的语料中前三种类型的"着"字句中都有动态和静态两种意义。例如：

（32）他慢慢地走<u>着</u>。

上例中"走路"的前一瞬间脚往上抬，后一瞬间脚往下踏，力量有强弱变化，位置出现移动，动态的性质明显。

（33）有时候，我到河岸上坐<u>着</u>。

例（33）中的"坐"是一种处于持续过程中的静态事件，没有发生力的变化或位置的移动，即事件进程的每一瞬间，都与其他瞬间的情状相同。

高级阶段印尼留学生414例"着"字句中，表动态义的占25.4%。初中级阶段印尼留学生639例"着"字句中，表动态义的占16.7%。而汉语本族语语料中2 906例"着"字句中，表动态义的占32.9%。留学生使用表动态义"着"的频率明显低于本族人，这一数据表明留学生对动态义的掌握不够，需要进一步加强。从表1中发现，印尼留学生在习得"着"字句的基本句、方式句、与存现句的过程中，静态义的掌握明显要比动态义好。对三种句式的动态义的掌握高级阶段（4.2%、3.8%、1.9%）要好于初中级阶段（3.8%、3.2%、1.7%）。说明随着学时等级的提高，留学生对动态义的掌握水平也有所提高。

3. 高级阶段印尼学生所用"着"字句的准确度考察

3.1 高级阶段"着"字句的准确率

统计发现高级阶段印尼学生所用"着"字句的准确率有所提高。高级阶段"着"字偏误率①为5.1%，而初中级阶段则为8.6%，低于初中级阶段。可见随着学时等级的提高，留学生使用动态助词"着"的偏误逐渐减少，掌握程度随之提高。

3.2 高级阶段"着"字句的主要偏误类型

高级阶段印尼留学生动态助词"着"的偏误类型以及偏误的具体分布情况如表4：

表4　高级阶段语料偏误的频率

	"着"过度使用	"着"与其他形式混用	"着"漏用
频率	50%	36.4%	13.6%

*某类偏误的频次/该语料样本中偏误的总频次。

---

① 偏误率指语料中"着"字句偏误的频次/该语料样本中"着"字句的总频次。

从表4我们可以清楚地发现，高级阶段印尼留学生动态助词"着"的偏误特点如下：

第一，"着"的过度使用。

"着"的过度使用在"着"使用的偏误中占50%。印尼语中并没有与汉语相似的动词后加动态助词"着"的成分。二语习得中，当学习者母语中没有目的语中对应形式但学习者却过分强化对该形式的习得时，存在一种"纠正"过度的现象，如汉语"吗"和"了"的误加。"着"的过度使用便属于此种现象。例如：

（34）所以从小父母亲对我们来说有深刻的印象，无论遇到什么困难，父母亲永远<u>陪着</u>在我们身边来支持我们，是因为从小他们给我们的爱。

（35）在青年人受教育的时候，他们应该<u>注重着</u>读书，一心一意地学习。

戴耀晶（1997）认为，"着"关注的仅仅是一个事件的持续部分，对事件的其他部分如起始和终结并不关心。从这个意义上说，"着"具有"非完整性"的语义特征，与表示结果的词语不能同现。例（34）中的"在"为介词，表示行为动作的处所，作为补语，表示"结果"的意义，与"着"的"非完整性"相矛盾。所以，作为补语的方位短语与"着"不同现，应将"着"去掉。动词之前加上助动词，表示动作的"未然"，就是说，动作没有成为事实。例（35）之所以不成立，是因为动词"注重"本身具有完结性语义特征，与"着"的"持续义"相矛盾，应将"着"删去。

第二，"着"与其他形式混用。

（36）那个<u>躺下</u>的植物人，难道不是人吗？

（37）我爸是一位好爸爸，他每天起得最早，回家也是最晚，我和弟弟每天晚上，会<u>站着</u>家里的小院等他回来……

例（36）中的"躺下"表示由动到静的转变，其中的"下"为表示结果的趋向补语。而句中要表达的意义是静态的持续，应在"停"后边用表示静态持续的动态助词"着"。偏误原因有句法方面的（如"着"与"下"的混淆），也有认知方面的，即静态持续和动静转换两种情况的混淆。

第三，"着"的漏用。

（38）妹妹现在还帮__看店吗？

（39）有的女朋友看到自己的男朋友吸烟觉得很不好，也有一些女人说，你爱我的话就不要吸烟BQ。但有的人在自己女朋友的背后偷__吸烟。

（40）那么学习汉语的人是要有特别的耐心，努力而且自己常常学__讲，有时候要找机会去看一些汉语片……

王唐燕（2009）认为，动态助词"着"表示状态的持续，具有描写的意味。"V着"可作为一种方式修饰其后的动作行为，例（38）、（39）、（40）便是此情况，因此应分别在动词"帮"、"偷"、"学"后加上动态助词"着"。

4. 高级阶段印尼学生汉语动态助词"着"的教学建议

4.1 依据高级阶段印尼留学生对"着"的习得特点，合理安排教学内容

从前面的考察和分析中可以知道，高级阶段印尼留学生对结构简单的"着"字句式已能很好地掌握，但对结构或意义较为复杂的句式的掌握程度仍然不够；另一方面，高级阶段留学生对"着"前所使用动词的抽象义的掌握不太好，对动态意义的"着"字句的掌握也明显不如静态意义。因此高级阶段动态助词"着"的教学重点应该是叠用句、变化句等结构或意义复杂的"着"字句式，加强对动态意义的"着"字句以及"着"前具有抽象意义的动词的教学。只有这样，才能使高级阶段印尼留学生更好地习得动态助词"着"。

4.2 加强汉印对比，有针对性地进行教学

上面我们的研究指出，印尼语中没有和汉语中的动态助词相对应的语法成分，这就给留学生动态助词"着"的习得带来困难，由于对其使用规则掌握不好，常常出现泛化现象。考虑到这些，在高级阶段的教学过程中，我们应该突出这些限制条件以引起留学生的注意，避免留学生学到高级阶段仍对动态助词"着"的使用限制一头雾水，促成他们对动态助词"着"最终的习得。

参考文献

[1] 刘丽华. 动态助词"着"的对外汉语教学研究［D］. 中南大学硕士学位论文, 2007.

[2] 陈广艳. 动态助词"着"的对外汉语教学设计［J］. 池州师专学报, 2000（2）.

[3] 薛晶晶. 现代汉语动态助词"着""了""过"的对韩语教学［D］. 广西大学硕士学位论文, 2003.

[4] 高蕊. 欧美学生汉语体标记"了""着""过"的习得研究［D］. 北京语言大学硕士学位论文, 2006.

[5] 李蕊, 周小兵. 对外汉语教学助词"着"的选项与排序［J］. 世界汉语教学, 2005（1）.

[6] 李里. 现代汉语中"着"的体貌用法研究［D］. 北京语言大学硕士学位论文, 2008.

[7] 戴耀晶. 现代汉语时体系统研究［M］. 杭州：浙江教育出版社, 1997.

[8] 王唐燕. 现代汉语助词"着"的多角度研究［D］. 浙江大学硕士学位论文, 2009.

【作者简介】

丁雪欢，女，湖南沅江人，暨南大学华文学院教授，博士，主要从事汉语习得研究。

周真真，女，山东青岛人，硕士研究生。

论部首检字的音序化

王汉卫　苏印霞

【摘　要】部首检字的优点是能够集汉字检索、认知及书写规则于一身，从这个角度说它是无可替代的。部首检字的麻烦不在于部首本身，而在于离不开数笔画的检索方式。音序化的部首检字包括部首目录的音序化和检字表的音序化。音序化保留了部首法的优点，分类效果也大大得到提高，具体的检字效果还有待进一步证明。

【关键词】部首；音序；笔画；笔形

0. 引言

部首检字法的"难"，难在两个方面：一是"难学"，二是"难用"。"难学"是指对部首的记忆和对目标字所属部首的判断。"难用"是指确定了部首之后，还要通过计数笔画寻找部首和目标字。尽管部首检字法不能令人满意，但它集检字的功能跟字理阐释的功能于一身，是最能体现汉字构形、构义特点的一种检字法，因此，也一直是形序的主流方法。

学术界完善部首法的努力一直没有停止过。历史上工具书部首目录的增减，以及有关部门对部首表的谨慎确定，都是对部首法的完善，但这些努力大多集中在第一个"难"字上，苏宝荣（1995、2000）、章琼（1997）、刘如水（1998）、王汉卫（2003）、陈燕（2006）等也多是针对"难学"的研究，而忽略了"难用"的研究。

音序检字法预设用户知道目标字的读音，所以从音入手，部首及笔画检字法预设用户不知道目标字的读音，所以按形索字，由此就形成了形、音两界，泾渭分明。然而不知道目标字的音不意味着不知道部首、笔画的音，也不意味着部首检字只能依据笔画数找部、找字。鉴于此，本文尝试提出和论证"音序化"的建议，以期对解决"难用"问题有所助益。

1. 部首目录的音序化问题

部首的笔画多数时候需要计数才能知道，并不能像读音一样可以跳出来。①而一直以来，部首的名称并没有法定的、唯一的、单音节的名称，2009 年教育部和国家语

---

① 我们对 114 个修读语言学的研究生做了问卷调查，114 人中仅有 2 人表示会记忆部首的笔画数，超过 98% 的人每次使用部首检字法时都需要临时计数。为节省篇幅，具体陈述从略。

委联合发布的《汉字部首表》① 也只有形、没有音。目前可以参考的相关读音规范仅有教育部和国家语委 2009 年发布的《现代常用字部件及部件名称规范》（以下简称《规范》）。

实现部首音序的前提是对部首的读音做出科学的、严格的、单音节的规定。传统上，部首的称说方式多种多样，有代表字加位置的（宀，宝盖儿；艹，草头儿），有原型字加位置的（亻，人字旁儿），有形状加意义的（纟，乱绞丝儿），有意义加形状的（辶，走之儿）……这些名称各有各的理据，各有各的特点，缺乏系统性，更没有照顾到按音定序的需要，例如秃（秃宝盖儿）怕难简称为"tu"、"纟"（乱绞丝儿）也不宜简称为"luan"，至于"氵（三点水儿）、彡（三撇儿）、巛（三拐儿）"更不能都简称为"san"。为了满足音序化的需要，有必要对部首的命名进行系统的整理。

1.1　为音序的部首命名

1.1.1　成字部首

成字部首按本字命名，这是历来的传统，然而"成不成字"却有很大的弹性。有些部首在 3 500 常用字范围内即成字，有些部首要到 7 000 通用字的范围，乃至更大的范围、更久远的历史上才能成字。从通俗性的角度看，3 500 是最理想的范围，超出 7 000 通用字范围，表义的通俗性已基本丧失。所以本文初步将成字不成字的界线定在通用字的范围内。主部首成字的按照主部首的读音，主部首不成字而附形部首成字的按照附形部首的读音，多音字的按照更常用、更能表明本义的音，如长，名 cháng，不名 zhǎng。

根据上面的界定，在 3 500 字范围内成字的部首有 149 个，7 000 通用字范围内成字的另有 18 个，合计 167 个，占部首总量的 83.08%——这个基本构成是部首音序化的强大基础。

需要指出的是，有些部首尽管"通用"，难说"通俗"，例如 7 000 字范围内才成字的"彳、爿、鬲、黾、龠"。也许我们应该对 7 000 范围内才成字的部首逐一分析，区别对待，而不采取一刀切的做法——可是这样又失去了尺度。本文暂将彳、爿（丬）处理为部件部首，其他按成字部首处理。

彳：音 chì，很生僻。俗称双人旁儿、或双立人——这个名称有意义误导的嫌疑，彳跟亻只是形状相近，意义上没有关系。以"行"为代表字可以揭示其意义，所以名为 xíng（行旁）。爿（丬）：附形部首成字，音 pán，但一则生僻，二则反倒不如主部首常用，所以从俗称，名为 jiàng（将旁）。

1.1.2　单笔画部首

一、丨、丿、丶、乛五个单笔画部首按"横、竖、撇、点、折"的笔画名称命

---

① 本文对部首命名的整理即以此表所列部首为准。

名，既约定俗成，也不跟其他部首的名称冲突。

1.1.3　部件部首

成字部首和单笔画部首合计 172 个，仅余部件部首 29 个。下面三个原则是整理部件部首名称时应该考虑的：

（1）继承性原则。尽可能保持跟传统命名的一致性，以降低部件部首的识记难度。

（2）代表字原则。统一采取"代表字加位置"命名，代表字应该常用并尽可能彰显部首的意义。

（3）系统性原则。尽可能减少部首同音，以利音序效果。

下文以这三个原则为基础，讨论部件部首的命名问题。

对比《规范》和"俗称"（以《现代汉语词典》附录的《汉字偏旁名称表》为参考），这 29 个部首可以分为三类：同名①、不同名（含"规范"独有、"俗称"独有）、二者皆无。

《规范》跟"俗称"同名的部首，尽可能沿用现有名称，这类部首有：疒、艹（艸）、⺮、廾、匚、纟（纟糹）、厶、宀、辶（辵）、夂②、冂（冖）。本部分唯一的例外是"冖"，"秃宝盖儿"的俗称是比照"宀"而来，既没有反映字理，也无法得到合适的简称。冖是最早的帽子，以巾包头，有覆盖义。冠字可揭示意义，姑名之为"冠头"。

《规范》和"俗称"命名有别的，做出选择或重新命名。选择而来的命名有冰旁（冫）、冬头（夂）、节底（卩、㔾）、罗头（罒）、围框（囗）、彡旁（彡）、巡心（巛）、包框（勹）、京头（亠）、敲旁（攴攵）、番头（釆）、画框（凵③）。重新命名的部首是：寻头（彐、彑）、鬓头（髟）。"彐（彑）"以做字头为主，现名"雪字底"不能反映这个特点，而且"雪"的部首也不是彐。"髟"的现名是"髦字头儿"，"髦"不在常用字范围内。

另外有三个部首在《规范》和"俗称"中都找不到户头，它们是：屮（㞢）、卓、疋（疋）。屮，像出生的小草，"出"可表其义，暂名为"出头"。卓，朝的"本义为日出林中而月还未落的样子"（谷衍奎，2008：1382），故名"朝（zhāo）旁"。疋，古音 shu，是疏的声符兼意符，所以名为"疏旁"。

上文的整理，29 个部件部首中 23 个沿用了旧称，另有冠头（冖）等六个部首是

---

① 所谓同名，是指实质同名，不考虑细节上的表述差异，例如艹：草字头儿、草头儿（"俗称"）、草字头（《规范》），本文采用"代表字＋位置"的最简表述"草头"。其他同。

② 夂（建之），本义为"长行"，引申义为"延伸"。"建"的部首是字形讹化而来。称之为"延旁"更合字理。综合考虑，沿用现名。

③ 凵（画框），本义为坑，字理上，凶、凹、凸都比"画"更合适，但"凹、凸"中的"凵"笔画上已经不独立，"凶"则有碍视听。综合考虑，沿用现名。

新命名或重新命名的。

1.2 按音序的部首分布

根据上面的整理，201 个部首共产生了 162 个不重复音节（含声调），具体数据如下（音序部首表附文后）：

表 1　按音序的部首同音情况

重复率	一部一音	多部同音		总计
		两部同音	三部同音	
音节数	129	27	6	162
部首数	129	54	18	201

下表是按笔画的部首分布：

表 2　按笔画的部首同画情况

重复率	一部一画		多部同画													总计
			2—9 部同画						11—39 部同画							
笔画	14	17	13	11	12	10	1	9	8	7	2	5	6	3	4	15 种
部首数	1	1	2	3	3	4	5	9	11	19	21	22	27	34	39	201 部

可以看到，一部一音是基本面貌，而一部一画的分布仅是个别现象。按音分布，最多三部同音，而按笔画，绝大多数的情况下都是 10 部以上同笔画。换句话说，知道音，几乎可以直接找到部首；而知道笔画，很多时候还得进一步寻找。

总之，按音给部首定序离散性好，基本上可以做到"知音知序"，远比笔画序为好。

2. 检字表的音序化问题

部首目录的音序化是基础，进一步完成检字表的音序化，就可以实现部首检字法的音序化。

2.1 检字表以笔画数为下位分类的局限

以通用字为例，载字 10 字以下的部首有 97 个，11—50 字的有 63 部，百字以上有 19 部（曹先擢、苏培成，1999）。19 部却囊括了一半以上的字（53.07%）。同部字越多越需要分类，而笔画分类的局限也就越明显。尽管在 GB13000.1 范围内最高笔画数是 48（龘），通用字范围内最高笔画数是 36（纛），常用字范围内最高笔画数是

24（蠹），但实际上，扣除低端和高端载字量很少的笔画类，真正有效的分类不过10类左右。例如，通用字表"水"部字的笔画分类如下：

表3　"水"部字的笔画分类

分组	0画	2画	3画	4画	5画	6画	7画	8画	9画	10画	11画	12画	13画	14画以上
字数	1	5	13	39	45	49	42	45	42	43	24	20	13	16

不能有更多的有效分类，这是笔画分类最根本的不足。跟分类不足伴生的是计数的繁琐，由于大部分的字都集中在8—13画之间（郭曙纶，2006），每次检字，笔画的计数平均要在10笔左右。

2.2　笔形是优于笔画数的分类标准

现有的部首检字规则，对笔画数的要求先于笔形，检字实践上则恰恰相反，最先得到的是笔形而不是笔画数，离开笔形无以实现笔画计数，笔画数是最后才能得到的信息。

笔画按具体形态的不同通常归为横（含提）、竖、撇、点（含捺）、折（所有折笔）五种笔形。仅以首笔看，没有提、捺起笔的字，"横竖撇点折"五种笔形的归并没有问题。考虑到后面的笔画，归并需要认知上的转化，转化后反而更不利于分类，所以，本文把横/提、点/捺分别处理，采取横、竖、撇、点、折、捺、提七分法。按首笔可以把7 000字分成下面的类（见表4）。

表4　首笔笔形分类效果（7 000字）

分组	横	竖	撇	点	折
字数	2 053/29. 32%	1 112/15. 89%	1 602/22. 89%	1 579/22. 56%	654/9. 34%

以此数据推断，50字左右的部，仅凭余部的第一笔就可以分成最多15字的组。有些部的汉字很集中，首笔分类不够，则可以按第二笔继续分类，仍嫌不够，则可以按第三笔继续分类。

至于排序，由于横、竖、撇、点、折、提、捺的音节首字母各不相同，按笔形的音节首字母排序即可。例如只取首笔，排序为：d（点）→h（横）→p（撇）→s（竖）→z（折）；取首次笔，排序为：dd→dh→dn→dp→ds→dt→dz→hd……→zz。

下文以7 000字中字数最多的"水"部（397字）为例观察"首次笔"笔形七分法的分类效果，数据见表5。

表5　"水"部字首次笔分类效果

分组	10字以下	11—20字	20—30字	30—40字	50—60字	60—70字
组数	13	13	1	1	1	1
字数	52	139	25	34	51	66

可以看到，仅凭首次笔就可以把将近一半的字集中在20字以下的组，而以笔画数为分类标准，数两笔仅能从397中当中分化出5个字（在全部7 000字范围内，两笔以下的字也只有23个）——这就是笔画数分类跟笔形分类的巨大差异。

3. 结论

笔画数分类的价值在于，一笔一笔的数下来，笔顺、笔画规则尽在其中，没有笔顺笔画的基础，笔画无法计数，这是检字规则对汉字知识的潜在要求，使用这种方法也会对用户的汉字能力有潜在的、正面的影响。但这不能成为支持笔画数分类的充分条件——即使为了对笔顺笔画规则提出要求，也只需对书写过程抽样检测就够了。

笔形分类是对笔画笔顺规则的有效抽样。笔顺上，即使只取余部的前两笔，"先X后Y"的基本笔顺规则已经悉数体现出来。例如，下面"水"部字余部的笔顺：沾（先左后右）、汀（先上后下）、汁（先横后竖）、沦（先撇后捺）、泗（先外后内）、沙（先中间后两边）等等。笔画上，取前两笔也已经用到了所有六种直笔以及大部分折笔，例如：济、汁、汾、汈、泻、汉、汩、汲、汤、渤、没、浒、汛、汀、漪、沏、汕、沁、汝、潍、涟。在7 000字范围内，不会出现在前两笔的笔画只有横折折（凸）、竖折折（鼎）、竖弯（四）、竖折撇（专），这四种笔画都是少用、甚至罕用笔画。

音序化的部首法可以实现更高的检字效率，同时又没有损失部首检字法的优点，它值得引起学术界及相关部门的注意。

参考文献

[1] 曹先擢，苏培成. 汉字形音义分析字典［M］. 北京：北京大学出版社，1999.

[2] 陈燕. 汉字部首法取部位置的研究［J］. 语言文字应用，2006（3）.

[3] 教育部，国家语委. 语言文字规范 GF0011－2009 汉字部首表［S］. 北京：语文出版社，2009.

[4] 教育部，国家语委. 语言文字规范 GF0014－2009 现代常用字部件及部件名称规范［S］. 北京：语文出版社，2009.

[5] 谷衍奎. 汉字源流字典［M］. 北京：语文出版社，2008.

[6] 郭曙纶.《GB13000.1 字符集：汉字字序（笔画序）规范》笔画数统计报告［J］. 现代语文（语言研究版），2006（11）.

［7］刘如水. 关于《汉字统一部首表（草案）》的思考［J］. 语文建设，1998（9）.

［8］苏宝荣. 汉语字典的编排、查检与计算机编码［J］. 辞书研究，2000（5）.

［9］苏宝荣. 汉字部首排检法规范化试探——"论切分、定位（定序）"归部法［J］. 辞书研究，1995（5）.

［10］王汉卫. 改进部首检字法的几点建议［J］. 辞书研究，2003（5）.

［11］章琼. 谈汉字统一部首的立部与归部［J］. 语文建设，1997（8）.

［12］中国社会科学院语言研究所词典编辑室. 现代汉语词典（第5版）［M］. 北京：商务印书馆，2005.

【作者简介】

王汉卫，男，河北隆尧人，博士，暨南大学华文学院副教授，硕士生导师，主要从事语言应用研究。

苏印霞，女，河北隆尧人，硕士，暨南大学华文学院教师。

附录

汉字音序部首表

1. bā 八（丷）
2. bái 白
3. bāo 勹
4. bǎo 宀
5. bèi 贝（貝）
6. bí 鼻
7. bǐ 比
8. bǐ 匕
9. bìn 髟
10. bīng 丬
11. bìng 疒
12. bǔ 卜（卜）
13. cǎo 艹（艸）
14. cháng 长（镸長）
15. chǎng 厂（厂）
16. chén 臣
17. chén 辰
18. chē 车（車）

19. chǐ 齿（齒）
20. chì 赤
21. chóng 虫
22. chū 屮（屮）
23. cùn 寸
24. dà 大
25. dǎi 歹（歺）
26. dāo 刀（刂刀）
27. dēng 癶
28. diǎn 丶
29. dǐng 鼎
30. dōng 夂
31. dòu 斗
32. dòu 豆
33. dòu 門
34. ér 儿
35. ér 而

36. ěr 耳
37. fān 采
38. fāng 方
39. fēi 飞（飛）
40. fēi 非
41. fēng 风（風）
42. fǒu 缶
43. fù 父
44. fù 阜（阝左）
45. gān 甘
46. gàn 干
47. gāo 高
48. gé 戈
49. gé 革
50. gé 鬲
51. gèn 艮
52. gōng 工
53. gōng 弓

54. gǔ 谷
55. gǔ 骨
56. gǔ 鼓
57. guā 瓜
58. guàn 宀
59. guǎng 广
60. guī 龟（龜）
61. guǐ 鬼
62. hé 禾
63. hēi 黑
64. héng 一
65. hǔ 虍（虎）
66. hù 户
67. huà 凵
68. huáng 黄
69. huǒ 火（灬）
70. jǐ 几（几）
71. jǐ 己（已巳）
72. jiàn 见（見）
73. jiàn 爻
74. jiàng 丬（爿）
75. jiǎo 角
76. jié 卩（㔾）
77. jīn 巾
78. jīn 斤
79. jīn 金（钅）
80. jīng 亠
81. jiǔ 韭
82. jiù 臼（臼）
83. kǒu 口
84. lǎo 老（耂）
85. lěi 耒
86. lǐ 里
87. lì 力
88. lì 立

89. lì 隶
90. lóng 龙（龍）
91. luó 罒
92. lǔ 卤（鹵）
93. lù 鹿
94. má 麻
95. mǎ 马（馬）
96. mài 麦（麥）
97. máo 毛
98. máo 矛
99. mén 门（門）
100. mǐ 米
101. miàn 面
102. mǐn 黾（黽）
103. mǐn 皿
104. mù 木（朩）
105. mù 目
106. niǎo 鸟（鳥）
107. niú 牛（牜）
108. nòng 廾
109. nǚ 女
110. pí 皮
111. piàn 片
112. piě 丿
113. qiàn 欠
114. qiāo 攴（攵）
115. qīng 青
116. qí 齐（齊）
117. qì 气
118. quǎn 犬（犭）
119. qū 匸
120. rén 人（亻入）
121. rì 日（曰）
122. ròu 肉
123. sè 色

124. shān 山
125. shān 彡
126. shé 舌
127. shēn 身
128. shēng 生
129. shī 尸
130. shí 十
131. shí 石
132. shí 食（饣飠）
133. shǐ 矢
134. shǐ 豕
135. shì 氏
136. shì 示（礻）
137. shǒu 手（扌龵）
138. shǒu 首
139. shū 殳
140. shū 疋（⺪）
141. shǔ 黍
142. shǔ 鼠
143. shù 丨（丨）
144. shuǐ 水（氵氺）
145. sī 厶
146. sī 糸（纟丝）
147. tián 田
148. tóng 冂（冖）
149. tǔ 土（士）
150. wǎ 瓦
151. wáng 王（玉）
152. wéi 囗
153. wěi 韦（韋）
154. wén 文
155. wú 无（旡）
156. wú 毋（母）
157. wù 尢（兀尣）
158. xī 夕

159. xī 覀（两西）
160. xiāng 香
161. xiǎo 小（⺌）
162. xīn 心（忄小）
163. xīn 辛
164. xíng 彳
165. xué 穴
166. xuè 血
167. xún 巛
168. xún 彐（彑）
169. yá 牙
170. yán 言（讠）
171. yáng 羊（⺶⺷）
172. yāo 幺
173. yè 业

174. yè 页（頁）
175. yī 衣（衤）
176. yì 弋
177. yì 邑（阝右）
178. yīn 音
179. yǒu 酉
180. yòu 又
181. yú 鱼（魚）
182. yǔ 羽
183. yǔ 雨
184. yù 聿（肀⺻）
185. yuè 月（⺼）
186. yuè 龠
187. zhāo 卓

188. zhǎo 爪（爫）
189. zhé 一
190. zhī 支
191. zhǐ 止
192. zhì 至
193. zhì 豸
194. zhōu 舟
195. zhú 竹（⺮）
196. zhuī 隹
197. zǐ 子
198. zì 自
199. zǒu 辶（辵）
200. zǒu 走
201. zú 足（⻊）

华文基础汉字教材中汉字知识的选择与编写

李香平

【摘　要】在华文汉字教材中编写一定的汉字知识，已成为目前汉字教材编写的新趋势。通过调查四部较有影响的汉字教材，对教材中涉及的汉字知识点总数目、汉字知识类型、汉字知识的阐释语言、配套练习的设计情况四个方面进行了比较，指出目前汉字教材在汉字知识编写方面的经验与问题。在汉字教材编写知识点的选择上，应将构形知识和技巧性知识作为初级汉字教材编写的重点；阐释方式上，应该简明扼要，例证丰富；练习设计上，注意设计针对性的练习来体现汉字知识的迁移。

【关键词】汉字教学；汉字教材；汉字知识

0. 引言

在汉字教学中要注重培养学生的汉字学习能力，而不是一味地提高识字数量，这已成为汉语教学界的共识。要培养学生的汉字学习能力，就要在汉字教学中适当教授基本的汉字知识，增加学习者对汉字构形系统性的理解。20 世纪 90 年代初，肖奚强（1994）指出除读写教材中含有一部分汉字知识外，尚未见把教授汉字知识与培养学生实际书写技能结合起来的教材。近年来，一些为专门的汉字课而编写的汉字教材把汉字知识作为其中的主要内容之一，初步体现了二者在教材编写和教学实践中的结合。如何编写针对留学生汉字教学的汉字基本知识，如何处理汉字知识与识字教学的关系，这已成为目前汉字教材编写中面临的新问题。本文试图通过对四部已有汉字教材的调查，探讨教材中汉字知识编写存在的问题。抛砖引玉，希望引起同行对这一问题的关注。

1. 对现有汉字教材中汉字知识的调查

1.1　调查对象

20 世纪 90 年代以来，在北京大学出版社、北京语言大学出版社、华语教学出版社出版的用于初级阶段汉字教学的汉字教材近 20 种，而在 2000 年至 2010 年十年间出版的用于初级汉语学习者汉字课堂教学的教材就有 14 种，列举如下：

（1）柳燕梅：《汉字速成课本》，北京语言大学出版社，2001。

（2）张朋朋：《新编基础汉语·识字篇》、《新编基础汉语·写字篇》，华语教学出版社，2001。

（3）鲁健骥主编：《初级汉语课本·汉字读写练习》，北京语言大学出版社，2003。

（4）施正宇：《新编汉字津梁》，北京大学出版社，2005。

（5）张惠芬：《张老师教汉字·汉字识写课本》，北京语言大学出版社，2005。

（6）周健：《汉字突破》，北京大学出版社，2005。

（7）张惠芬、陈贤纯：《汉语强化教程·汉字与阅读课本》，北京语言大学出版社，2005。

（8）易洪川：《阶梯汉语·初级汉字》，华语教学出版社，2006。

（9）张惠芬：《张老师教汉字·汉字拼读课本》，北京语言大学出版社，2006。

（10）杜丽：《汉字书写》，华语教学出版社，2006。

（11）达世平：《汉字字母教程》，北京语言大学出版社，2008。

（12）胡文华：《拾级汉语第 1 级·写字课本》（附汉字练习本），北京语言大学出版社，2008。

（13）吴中伟：《当代中文》（汉字本），华语教学出版社，2009。

（14）云红茹：《看部首 学汉字》，华语教学出版社，2009。

这 14 部教材，可分为三类：第一，独立于语言教学之外的专门汉字教材，如（1）（4）、（5）、（6）、（10）、（11）、（14）；第二，与精读教材配套的汉字教材，如（3）、（7）、（8）、（9）、（12）、（13）；第三，按照"字本位"理论编写的汉字、汉语教材，如（2）。

考察这 14 套汉字教材，其共同点在于都把汉字知识作为重要内容。根据教材的编写特点，我们拟对施正宇的《新编汉字津梁》、易洪川的《阶梯汉语·初级汉字》、吴中伟的《当代中文》（汉字本）、张惠芬、陈贤纯的《汉语强化教程·汉字与阅读课本》四套用于初级汉字教学的汉字教材进行调查。

1.2 调查项目

本文拟从如下几个方面进行调查：所编写的知识点的总量及汉字知识类型、编写顺序以及与识字教学的联系、配套练习中反映汉字知识迁移的练习设计情况、所使用的阐释语言。

1.3　调查结果

表 1　汉字教材知识编写调查

调查项目＼教材名称	《汉字津梁》	《初级汉字》	《当代中文》（汉字本）	《汉字与阅读课本》
汉字知识点总量	16 个	21 个	30 个	14 个
编写的顺序以及与识字教学的联系	大部分汉字知识分散排列在每课中，以"基础知识"为栏目独立于识字课文之外	汉字知识分散排列在每课中，以"汉字知识"为栏目独立于识字课文之外。识字课文以功能交际为纲，不考虑汉字构形的难易	每课设"汉字知识"栏目，扼要介绍汉字构形规律及相关汉字知识。识字教学分课编排，共 2 册，1 册汉字 310 个，2 册汉字 371 个	每课设"基本知识"栏目，扼要介绍汉字构形规律及相关汉字知识。识字教学重点介绍了构字能力强的独体汉字以及所组成的同偏旁汉字
练习设计	单元练习既针对汉字构形知识，又考虑到个体汉字形音义的掌握，体现了汉字知识的迁移	每课中有"比一比"、"读一读"、"猜猜想想"、"做一做"四种练习题型，其中"做一做"中有部分是针对汉字知识而设计的	每课后的练习基本针对常用汉字形音义的认读识记而设计。有部分专门针对汉字构形知识而设计，如"写出下列偏旁的汉字"	配套的《汉字练习册》主要训练学生对课文中汉字的书写和认读，较少涉及针对汉字知识点的练习

　　四部教材都专设介绍汉字知识的栏目，都将汉字知识作为重要内容编入教材中，但同中有异。在汉字知识类型的选择方面，《当代中文》（汉字本）以构形知识和了解扩展性汉字知识为主，没有编写书写认读的技巧知识；《汉字津梁》则以构形基本知识为主。在阐释语言方面，除《初级汉字》采用全中文阐释外，其他三套教材或采用纯英文阐释，或中文、英文（外语）双语阐释。练习设计方面，四套教材都或多或少地设计了反应汉字知识迁移的练习。

2. 现有教材汉字知识编写的成功经验与存在的问题

　　从上述调查我们可以看出，初级阶段汉字教材中越来越重视对汉字知识的编写。主要体现在如下几个方面。

2.1　高度重视汉字知识

　　这四部教材在前言中都阐述了编写宗旨，阐明了汉字教学中汉字知识教学的重要性。"教汉字的规律，如笔画、笔顺、结构、部件等等。这些知识主要不是靠详细的讲解，而是靠老师示范，学生模仿，多练习。这一部分内容要扎扎实实地教，不能忽视。"（《汉字与阅读课本》前言）"每个单元后附有'基础知识'部分，扼要讲解汉字的基本理论、书写规律等。"（《新编汉字津梁》前言）周健（2004）认为汉字教学的基本目的不应该局限于只掌握一定数量的汉字，更要求学生在理解和掌握汉字结构特点、表音表义的规律和汉字体系的系统性知识，了解汉字与汉语的关系的基础上形成汉字学习能力。而要提高汉字学习能力，就要组织好汉字知识的教学。李蕊（2005）通过实验研究发现，在汉字习得过程中，正规指导对留学生汉字发展速度是有一定影响的，尤其是能够促进学生形旁意识较早形成，这里的正规指导就是在专门的汉字选修课上给学生讲授汉字构形、构义知识。所调查的四部汉字教材都将汉字知识作为主要内容，代表了今后初级汉字教材编写的总体趋势。

2.2 介绍了一些针对汉字学习者实用性较强的构形基本知识和书写认读技巧性知识

从传统文字学角度来说，汉字知识包罗万象，但不是所有文字学理论知识都可以用于对外汉字课堂教学中。四部汉字教材在汉字知识编写的总量和知识点的安排上有所不同，但都编写了关于笔画、笔顺、结构、部件、形声字等构形基本知识。汉字构形基本知识是反映现代汉字形、音、义基本规律的知识，是学习和了解现代汉字的理论指导，是书写、认读、使用汉字基本规律的反映。《当代中文》（汉字本）介绍了汉字的结构、汉字的笔画笔顺、同音字、形声字、多义字等，是学习者理解汉字形体、读音和意义特点以及掌握汉字构形规律的理论指导。《汉字与阅读课本》"怎样写好汉字"从学习者日常书写常见问题的角度介绍正确书写汉字的基本技巧，如"部件之间要靠拢，不要分开"、"横要平，竖要直，一个字有几个横画或竖画，距离要整齐，长短要有变化"；"汉字的书写"详细介绍了合体字中部件笔画的形变规律，包括横笔的变化、捺笔的变化等。这些技巧性知识对汉字学习者书写认读汉字具有较强的指导作用。

2.3 阐释语言多采用英语和学习者母语翻译

汉字知识所阐述的内容带有一定的规律性和理论性，涉及一些名词术语，单纯依靠中文阐释，初学者很难完全理解和接受。因此，教材中的汉字知识部分需要使用英语或其他学习者母语翻译，或者完全采用英语翻译，降低学习者阅读理解的难度，真正让学习者通过汉字知识部分的阐述理解汉字构形规律，从而指导自己的汉字学习。《新编汉字津梁》采用完全英语语言阐释，《当代中文》（汉字本）采用了学习者母语翻译，《汉字与阅读课本》采用中英文翻译，《初级汉字》采用纯中文阐释。从使用情况来看，采用英语和学习者母语翻译的汉字知识，学习者阅读理解的难度要小很多。相反，完全使用中文阐释，初学者很难真正理解这些汉字知识，也很难通过汉字知识的学习来提高认识，指导学习。《初级汉字》里的汉字知识虽然非常系统、科学，但由于纯粹采用中文阐释，疏于考虑初学者的汉语阅读水平和理解能力，因此，其所编纂的汉字知识就难以达到预期效果。

通过调查，我们也发现这几部教材在汉字知识编写方面的差异以及一些共同存在的问题，主要表现在如下几个方面。

2.4 针对初级汉字学习者的汉字知识点在取舍上存在较大差异，需完善初级汉字知识点的选取与编排

在汉字教材中编写有针对性的汉字知识，使学生通过对汉字构形规律的了解来提高学生的汉字学习能力，这是非常必要的。但是针对汉字教学和学习的汉字理论知识有哪些，哪些是学习者必须掌握的基本的汉字知识，这一研究目前在传统文字学学界是一个空白，在对外汉字教学界也几乎无人关注。汉字教材中，不同的编写者对构形基本知识、技巧知识、扩展性知识的编写取舍差异较大。在所调查的四部汉字教材中，在汉字知识的选取方面有所不同，具体见表2。

表2 四套教材汉字知识构成

汉字知识 教材名称	构形知识	技巧知识	扩展知识
《汉字津梁》	笔画、笔顺、汉字的部件、汉字造字方法、汉字部件、独体字、合体字、汉字的偏旁、汉字的形旁、汉字的声旁、汉字的结构方式（11个）	汉字的书写规律（竖钩的变化）、汉字的书写规律（横的变化）、捺笔的变化（3个）	简体和繁体、简化汉字（2个）
《汉字与阅读课本》	笔画、笔顺、汉字的部件、汉字的造字方法、汉字的部件、形声字（形旁和声旁）、多音字、同音字（8个）	怎样写好汉字、汉字的书写1（横笔捺笔的变形）、汉字的书写2（其他笔画变形）、笔画查字法、部首查字法（5个）	繁体字与简体字（1个）
《当代中文》（汉字本）	笔画、笔顺、部件、结构、字和词、偏旁、古代汉字的构造、同音字、组词、语素和词、多义字、汉字的结构、多音字、部件的拆分、形声字（13个）	无	汉字的字量、常用汉字、汉字演变、简体和繁体、字典和词典、汉字的笔画数量、查字法、字体演变、现代字体、汉字的字种、音译词、汉字汉语书写、简化字、汉字的谐音、汉字书写系统、汉字的传播、字体介绍（17个）

（续上表）

汉字知识 / 教材名称	构形知识	技巧知识	扩展知识
《初级汉字》	笔画、同音字、形声字、形近字、多音字、汉字的构造（6个）	汉字的查字法、易五码查字法、部首查字法、音序查字法、笔画笔形查字法、错别字（6个）	现代汉字、简体字繁体字、正体字异体字、新旧字形、避讳字、汉字编码、通用字表常用字表、新华字典、现代汉语词典（9个）

由上表可知，《汉字津梁》、《汉字与阅读课本》两书所编写的汉字知识主要以构形知识和技巧知识为主，《当代中文》（汉字本）、《初级汉字》两书则以扩展性汉字知识为主。同是构形知识，《汉字津梁》着重介绍汉字形体的构形规律，没有涉及字音和字义规律，其他三部教材则都或多或少地介绍了有关同音、多音、多义等问题。在技巧性知识方面，主要介绍了汉字书写规律、汉字书写方法、查字法三个方面的技巧。在扩展性知识方面，四部教材都介绍了简体和繁体的问题，其中《当代中文汉字本》和《初级汉字》介绍了一些有关汉字的文字学常识。考察四部教材中汉字知识的分布情况，可以看出四部汉字教材在知识点的选取上还存在较大差异。

2.5　在具体知识的阐述上，叙述过于笼统，针对性不强

各教材都介绍了形声字，其中《汉字津梁》、《初级汉字》、《当代中文》（汉字本）都只是扼要介绍了汉字形旁表义、声旁表音、形旁和声旁构成形声字的汉字学知识，而《汉字与阅读课本》则在基本知识"形声字"一节里详细介绍了形声字声旁表音的各种情况。在介绍同音字问题时，《汉语阅读课本》、《当代中文》（汉字本）、《初级汉字》都只是简单列举一个到两个例子说明同音和多音的问题，并没有进一步的举例分析各种同音、多音现象以及辨别同音、多音的技巧。这些笼统的汉字知识很难给学生和教学人员留下深刻的印象而加以特别关注，影响了教材的使用效果。

2.6　练习设计中体现对汉字知识迁移与应用的题型相对较少，影响了汉字知识教学的效果

在华文汉字教学中给学生讲授汉字构形知识，其目的不是为了让学生对文字学有更深的研究和了解，而是帮助学生更好认识汉字构形特点，从而能用科学的方法理性识字。要让学生对汉字构形规律有理性的认识，光靠笼统的汉字知识介绍是不可能达到目的的，还需要针对性强的体现汉字知识迁移的变式练习的设计。所调查的各教材中都有大量的汉字练习，但练习的设计主要还是针对识字教学，而不是针对汉字知识点。例如，四种教材中抄写字、词是主要的练习方式，其次就是分析汉字结构、朗

读、组词填空，练习设计基本上围绕单个汉字形、音、义三方面来设计，通过这些练习让学生建立所学字词形、音、义的联系。针对汉字知识迁移和应用的练习很少，比如在一教材中，学习了"字义和词义"的知识点，在练习中却没有应用"字义和词义"知识猜测生词意义的练习，或者通过词语归纳汉字意义的练习。

综上所述，现有初级汉字教材在汉字知识编写方面既积累了相关的经验，同时也存在诸多的问题。要真正使汉字教材编写的汉字知识在教学中发挥应有的作用，还需对汉字知识编写的各个方面进行深入研究。

3. 关于初期教材汉字知识编写的建议

汉字知识是汉字教学和汉字教材里的重要内容，也是培养学生汉字学习能力的关键。如何使汉字教材中的汉字知识发挥其作用，既是对外汉字教学研究的重要内容，也是华文汉字教材编写研究的重要问题。我们认为，要使汉字教材中的汉字知识在教学中发挥巨大的作用，关键在于要理清哪些是必需的汉字知识，以及该如何编写汉字知识。

3.1 在知识点的选择上，应将构形知识和技巧性知识作为初级汉字教材编写的重点

初级汉字教材中编写汉字知识的基本目的是让学生了解汉字构形特点和规律，提高汉字学习能力，这决定了所编写的汉字知识要有较强的实用性和针对性。为此，需要探讨汉字教材编写中哪些是基本的、重要的汉字知识。上述所调查的四部汉字教材有的以汉字构形知识作为重点，有的则以汉字扩展性知识为重点。此外，同样是汉字构形知识，不同的教材对汉字知识点的数量、类型、顺序把握方面出现较大分歧，说明现有教材对汉字知识点的选择还没有达到一致。

要编写实用性强的汉字知识，就需要对汉字知识分层，理出最基本、最重要的汉字知识点。前面我们在调查项目中对汉字知识类型进行了初步分类，把教材中所涉及的汉字知识分为构形基本知识、技巧性知识、扩展性知识三类。我们认为初级汉字教材中应该选取的汉字知识包括如下两个方面：

第一，构形基本知识。主要包括：笔画、笔顺规则、独体字与合体字、合体字结构类型、部件、形声字、常见形旁的意义、声旁的表音情况、常见声旁的读音、多义字、多音多义字、字词关系、字义与词义等与汉字形、音、义密切相关的构形知识。此外，笔画数量、长短、形状、位置对汉字的影响、部件笔画的变形、既可表意也可表音的偏旁、意同形不同的形旁、形似音近字、形似字、多音同义字等也是有关汉字构形的重要知识。

第二，技巧性知识。主要包括：写字的技巧（笔画书写的技巧、结构书写的技巧，如何利用字格书写的技巧）、利用声旁认读汉字的技巧、记忆汉字的技巧（联想法记汉字、字理法记汉字、利用旧字记汉字、偏旁法记汉字、复习法记汉字）、运用

汉字学习词语的技巧，辨别形似字、形似音近字的技巧、利用汉字和上下文猜测词义的技巧、查字典的技巧等有关汉字书写、记忆、查检、辨别的技巧知识。

在汉字教材中，汉字构形基本知识是最重要、最基本的内容，是理解汉字构形特点的规律性知识。另外，书写、认读、记忆汉字的技巧性知识也是汉字教学中重要而且实用的知识，这两部分知识是汉字教材编写中非常重要的内容。至于扩展知识，虽然有助于加深学生对汉字特点的认识和了解，但跟汉字教学的关系不是非常直接，因此在编写时根据情况适当取舍，不能占用过多篇幅。

3.2 在阐释方式上，理论阐述应该简明扼要，多选择合适的字例来体现汉字的特点和规律

汉字知识是汉字构形特点与规律的总结与描述，具有一定的理论性和概括性，无论是使用中文阐释，还是使用学习者母语翻译，都很难使学习者克服阅读理解的障碍，真正将汉字知识转化成汉字意识。要提高汉字知识教学的效率，就需要在教材编写中注意汉字知识的阐释方式。

第一，具体的汉字知识阐释应简明扼要，又不能太过笼统，应尽量体现汉字构形的系统性，又要言简意赅。例如，在以形声字为教学主体的同时，不可将汉字简单地形声化，应该引导学生正确认识形声字与汉字的全貌，培养正确的汉字意识（冯丽萍，1998）。如在讲述声旁与读音的关系时，既要有符合规则的例子，也要列出不符合规则的例子，并简要说明原因，不能用一句"声旁提示形声字的读音"笼统带过。只有细致具体的介绍汉字知识，才能给学生留下深刻印象，达到知其然，知其所以然的目的。"分析的系统性越深，教学的效果越好，因为学生在分析的基础上才意识到汉字结构的内在规律，他的记忆力由此会得到支持。"

第二，多用体现汉字规律性的字例来说明汉字知识，让学生通过似曾相识的例字从中发现和总结所需阐释的汉字规律。在选取反映汉字规律的例字上，既要考虑凸显汉字构形的规律性，还要顾及到所选汉字的常用性。目前的汉字教材多采用演绎法，先概括介绍汉字某一知识点，然后略举几个字例来说明，这些所选的汉字往往是规律性较强的汉字，但不一定是初级阶段所学的常用汉字。学生对这些例字本身就很陌生，因此很难从中领会汉字构形的规律性。如《阶梯汉语·初级汉字》"汉字知识·形声字"中对形声字的介绍比较笼统，所列举的字例共有如下两组。

第一组是声同形不同的形声字：

芬、份、吩、氛、忿　　蝴、湖、糊、葫、瑚

第二组是形同声不同的形声字：

沐、沫、沽、湖、瑚　　肝、肚、脑、胆、肛、脏、肌、脾、胞

这两组例字共22个，其中只有13个是汉字大纲里的汉字（甲级字2个，乙级字7个），其他9个是超纲汉字。这些例字在构形上有较强的规律性，但由于有大部分并不是初级阶段接触的汉字，学生很难对其中所体现的规律有深刻的理解。而《汉字津

梁》"基础知识·汉字的造字方法·形声字"中列举两组共 7 个例字，如下。

第一组声同形不同的汉字：清　晴　请　情

第二组形同声不同的汉字：腰　肚　肝

其中第一组四个都是甲级字，第二组三个都是乙级字，例字少而精。《汉语与阅读课本》共举 19 个形声字，全部都是大纲中的甲级、乙级汉字，学生大多已有所接触。学生据此能很好地理解形声字表音表意的规律。因此，在阐释汉字知识时所列举的汉字字例，是识字教学和汉字知识教学相互融合的契合点，所选的例字应体现对前面所学汉字的总结和归纳，有助于学生有效地将汉字知识运用于常用汉字的学习和识记中。

3.3　在练习设计上，注意设计针对性的练习来体现汉字知识的迁移

认知心理学认为，要获得一种学习能力，光靠识记概念和规则还远远不够，还要通过大量的变式练习促使知识转化为能力。汉字练习是汉字教材中的重头戏，练习设计的好坏直接关系到汉字教学效果。教学中，通过形式多样的练习让学生学会在不同的情境中迁移知识的能力，通过反复练习习得一种自学汉字的能力。上述调查结果表明，目前的汉字教材在练习设计方面较少注重针对汉字知识点来编排，因而使得汉字教学中的汉字知识教学很难达到既定的效果，学生对汉字知识也很难引起足够的关注和重视。因此，教材中应多是为理解和掌握汉字构形规律而设计的让学生学会迁移汉字知识的应用性练习。例如，学生理解了形旁与汉字字义的关系，设计利用形旁猜测字义的练习；学生了解了形声字的几种结构方式，让学生根据规律找一组字的形旁和声旁等。目前的汉字教材练习中的部分题型就与此类似，但还不是太有系统性，需要建立与汉字知识的明显对应关系。柯彼德很早就指出，一些留学生汉语说得很流利，但他们在阅读和书写方面存在很多困难，最明显的原因是汉字的难关，缺乏对汉字的审断能力，不能分辨"浃、颊、狭"，"挡、档、裆"，"纳、呐、讷"等（柯彼德，1997）。实际上，汉字的这种审断能力对母语学习者来说可以通过长期学习、使用汉字过程中自觉发现其中的规律，但对于第二语言教学来说就很难达到了，必须通过理论知识的讲授和迁移练习让学生理解并学会在汉字学习中应用这些规律。"浃、颊、狭"等形近字单独辨析比较难，但若掌握了形声字形旁和声旁的概念，学会利用形旁和声旁去辨别偏旁部分相同的形近字，学生就很容易掌握一大批这样的形近字了。

总之，教材中汉字知识点的选择、表达方式的应用、练习题型的设计是关系到汉字教学成败的重要因素，有必要深入研究其中的特点和规律。

4.　结语

汉字教学中汉字知识绝不是简单的罗列文字学的研究成果，必须经过对外汉语教学者筛选、改造、加工，使之真正贴近对外汉字教学的实际，而不是指导性、应用性不强的空头理论。教学中利用汉字知识，引导学生逐步体会汉字的特点，使学生科

学、准确地认识汉字的特点和规律，做到科学识字（李香平，2006）。随着汉字教学中对汉字知识的重视，汉字教材中汉字知识的编写将会得到更多的关注。

参考文献

[1] 冯丽萍. 对外汉语教学用 2905 汉字的语音状况分析 [J]. 北京师范大学学报，1998（6）.

[2] 柯彼德. 关于汉字教学的一些新设想 [A]. 第四届国际汉语教学讨论会论文选 [C]. 北京：北京语言学院出版社，1995.

[3] 柯彼德. 汉字文化和汉字教学 [A]. 第五届国际汉语教学讨论会论文选 [C]. 北京：北京大学出版社，1997.

[4] 李开. 论常用汉字的语像和习得 [J]. 南京大学学报，1998（3）.

[5] 李蕊. 留学生形声字形旁意识发展的试验研究 [J]. 语言教学与研究，2005（4）.

[6] 李香平. 汉字教学中的文字学 [M]. 北京：语文出版社，2006.13.

[7] 肖奚强. 汉字教学及其教材编写问题 [J]. 世界汉语教学，1994（4）.

[8] 周健. 关于改进汉字教学的探索 [J]. 暨南学报，1998（2）.

[9] 周健，尉万传. 研究学习策略　改进汉字教学 [J]. 暨南大学华文学院学报，2004（1）.

【作者简介】

李香平，女，湖南人，暨南大学华文学院应用语言学系讲师，汉语史博士。主要研究方向为训诂学及汉语教学。出版汉字教学著作 2 部，发表论文多篇。

初级汉语半听力与全听力测试对比实验研究[①]

杨万兵　文　雁

【摘　要】本文针对初级汉语水平学习者，通过半听力与全听力两种测试方式对比实验，发现两种测试方式平均正确率没有显著差异。就测试项目而言，句子理解、简单对话没有显著差异，但较长对话项目平均正确率差异明显。在各测试项目中，句子理解效度较低；全听力测试效度高于半听力测试。全听力测试更贴近听力的本质属性，是更适合初级汉语阶段听力测试方式。全听力测试对于差异化细分和培育汉语学习者群体，无文字的民族、少数民族地区及方言地区的汉语水平测试，以及更新语言测试理念、和谐社会语言生活，都具有积极的意义。
【关键词】半听力测试；全听力测试；初级；效度

0. 汉语听力测试的现行模式及其改进设想

"听说读写"是人们表述语言技能的一般说法，就语言作为"最重要的交际工具"的特质而言，这个排列顺序客观地凸显出"听说"于交际的重要性。根据高彦德等（1993：36 – 39）的调查结果，"听"的重要性仅次于"说"。正由于此，"听力"往往是第二语言学习者十分重视的一项语言技能，教学部门一般也都设置了专门的听力或听说课来进行强化。但在测试方面，学界对听力测试模式、项目的研讨还不够重视。这从近十年来语言学专业期刊较少刊发听力测试研究的文章即可见一斑。

在听力测试中，影响被试表现的因素，一般认为有听解能力和测试方法，即题型和考试程序（吴一安，2001）。目前在第二语言测试界，普遍采取的测试模式是：一边听试题内容、问题，一边看文字选项，然后被试在文字选项中进行答案选择。这样的听力测试形式，可称之为"半听力测试"。半听力测试不仅考察被试的听解能力，还考察了对文字选项的辨识能力。对于书写符号系统是拼音文字的语言而言，被试看到的和听到的基本对应。但对于书写符号系统是语素—音节文字的汉语而言，人们往

――――――――――

① 本文获得2010年广东省高等学校本科特色专业、2011年广东省高等学校本科重点专业建设点建设经费支持。

在写作本文过程中，郭熙教授、张金桥教授、黄海峰博士及《语言文字应用》编辑部匿名审稿专家提出了宝贵修改意见；文章曾在台湾铭传大学华语文教学系与暨南大学华文学院联合举办的"华文教学研讨会暨工作坊——华文教学理论与实务的结合"（2012.3，广州）上宣读，王汉卫教授、胡依嘉副教授、张军教授及其他与会学者曾提出宝贵建议，录音及实验得到了苏宝华、张耀文、刘玉红、杨秦鲁、龙东华等老师的大力协助，谨此一并深表谢意。文中任何错谬概由笔者负责。

本文原刊于《语言文字应用》2012年第3期。

往不能直接根据汉字读出其读音，这就意味着被试听到的和看到的有可能不能对应，换言之，有可能出现被试听懂了，但由于不认识汉字而无法正确选择答案的情况。

汉语听力测试有没有可能进行"全听力测试"，即所有项目，包括试题内容、问题及选项等，全都用"听"的方式呈现给被试？如果可能，这两种测试方式有什么差异？哪种方式更适合汉语听力测试？为对这些问题有个初步了解，我们选择了汉语水平相当于新 HSK 四级（可归入初级下水平）的留学生进行实验。选择这个水平的留学生进行实验，主要因为该阶段的留学生接触汉字时间较短，汉字认读能力有限，探讨该阶段留学生在两种测试方式下的表现，既可了解哪种方式更适合于这个阶段学生，也可为中高级可否全听力测试进行必要的实验探索和理论铺垫。

1. 实验设计

1.1 被试

暨南大学华文学院汉语系初级（下）115 名留学生，其中华裔留学生 63 名，非华裔留学生 52 名。这批被试到实验时累计学习汉语约 6 个月，其水平与新 HSK 四级相当。

1.2 实验设计

实验采取单因素 2 水平重复测量设计，测试形式包括半听力测试、全听力测试，两种测试方式都只听一遍。

1·3 实验材料、方法与程序

国家汉办/孔子学院总部网站提供的新 HSK 第四级真题两套，每套题的听力部分均包括句子理解、简单对话、较长对话或讲话三个部分（为行文方便，"较长对话或讲话"均统一称"较长对话"）。其中一套完全按照现行的半听力测试方式进行测试，另一套根据全听力测试实验的需要，改造一份相应的听力试卷，该试卷将听力测试所有内容、试题和选项单独录音，答卷仅标示括号供被试填写"√"或"×"，或标示题号及 A、B、C、D 供被试选择。

采用同一级别的两套不同的试卷进行测试，一方面是为了避免记忆效应对测试结果的干扰；另一方面，同一级别的国家级考试试卷，理论上讲，其复本信度、效度等指标应该大致平行，符合本实验需要。关于这一点，罗民等（2011）以新 HSK 一、三、五级的 36 套试卷为对象进行了质量分析，结果表明，三个级别的试卷全卷平均信度分别为 0.88，0.93 和 0.93。尽管分析对象不包括新 HSK 四级试卷，但作为同一系列的测试试卷，仍可在一定程度旁证本实验两份试卷的副本信度处于较为理想的水平。

实验对同一批被试分别进行两种方式的听力测试，先全听力测试，一周后半听力测试。

1.4 成绩评估与数据处理

两次测试分别收到答卷 127、131 份，剔除不合格的答卷（比如因被试迟到而未完成的，只有一次成绩以及极端情况的答卷等）后，得到合格的实验答卷各 115 份。成绩评估采取统计正确答案个数的方式，数据用 SPSS 19.0 软件处理。

2. 实验分析及相关讨论

2.1 实验结果与分析

2.1.1 总体结果分析

表 1   半听全卷与全听全卷平均正确率（%）及标准差

	平均数	标准差	人数
半听总正确率	67.50	13.14	115
全听总正确率	70.34	17.53	115

对上表数据进行重复测量方差分析表明，$F(1, 114) = 3.849$，$p = 0.052$，$p > 0.05$，测试方式主效应不显著，两种测试该方式下被试的总正确率没有显著差异。

2.1.2 两种测试方式下各测试项目结果分析

表 2   半听句子理解与全听句子理解各项目平均正确率（%）及标准差

测试项目	测试方式	平均数	标准差	人数
句子理解	半听	73.91	14.67	115
	全听	72.78	17.04	115
简单对话	半听	66.43	18.01	115
	全听	67.65	18.38	115
较长对话	半听	64.57	13.79	115
	全听	69.96	21.65	115

对上表数据进行重复测量方差分析表明：句子理解项目，$F(1, 114) = 0.357$，$p = 0.551$，$p > 0.05$，测试方式主效应不显著，两种测试方式下被试句子理解项目的平均正确率没有显著差异；简单对话项目，$F(1, 114) = 0.485$，$p = 0.488$，$p > 0.05$，测试方式主效应不显著，两种测试方式下被试简单对话项目的平均正确率没有显著差异；较长对话项目，$F(1, 114) = 8.943$，$p = 0.003$，$p < 0.05$，测试方式主效应显著，全听较长对话项目的平均正确率提高了约 5 个百分点，两种测试方式下被

试较长对话项目的平均正确率有显著差异。

2.2 相关讨论

表1、表2分析结果表明，对于初级下水平留学生而言，其半听力测试和全听力测试听力成绩没有显著差别。其中，句子理解和简单对话项目没有明显差异，但较长对话项目全听时平均正确率提高约5个百分点，差异显著。

这样的实验结果意味着什么？两种测试方式有什么差别，哪种方式更能反映被试真实的听力水平？不同测试方式下影响被试听力成绩的因素有哪些？这些问题值得进一步探讨。

2.2.1 两种测试方式下各项目对比分析

（1）两种测试方式下各项目效度分析。

效度是反映测试有效性的重要指标。限于实验条件，仅从内容效度和结构效度角度进行了探讨。尽管一般而言，质量平行的试卷在两种测试方式下的内容效度应该是一致的，但由于半听力测试在一定程度依赖于被试的汉字认读理解水平，汉字间接地成为考查内容（尽管这可能不是命题者的本意），因而，其内容效度可能具有一定差异。为验证这个设想，实验对两种测试方式的 Pearson 相关系数进行了检验，以下是有关结果：

表3　半听力测试各项目 Pearson 相关系数

	半听句子理解	半听简单对话	半听较长对话	半听正确总数
半听句子理解				
半听简单对话	0.473 ** （0.000）			
半听较长对话	0.457 ** （0.000）	0.650 ** （0.000）		
半听正确总数	0.685 ** （0.000）	0.884 ** （0.000）	0.877 ** （0.000）	

［括号内为显著度。** 表示在0.01 水平（双侧）上显著相关。下同。］

表4　全听力测试各项目 Pearson 相关系数

	全听句子理解	全听简单对话	全听较长对话	全听正确总数
全听句子理解				
全听简单对话	0.585 ** （0.000）			
全听较长对话	0.601 ** （0.000）	0.847 ** （0.000）		
全听正确总数	0.728 ** （0.000）	0.895 ** （0.000）	0.951 ** （0.000）	

表3、表4分析结果表明，两种测试方式下句子理解项目内容效度均较低，测试被试听力水平的效力较低；简单对话、较长对话项目内容效度较高，两种测试方式下均能十分有效地测试被试的听力水平。全听力测试下各测试项目的 Pearson 相关系数均高于半听力测试，表明全听力测试条件下的内容效度相对更高。

在结构效度方面，通过因素分析发现，在半听力测试条件下，KMO = 0.669，Bartlett's 值 = 95.613，自由度为3，$p = 0.000$，表明可以进行因素分析。因素分析结果如下。

半听力测试各项目公因子方差见表5。

表5　公因子方差

	初始	提取
半听句子理解	1.000	0.573
半听简单对话	1.000	0.748
半听较长对话	1.000	0.736

提取方法：主成分分析

半听力测试各项目因素荷载见表6。

表6　成分矩阵*

	成分
	1
半听句子理解	0.757
半听简单对话	0.865
半听较长对话	0.858

提取方法：主成分分析

*已提取了1个成分

半听力测试因素累计方差见表7。

表 7　解释的总方差

成分	初始特征值			提取平方和载入		
	合计	方差的%	累积 %	合计	方差的%	累积 %
1	2.058	68.605	68.605	2.058	68.605	68.605
2	0.592	19.725	88.330			
3	0.350	11.670	100.000			

提取方法：主成分分析

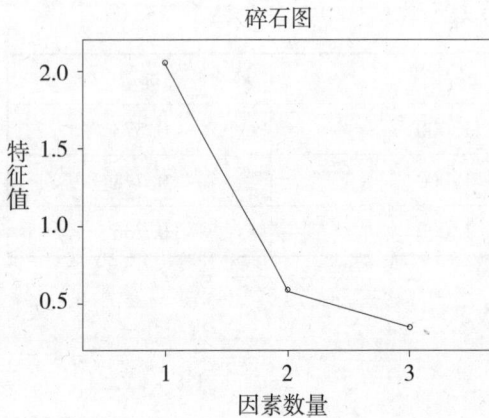

碎石图

图 1　半听力测试下因素分析碎石图

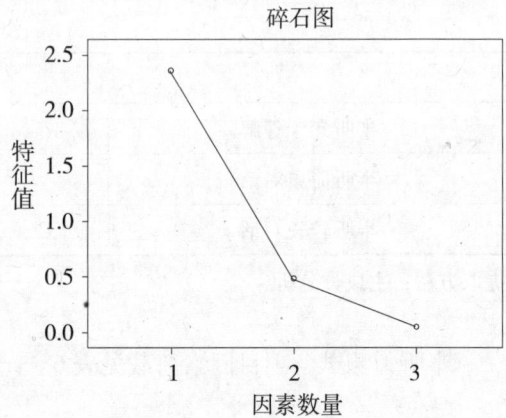

碎石图

图 2　全听力测试下因素分析碎石图

对半听力测试的因素分析显示，在三个测试项目中，半听句子理解项目与其他两个项目的公因子方差较低（0.573），共有一个特征值大于 1 的因素被提取出来，能解释总方差的 68.605%，碎石图（见图 1、图 2）也表明了这一点；成分矩阵表明，半听句子理解项目的因素荷载相对较低（0.757）。这个结果表明，半听力测试中，半听句子理解项目结构效度较低。

在全听力测试条件下，KMO = 0.678，Bartlett's 值 = 195.414，自由度为 3，$p = 0.000$，表明可以进行因素分析。通过因素分析，得到以下结果：

全听力测试各项目公因子方差见表 8。

全听力测试各项目因素荷载见表 9。

表8　公因子方差初始

	初始	提取
全听句子理解	1.000	0.649
全听简单对话	1.000	0.852
全听较长对话	1.000	0.862

提取方法：主成分分析

表9　因素荷载

	成分
	1
全听句子理解	0.805
全听简单对话	0.923
全听较长对话	0.929

全听力测试因素累计方差见表10。

表10　解释的总方差

成分	初始特征值			提取平方和载入		
	合计	方差的%	累积%	合计	方差的%	累积%
1	2.363	78.750	78.750	2.363	78.750	78.750
2	0.484	16.149	94.899			
3	0.153	5.101	100.000			

提取方法：主成分分析

　　对全听力测试的因素分析显示，在三个测试项目中，全听句子理解项目与其他两个项目的公因子方差相对较低（0.649），共有一个特征值大于1的因素被提取出来，能解释总方差的78.750%，碎石图也表明了这一点；成分矩阵表明，全听句子理解项目的因素荷载相对较低（0.805）。这个结果表明，全听力测试中，全听句子理解项目结构效度相对较低。

　　比较半听与全听测试的因素分析结果，可以发现在两种测试方式下，句子理解项目的结构效度均相对较低。整体来看，全听力测试方式下各项目的结构效度均高于半听力测试，这意味着全听力测试更能有效测试被试的听力水平。

句子理解项目结构效度相对较低的实验结果，与柴省三（2011）的研究结果一致。柴省三（2011）采用项目聚类的方法对 1 000 个样本的研究表明，句子理解项目在真实性和交互性方面都处于较低水平，不能有效测试被试听力水平，而简短对话、较长对话或讲话在真实性、交互性方面都处于较高水平，其构想效度较高，并据此提出增加简短对话、较长对话或讲话来取代句子理解项目的建议。本实验结果进一步支持这样的建议。

（2）全听力测试下简单与较长对话项目对比分析。

在效度都较高的情况下，实验结果显示，全听力测试的较长对话较之简单对话项目，其正确率提高更为显著。这个结果与人们的普遍认识似乎并不一致。通常人们认为，在全听力情况下，信息量的增加加重了记忆负担，被试更有可能因此做出错误选择。实验结果与这样的认识看似矛盾，实则不然。原因有二：

其一，测试中的简单对话项目和较长对话所需记忆的信息量都不大，尽管后者相对大些，但都在有效的短时记忆时间之内。短时记忆的有效时间，一般为 0.5—18 秒，不超过一分钟。（黄希庭等，2005：187）在听懂的情况下，听了后面忘记前面的可能性较小。

简单对话项目为一男一女各说一句话，句子均较为简短，最多为两个完整的句子，随后即提问，如：

男：来北方好几年了吧？你觉得北方和南方在气候上有什么区别？
女：夏天都差不多，只是北方冬天比较干燥，而南方更湿润。
问：他们在谈什么？

较长对话则双方各说两句话，也较为简短，最多为两个完整句子，随后即提问。如：

男：你换球鞋干什么啊？又要出去啊？
女：去打网球。我约了小王，她打网球很厉害，你敢和她打吗？
男：当然敢。
女：那一起去！看看你究竟是赢还是输。走吧，人多了还热闹。
问：小王的网球打得怎么样？

其二，在全听力情况下，由于没有文本可供参看，被试在听到录音时才启动各种要素来参与听力理解，全靠被试的工作记忆记住有关内容。由于简单对话时间较短，一般为 11—14 秒，被试往往在刚注意到、听明白大概在说什么内容时，对话已经结束，这就导致被试在全听的简单对话项目上对听力内容的把握往往不够全面，因而正确率较低；而较长对话提供了较充足语境，总体时间上较长，一般为 27—32 秒，被试有较充足时间利用语境、各种图式等进入、回忆、理解有关内容，因而其正确率相对较高。

2.2.2 半听力测试与全听力测试影响因素分析

尽管实验结果显示，在较长对话项目有显著差异的情况下，同一批被试两种测试方式的听力成绩没有显著差异，但影响两种测试方式正确率的因素却较为复杂，值得深入探讨。从两种测试方式的实际情况来看，影响听力成绩的因素主要有以下几个方面。

首先，文字依据的有无及汉字是否成为障碍。

相对于拼音文字，汉字的特点在于其在表义的同时部分地表音。据李艳等（1993）研究，在 7 000 常用字中的 5 631 个形声字中，声符与汉字声韵调完全相同的约占 37.51%，声韵调部分相同的占 49.79%，其余 12.7% 的汉字读音与其声符没有任何关系。杨润陆（2008：167）则更严格统计了声旁是具有完全表音功能的高频字，在 7 000 通用汉字中仅 18 个，这 18 个汉字作为声旁组成 101 个汉字，约占 7 000 字中的 1.4%。汉字完全表音的局限性对半听力测试具有重要影响。

就半听力测试而言，汉字选项是一柄双刃剑：如果被试具有良好的汉字认读理解能力，听之前可根据选项预测将要听到的内容，这在一定程度上有利于被试在听的过程中特别留意与选项有关的内容，形成注意焦点，提高信息获取效率；但同时，如果被试汉字认读存在困难，则汉字选项的利用效率便大为下降，甚至在被试听懂并理解内容的情况下，成为选择答案的障碍，产生负面效应。

全听力测试则没有先通过汉字阅读了解选项含义的优势效应，同时也避免了汉字认读理解困难可能带来的负面效应，被试只需要在声音与意义之间建立联系，即可较好理解听力内容与问题及各选项。在听的过程中，被试可以用他们自己能懂的任何方式记录听懂的内容，这在很大程度上可帮助他们减轻记忆负担。在收回的答卷中，就有很多被试所做的各种记号，如图画、汉语拼音，以及他们自己的语言等。这些个性化符号的使用表明他们已经将声音和意义联系起来，并快速记录下了有价值的信息。

其次，知识图式的激活先后及水平差异。

关于听力理解的心理过程，学界已有大量认知心理学角度的研究，主要有感知、句子分析和运用三阶段论（Anderson，1995；Christine C. M. Goh，2000），图式（schema）理论（Donna Reseigh Long，1989；陈颖，2005）等。其中，图式理论对本文探讨的两种测试方式具有不同的影响。

在半听力测试条件下，被试在正式听试题内容之前，往往会根据选项提供的有关信息，对试题可能的内容、问题等进行预测。这个预测的过程，即是根据选项提供的信息进行图式重组的过程。被试在听的时候，一方面验证预测的图式、信息是否与听到的内容吻合、匹配，一方面也不断进行修正、调适，从而在听力测试中保持信息获取的相对主动的状态。从这个角度说，半听力测试被试相关知识图式在"听"之前就已激活，其激活程度往往也更高。相比之下，全听力测试时被试的知识图式不可能先于"听"之前启动，只可能在听的同时启动与听到的内容相关的知识图式。这种一边听、一边启动调整图式的工作模式，其既有图式往往因较为仓促而不能有效激活，其对听力理解的作用也就相对较小。被试在这种条件下，往往"顾头不顾尾"，注意力集中于听播放的内容，而不太可能充分利用既有图式更好地预测、验证听到的内容，因而，其理解时的工作负担也就更大，尤其在时间较短、稍纵即逝的情况下，准确率也可能因此大打折扣。这在一定程度上可以解释全听力测试听一遍的正确率较之半听没有显著提高。而在较长对话项目，因时间较长，被试可以更充分地调动各种图式参与该语境中含义的理解，这对其正确率提高具有一定的帮助作用。

再次，信息加工通道与工作记忆系统工作模式差异。

根据认知心理学的一般原理，人的信息加工系统（Information Processing System，IPS）一般由感觉登记、工作记忆和长时记忆等三个部分组成。在感觉登记阶段，个体将觉察到的环境刺激信息转换为图像或声像等认知代码，再将其传入模式识别系统，由模式识别系统进行分析和组织，再输入工作记忆系统。（梁宁建，2003：32）就全听与半听测试而言，有关试题内容的信息在被试的感觉登记阶段存在差异：半听力测试条件下，环境刺激信息包括声音、文字，感觉登记阶段包含图像、声像两种认知代码，模式识别系统也分析、组织这两种代码；全听力测试条件下，环境刺激信息仅为声音，感觉登记阶段也仅包括声像认知代码，模式识别系统也仅对声像代码进行处理。测试试题信息经过两种不同信息加工通道，最后进入工作记忆系统，成为被试进行随后一系列反应和处理的基础。

工作记忆（Working Memory，WM）是指个体在执行认知任务过程中，暂时储存与加工信息的能量有限的系统，被认为是人类认知活动的核心，是学习、推理、问题解决和智力活动的重要成分，包括三个部分：中枢执行系统、视觉初步加工系统和语音回路。（Baddeley，1992，2001）Clark（1977）提出了口语理解的四级模型：首先在工作记忆中建立话语的语音表征结构，然后以此记忆表征为基础，辨别组成连续语流的各种语音成分的内容及其功能，根据这个辨别过程的结果，言语理解者才能在工作记忆中建立起相应的命题结构，最后将工作记忆中的各种表征进行整合，形成完整的话语意义。在这个模型中，语音表征首先作用于工作记忆，是口语理解和加工过程的关键步骤。

听力理解本质上属于口头交际范畴，符合 Clark 的口语理解模型。在全听力测试中，工作记忆中的中枢执行系统和语音系统按上述口语理解模型工作，而半听力测试则增加了视觉加工系统。对于汉字认读理解水平较高的被试而言，视觉加工系统的启动对整个工作记忆系统有正面的帮助作用，反之则会带来负面的影响和负担。具体而言，被试阅读汉字选项时，大致存在全部看懂、部分看懂和完全看不懂三种情况。第一种情况有利于工作记忆效率和正确率的提高；第二种情况被试在听的时候，要尽可能将听到的内容与部分看懂的选择项之间进行验证、匹配与判断，视觉加工系统与语音系统同时工作，被试的工作记忆负担加重，其工作效率和正确率都受到一定程度的影响；第三种情况则视觉加工系统完全没有积极作用，相反，即使被试听懂了，他们也无从有依据地选择。就本实验而言，被试大多属于第二种情况，尤其在较长对话项目，半听力条件下正确率较之全听力更低，表明汉字水平在一定程度上影响了他们的工作记忆。

最后，注意力分配差异。

注意是人的心理活动对一定对象的指向与集中。认知心理学认为，人们在处理各种刺激信息时，都要面临注意的认知资源分配，即注意的协调与分配问题。根据凯恩曼的注意认知资源分配模型，当加工处理的刺激信息总量超过了注意的认知资源能量，人们试图同时做的事情中有一件的加工成绩必然下降。而当认知资源受到材料限制（比如质量低劣或不宜加工的材料）时，即使分配到较多的认知资源，也不能较好地完成认知活动过程。（梁宁建，2003：85–104）

在半听与全听两种测试方式条件下，被试的注意力分配存在差异。前者的注意力要分配到文字和声音两种信息加工通道上，在汉语水平相同的情况下，还要受到汉字认读、理解的材料限制，这种情况对于汉字水平较低的被试尤为明显。根据任务操作曲线（POC，Performance Operation Curve）模型（梁宁建，2003：105），半听模式下被试对汉字认读理解的认知资源增加多少，就会使其在"听"方面的认知资源作相应数量的减少，"听"与"读"在有限的认知资源中处于竞争状态；而在全听模式下，被试注意力只需集中在语音信息上，其认知资源能集中处理相关语音信息而不受汉字认知的材料限制，没有汉字认读理解的认知资源消耗，被试处理听力内容的认知资源更为充足。

2.2.3 全听与半听：哪种方式更适合初级汉语听力测试？

语言测试是一件十分复杂的工作，其复杂之处主要在于，人的语言能力不能直接测量，只能通过一定的手段来观察、推测，而这样的手段和途径的科学性、合理性以及与某种语言技能的适切性，在很大程度上会影响对被试语言水平的估计和判断。因此，语言测试的首要工作，就是明确测试属性，并选择恰当的测试方式与程序。

根据上文讨论的全听与半听两种汉语听力测试方式的主要差异，结合听力本质属性和汉语的特点，可以认为，全听力测试更适合于初级汉语听力测试。这一想法主要基于全听力测试更符合听力技能本质特征的认识。

关于听力的本质特征，杨惠元（1996：25）、王碧霞（2000）已明确指出其为"利用听觉器官处理有关言语信号"，这样的观点符合听力的实际情况。"听"是声音与概念、意义二者间相联系的过程，最直接的证据就是不足2岁的小孩能听懂很多话，但几乎不认识字，即使认识一些也与他们能听懂的相去甚远，第二语言的听力与此本质相通；盲人不能看见任何东西，但听力并没因此受到负面影响（相反，由于过分依赖于听力，听力往往更强）；"文盲"不认识字，但听说毫无障碍；海外华裔子弟一般可以使用汉语进行交流，但他们往往并不认识汉字，这些都可旁证"听"只是声音与意义联系，利用听觉器官处理言语信号的本质特征。陈宏（1997）在讨论如何在语言能力测验中建立结构效度时指出，建立结构效度的首要工作是建立理论假设，而完备的理论假设至少应当包括：

（1）对语言能力的本质、特征和功能进行高度概括，并清楚地表明，语言能力作为一种内在心理特质与这种特质的外在行为表现不同；

（2）应能反映语言能力的基本结构和结构关系，并从本质、特征和功能方面充分表明，语言能力每个部分都是独立的、不可替代的、不依赖于其他部分而存在的；

（3）若声称体现了汉语特色，则需说明与其他语言相比，汉语能力有哪些本质上的区别性特征。

这些思想对全听力测试具有重要启示，这也是笔者不惜篇幅引述于此的原因。如果上文讨论的听力的本质特征成立，则听力测试只以"听力"为测试属性，只跟人们的听力水平有关，与文字水平等无关。听力测试应独立于、不依赖于其他语言技能，尽可能排除其他语言要素、技能的干扰，只考察被试的即时听解能力、工作记忆能力等，才能提高听力测试效度，让听力测试回归到更"纯粹"的轨道上。听力本质上可看作一种通过听觉进行的"阅读"。视觉阅读人们在"看"到阅读材料时才启动有关图式、各种阅读技巧，听力也应该在"听"到一定内容才启动有关图式、听力技巧，而不是"听"之前便有某些材料提示人们可能听到什么内容。全听力测试在这一点上，更好地贴近了听力测试的本质特征。

此外，在半听力测试中，试题内容以"听力（语音）＋阅读（文字）"的形式呈现给被试，被试需要对两种呈现方式做出反应；而全听力测试由于仅以听力作为测试属性，只以"听力（语音）"形式呈现测试内容，测试中没有文字等因素的干扰。从这个角度说，两种测试形式既是测试方式，也是测试内容。相比之下，全听力测试的"测试内容"更为纯粹，避免了其他语言技能的干扰，更能体现听力的本质特征。

综上所述，尽管对于初级下水平留学生而言，全听力测试与半听力测试各听一遍，其正确率没有显著差别，但由于全听力测试更符合听力的本质特征，且其效度相对更高，是更能体现听力属性的测试方式和程序，因而，全听力测试是更合适这个阶段留学生的听力测试形式。

3. 结论及启示

3.1 结论

通过本实验，得到以下几个基本结论：

（1）对于初级下水平留学生而言，全听力测试半听力测试各听一遍，二者正确率没有显著差异；

（2）较之半听力测试，全听力测试方式下较长对话项目正确率有显著提高；

（3）无论在半听力还是全听力测试条件下，句子理解项目的内容效度、结构效度均相对较低；总体来看，全听力测试的效度高于半听力测试；

（4）全听力测试体现了听力测试本质特征，是更适合初级下阶段留学生汉语听力测试的测试形式。

本实验研究尚存一些不足。尽管实验样本已经较大，但对于语言测试而言，如果能有更大的样本，实验结果将更为可靠。此外，从实验结果看，被试的总体水平可能略高于 HSK 四级水平，因而其正确率总体较高。这些都对实验结果具有一定影响。

3.2 启示

本文的研究结果对汉语第二语言教学及听力测试具有一定的启示。要而言之，大约有三点：

（1）听力教学策略与测试理念的探索与更新。

根据上文研讨结果，听力教学策略和测试都应该以遵循听力本质特征，结合汉语特色为出发点和落脚点，尽可能避免其他语言技能的干扰来进行听力训练与测试。比如，在教学中，可训练学生边听边用自己的方式记录所听内容的策略，如图画、汉语拼音、母语等各种个性化的符号，这有利于学生摆脱对文字的依赖，也有利于提高学生对所听内容的注意力，有效提高听力理解能力。

此外，就汉语而言，听力测试理念需要更新。全听力测试不仅适用于汉语第二语言学习者，对于没有文字的民族，少数民族地区、方言地区居民的汉语水平测试，都可尝试采用全听力方式。这不仅可以探索新的测试理论与方法，对构建和谐语言生活也意义重大。

（2）差异化细分、培育汉语学习者群体。

汉语学习者学习动机千差万别，学习目的各不相同。大体而言，有的仅对听说技能有要求，有的则对听说读写各项技能都有要求，我们可据此设计不同课程，编写专门的教材，并提供专门的测试以评估其水平。比如，对于仅有听说需求的学习者，全听力测试可以较好地评估其听力水平，以后还可开发专门的口试，而不至于在现行的汉语水平测试中无所适从，这对差异化对待和培育汉语学习者群体、提高汉语国际推广效率不无裨益。差异化细分、培育汉语学习者的理念，与企业通过差异化产品细分、定位和培育消费群体异曲同工。

（3）不管是半听力测试还是全听力测试，句子理解项目的效度均较低，可以考虑适当减少或删除该项目，替之以简单对话或较长对话、讲话项目。

参考文献

［1］柴省三. 汉语水平考试（HSK）听力测验构想效度研究［J］. 语言文字应用，2011（1）.

［2］陈宏. 在语言能力测验中如何建立结构效度［J］. 语言教学与研究，1997（2）.

［3］陈颖. 试论对外汉语教学中短文听解图式的建立［J］. 语言文字应用，2005（3）.

［4］崔耀，陈永明. 工作记忆和语理理解［J］. 心理科学，1997（1）.

［5］高彦德，李国强，郭旭. 外国人学习与使用汉语情况调查研究报告［M］. 北京：北京语言学院出版社，1993.

［6］黄希庭，郑涌. 心理学十五讲［M］. 北京：北京大学出版社，2005.

［7］李燕，康加深. 现代汉语形声字声符研究［A］. 见陈原主编《现代汉语用字信息分析》［C］. 上海：上海教育出版社，1993.

［8］梁宁建. 当代认知心理学［M］. 上海：上海教育出版社，2003.

［9］罗民，张晋军，谢欧航. 新汉语水平考试（HSK）质量报告［J］. 中国考试，2011（10）.

［10］王碧霞. 听能与听力理解困难的认知心理分析［J］. 汉语学习，2000（6）.

［11］吴一安. 题型与听力测试的有效性［J］. 外语教学与研究（外国语文双月刊），2001（2）.

［12］杨惠元. 汉语听力说话教学法［M］. 北京：北京语言文化大学出版社，1996.

［13］杨润陆. 现代汉字学［M］. 北京：北京师范大学出版社，2008.

［14］Anderson, J. R. *Cognitive Psychology and its Implications*［M］. 4th ed. New York：Freeman, 1995.

［15］Baddeley. A. D. Working Memory［J］. *Science*，1929（255）：556 – 559.

［16］Baddeley. A. D. Is Working Memory Still Working?［J］. *American Psychologist*，2001（11）：851 – 864.

［17］Christine C. M. Goh, A. Cognitive Perspective on Language Learners' Listening Comprehension Problems［J］. *System*，2000（28）：55 – 75.

［18］Clark HH, Clark EV. *Psychology and Language*［M］. New York：Harcourt Brace Jovanovick, 1977.

［19］Donna Reseigh Long. Second Language Listening Comprehension：A Schema-Theoretic Perspective［J］. *The Modern Language Journal*，1989，73（1）：32 – 40.

【作者简介】

杨万兵，男，博士，暨南大学华文学院华文教育研究院副教授，研究方向为对外汉语教学和华文教育。

文雁，女，硕士，暨南大学华文学院汉语系讲师，研究方向为对外汉语教学和华文教育。

对外汉语新闻听力课的教学探索与思考

赵 敏

【摘 要】新闻听力课有着强大的教学功能，但教材难编，课程难上。本文从教学实践出发，在教学内容的选择和教学方法等方面对新闻听力课做了一些探索与思考，希望有助于该课程的建设。

【关键词】对外汉语；新闻听力课；教学内容；教学方法

0. 引言

当前的对外汉语教学科研界，各类课程教材种类繁多、新教材不断出版，而新闻听力课仿佛是一门被人遗忘的课程，教材品种非常匮乏，更新十分缓慢，以"新闻听力"命名的公开出版教材，目前我们见到只有两套：《新闻听力教程》（上、下）（刘士勤、彭瑞情编著，北京语言文化大学出版社）和《拾级汉语》系列教材中第9、10级系列中的《拾级汉语——新闻听力》（徐晓羽、许国萍、高顺全、朱丁编著，北京语言大学出版社）。上述两套教材的出版时间分别为2001、2002年和2006、2007年，出版时间距今分别已过十年和五年。

这并不是因为新闻听力课的功能无足轻重。从某种意义上讲，对于一个汉语学习者来说，能否听懂汉语新闻是检验他是否理解汉语及中国文化国情、检验他汉语水平的一个真正标尺。一位学习汉语的学习者，假若从未听或听懂过真实的汉语新闻，不管 HSK 成绩多高，甚至学位多高，我们不能说他的汉语水平多高，多了解中国。

诚然，新闻听力课的教材由于时效性强，编写起来费力不讨好，课程也不容易上得有趣味、对学生有吸引力，但我们还是可以对此做些探索。

本文即结合笔者的教学实践，尝试对该课程的教学内容和教学方法作出一点思考。希望借此抛砖引玉，使该课程的教学理论探索继续深入，希望教授此门课程的同行为建设好这门课而共同努力。

1. 教学内容选择应遵循的原则

1.1 应以真实新闻为主

目前已出版的对外汉语新闻听力课教材，或囿于版权的限制，课文所用语料大部分选自电视台、广播电台的新闻稿，另有部分课文依据报纸新闻改写，录音部分则是由专人朗诵而非广播电视新闻的实际录音，并不是真正意义上的"新闻听力"。我们认为，这类录音材料在语速、语调及内容上与真正的新闻播音相差甚远，学生在这门课程中从未听到过真实的新闻播音，即使学完此门课程，他们在生活中听到真实的广播新闻或电视新闻时，也依然感到陌生。笔者认为汉语教学界应借鉴国内英语教学界对美国 VOA、CNN 和英国 BBC 节目的使用途径，使版权使用的途道畅通，在对外汉语的新闻听力课中使用真实的新闻材料。

1.2　教学内容既要固定，又要及时更新

教材的固定性与新闻听力的时效性是一对矛盾。那么，新闻听力课的教材该遵循固定性的原则，还是服从时效性的原则呢？我们认为，新闻听力课的教材由于课型的特殊性，要做到二者兼顾。

首先，与其他课程一样，新闻听力课教学应该使用固定教材。只有使用固定教材，才能保证教材质量和教学质量，保证教学的系统性和科学性。

但新闻听力课的时效性特点又要求课程内容要尽力跟上社会发展，及时更新。虽然说影响新闻难度的词汇、语体风格、语速等因素是几乎不变的，几年甚至十几年前的广播电视新闻与现在的新闻在语言难度上几乎没什么差异，但距现在时间太远的新闻已成"旧闻"，距现在的生活距离太大，就会让学生失去学习的兴趣。以被较多使用的教材《新闻听力教程》来说，出版时间为 2001、2002 年，所选内容基本为 2000 年以前的新闻，距今已逾 10 年。不要说学生，教师都觉得提不起学习兴趣。

我们认为，教学内容的固定与及时更新并不矛盾。它的前提是教材的编写者同时是教材的使用者即教授此门课的教师，在教材编写理念、体例统一的情况下，固定教学内容占到总内容的 80% 以上，另外要留出 10%—20% 的内容用于根据实际情况随时补充最新新闻。理想的情况是，教材全部内容在 2 至 3 年之间全部更新。

教材固定内容的选择要充分考虑到该新闻所涉及话题的长远性，尽量选择在今后数年内都会是较热门、人们普遍较关注的话题，如中国的城市化、环境污染、食品安全、就业、房价物价等。

1.3　教学材料应长短结合

每个教学单元与整部教材，在对新闻材料的选择上，都要在长度上体现出短新闻与长新闻相结合的特点。短新闻在前，长新闻在后。

新闻的信息密集度和语言速度要求听者的注意力高度集中，需要消耗很大的精力。举例来说，中央电视台《新闻联播》的播音员语速一般为 1 分钟 280 到 300 字，邢质斌为每分钟 329 字，《中国新闻》栏目播音员徐俐则达到每分钟 340 字。根据笔者的教学经验，听此类新闻需要学生精神高度紧张，这种状态对于一般学生而言很难持续 5 分钟以上。当学生们无法理解新闻的主要内容时，他们就会变得很沮丧，从而放弃对整篇新闻的听和记录。因此，在课程的学习之初与每堂课的前半阶段，学生尚未进入听新闻的状态，适宜学习的新闻长度要控制在 2—3 分钟以内。

在课程的后半阶段，新闻材料应以长度较长的新闻为主。这类新闻以重大的时政新闻为主，长度既长，难度也大。是每个单元学习的重点内容。当然，这类新闻的长

度最好也要控制在 5—6 分钟以内。

如"政治新闻"专题，笔者先给学生播放"温家宝主持仪式欢迎普京访华"的较短新闻，再播放"习近平会见亚美尼亚外长"、"鸠山由纪夫当选日本首相"等较长的新闻。

1.4 精听与泛听要结合

不论何种语言、何种形式的听力练习，要达到较好的学习效果，都要奉行精听和泛听相结合的原则，汉语的新闻听力课也不例外。精听是基础，可以保证听的"质"，语言文化基础知识和听力的基本功是靠精听打下的。泛听，则可以保证听的"量"，可以使耳朵适应汉语发音，使思维方式符合汉语的习惯。俗话说"熟能生巧"，任何技能的培养都离不开大量的实践。精听与泛听相结合，才能提高汉语的新闻听力理解水平。

反映在教学内容的选择与练习的设置上，编写者或教师就要兼顾到二者的平衡。每个教学单元与整部教材要既有精听的内容与练习，又有泛听的内容与练习。

1.5 教学内容在难易度上要有梯度，要遵循循序渐进的原则

新闻听力的材料似乎很难排列难易梯度。但据笔者的教学经验，新闻听力在内容与练习形式上都存在难易梯度。以内容来说，文化、体育类新闻易于军事、政治、经济、农业、科技等类新闻，特殊名词较少的新闻易于特殊名词较多的新闻，时间短的新闻易于时间长的新闻，句子较短且多为简单句的新闻易于句子较长且复杂句较多的新闻。就练习形式来看，各类练习形式从易到难的顺序为：填空、连线—选择、判断正误—回答问题—听写，其中填空练习从易到难的顺序为：填写数字—填写常用名词、动词、形容词—填写新闻中的要素（时间、地点、人物、事件），听写练习从易到难的顺序为：完整听写新闻主题句—简要听写新闻主题句以外的内容—简要听写整则新闻内容—完整听写整则新闻内容。

编写者在编写教材，教师在实施教学活动中，要尽力遵循从易到难、循序渐进的原则，以期让学生得到更好的学习效果。

1.6 控制好生词量，把握教学内容的难度

新闻听力的内容很广泛，难免会出现生词。那么选择多少生词量的新闻算是合适？杨德峰（1997）认为"中级教材以四到五个为宜，高级教材以五到六个为宜"。新闻听力课的教学对象为留学生本科二年级或三年级的学生，学生的汉语水平介于中高级之间。我们认为新闻听力的内容由于自身特点，会比其他课程的学习内容更容易出现生词，但教材的编写者或教师在挑选教学材料时，还是要顾及到学习者的学习规律，每段新闻的生词量不要太多，尽力控制在 6 个以内。生词量若太多，学生的记忆负担会增加，对新闻的理解度会降低，只会让学生产生畏难情绪，挫伤他们的学习积极性，达不到预期的学习效果。

2. 新闻听力课的教学原则

2.1 重视课前背景知识的预习

听力理解包括两大因素：语言知识与背景知识的理解。语言知识对听力理解的影响自不待言，但在新闻听力中，背景知识对听力理解的影响似乎更大。一篇新闻报道，假若学生掌握所有的语言点，而对其中的人物、地理、历史等背景一无所知或半知半解，他依然不能真正理解这篇新闻。背景知识在很多时候可以影响新闻听力的成败。

因此，在新闻听力课中，掌握较丰富的背景知识是不可或缺的。

鉴于这一点，笔者在教学时，在每课的教学单元前，都给学生布置了关于背景知识的预习题。范围包括中国政区地理、世界政区地理、中国民族、中国节日、中国传统文化、常见体育项目规则等。教师课前设置好题目，每次指定一个学生准备，上课时利用几分钟时间让学生到讲台上来讲解。既扩大了学生的知识容量，又激发了学生的学习兴趣。

例如，笔者在教授"中国节日"这个专题时，预习题目如下：

（一）写出以下日期的节日名称

传统节日

农历正月初一_____   农历正月十五_____

公历四月五日_____   农历五月初五_____

农历七月初七_____   农历八月十五_____

农历九月初九_____

（二）读古诗，猜中国传统节日名称

（1）遥知兄弟登高处，遍插茱萸少一人。（   ）

（2）天阶夜色凉如水，坐看牵牛织女星。（   ）

（3）爆竹声中一岁除，春风送暖入屠苏。（   ）

（4）千门万户曈曈日，总把新桃换旧符。（   ）

（三）写出以下公历日期的节日名称

3 月 8 日_____   5 月 1 日_____   5 月 4 日_____

6 月 1 日_____   9 月 10 日_____   10 月 1 日_____

1 月 1 日_____

（四）中国的 24 节气是哪些

_____

_____

学生在查阅完相关资料、做完练习题之后，基本对中国的节日、节气有了大致了解。

2.2 练习形式要丰富，听说读写四项技能要结合

新闻听力课是一门相对单调且学习时由于精神高度紧张容易疲劳的课程，因此教材就要设计较多的练习形式。如填空、连线、选择、判断正误、回答问题、听写等，填空又包括填写数字、填写常用词、填写新闻要素等，听写包括听写新闻主题句、听写整则新闻内容等。

在新闻听力课上，不仅练习听和写，也练习读和说。说的练习有上文提到的学生讲解每课的背景知识，还有每课在听一段完整新闻以前，先给学生听一句新闻导语，让学生在听的时候速记关键词语，然后让学生2人1组或4人1组来复述这句导语，看哪一组最正确。这个练习不仅锻炼了学生的听和写，还锻炼了学生的口头表达能力。采用竞赛的形式，也活跃了课堂气氛，缓解了学生紧张疲劳的情绪。说的练习还包括每次课让学生来报告近期自己国家发生的重大时事，或用简短的话来概括新闻等。

较长较难的听力，笔者有时会采取先把新闻的文本发给学生让学生阅读，然后再听再做练习的方式。这种方式既训练了学生的听力，也训练了学生的阅读。

总之，练习的方式不能过于单调乏味，不能拘泥于"放录音—听内容—对答案"的模式，要尽量丰富练习的方法。

2.3 要有阶段评量

在教学过程中，笔者每4周左右会对学生进行一次测验，将测验成绩作为平时成绩的一个重要部分。阶段测验可让老师和学生双方都明确学生对知识的掌握、对技能的运用水平。同时也是对学生学习的一种很好的督促手段。

3. 教学内容和方法的改进

以上是笔者在新闻听力课教学内容与教学方法的一些初步探索，取得的成效算是良好。笔者在不断思索该门课程的建设时，认为若做进一步探索，该门课程的教学内容和教学方法还可以做以下尝试。

3.1 进一步扩大教学内容的选择面

笔者之前选择的教学内容基本来自中央电视台的《新闻联播》、《中国新闻》等栏目，即传统狭义的"新闻"。笔者认为，可以考虑增加《焦点访谈》、《新闻会客厅》等时间更长、难度更大、形式上为二人对话或多人访谈的节目，甚至可考虑增加《星光大道》、《非诚勿扰》等非新闻类但是中国百姓日常收看的热门节目。

3.2 进一步重视并要求学生进行课外新闻学习

之前我们对学生课外新闻学习的要求是，每次上课前由几位学生来报告并评说本周自己感兴趣的新闻事件，这对学生的课外自主学习起到了督促作用。我们认为，还

可以进一步以书面作业的形式要求学生进行课后学习，新闻听力课的最终目的是让学生能直接听懂新闻内容，教材必须通过有效练习的形式有意识地强调与体现这一目标，假若缺少或这一环节太薄弱，势必影响学生听力技能的真正实现。听力课的训练不仅在课堂，更大的积累是在课外。在教材的编写上，应加大对学生课外听力的要求，增加有效练习、课后作业的分量。

4. 课程建设建议

新闻听力课由于词汇量大，知识丰富，其强大的教学功能是显而易见的。学界和各教学单位应对此门课程的建设加以重视。具体说来，笔者有以下几点建议。

4.1 对教学单位的建议

4.1.1 可考虑增加新闻听力课的课时

目前各高校的新闻听力课课时一般为 1 周 1 次课，1 次 2 节共 1.5 小时，有些学校为 1 周 2 次 3 小时左右，学习时长多为 1 学期。目前对外汉语教学界尚无对汉语学习者新闻听力所需训练时间量的针对性科学研究，但根据教学经验来看，现时的课时量对于新闻听力课来说，学习时间无疑太少。这样短的时间难以保证新闻听力的数量，从而无法保证学习效果。

4.1.2 可考虑增加开设"新闻听力背景知识"课程

背景知识对新闻听力的影响可谓举足轻重。而背景知识又十分庞杂，单靠占用听力课堂上几分钟的时间是很难展开讲解的。我们认为，较好的解决办法就是在条件允许的情况下，增加开设"新闻听力背景知识"课程。这门课程不仅可为学生讲解与新闻有关的各方面知识，为新闻听力课服务，同时亦可增加学生对学习汉语的兴趣，开阔学生的学习眼界。内容可涉及历史、地理、文化、时政、军事、体育甚至时尚娱乐等方方面面，以中国国情为主，同时顾及到世界其他各国。

4.2 对教材出版单位的建议

可考虑与报刊阅读课结合，编写系列教材。

新闻听力与报刊阅读的教学内容同为时事新闻，只不过一个靠"听"，一个靠"读"。建议新闻听力可考虑与报刊阅读课结合，编写系列教材，二者互为补充，可起到更好的学习效果。

4.3 对职能部门的建议

应建设汉语新闻听力专业网站，动态更新内容，便于学习者自学，同时利于汉语国际推广。

参考文献

［1］金天相. 广播新闻听力课论略［J］. 汉语学习，1994（3）.

［2］杨德峰. 试论对外汉语教材的规范化［J］. 语言教学与研究，1997（3）.

［3］刘正文. 同中有异　求同存异——编写新型新闻听力和报刊阅读系列教材的设想［J］. 暨南学报（哲学社会科学版），1999（S1）.

［4］张慧君. 谈新闻听力课的教学［J］. 理论观察，2004（1）.

［5］刘小殊. 从受众听觉心理看新闻播音的"提速"［J］. 消费导刊，2009（16）.

【作者简介】

赵敏，女，暨南大学华文学院汉语系讲师，文学博士。研究方向为对外汉语教学。

唐传奇作家的女性意识
——兼谈对外华文经典文学教学

杨小定

【摘　要】本文从唐传奇的两篇作品《莺莺传》及《李娃传》，谈及"社会性别"、"女性意识"、"身体主权"、传奇的艺术与技巧及对外华文语文教学的另一个方向。唐传奇的作品适合用作高级华语读物，在教、习方面切合外语教学的沟通、文化、比较等教学目标。
【关键词】社会性别；女性意识；身体主权；内在逻辑；叙事观点

0. 引言

从女性意识的角度看，元稹、白行简两位男性作家分别在《莺莺传》、《李娃传》中颠覆了传统的社会性别，树立了鲜明的女性形象，一方面对女性世界的价值作判断，同时也曲折地传达对自我性别的确认、反思、期待。

从文学艺术的角度来看，这两篇传奇故事都印证了短篇小说的人物、情节、主题三层"内在逻辑"。特别是唐传奇作品中多层次叙事观点的掌握及细节的运用，可媲美其他诸多一流文学作品。

从对外华文文学欣赏与教学的需要来看，唐传奇适合为高级华语的读物，在教、习方面可符合外语教学的沟通、文化、比较等教学目标。

此外，学习者的时间有限，在语言学习时，不能再从错误中学习，而应该用科学的方法减少犯错的概率，有效地学习。学习者在学习华语的同时，自然不能以有限的汉语阅读中国文学作品，如果要等到有足够的汉语能力了，再读《论语》、《老子》、唐传奇等，那么，广大的学习者将一辈子无缘阅读中国文化文学的经典作品。目前在美国、韩国、俄罗斯等高等院校中实施的汉语教学，在语言课程之外，也设置各种与中国概况、历史、文学、哲学、文学史等跟中国语言和文化有关的课程。如何让华语学习者在学习初、中级华语时，同时也及早用外语深入接触华文文学的经典作品？本文介绍有效可行的教学策略。

1. 从"女性主义"的角度看文学

1.1　文学中的"女性主义"、"社会性别"、"身体主权"

根据 UNESCO 出版的《英汉妇女与法律词汇与释义》（*English/Chinese Lexicon of Women & Law*），"女性主义""为一种理论与实践包括男女平等的信念及一种社会变革的意识形态，旨在消除对妇女及其他受压迫社会群体在经济、社会及政治上的歧视"。"女性主义"不仅是为伸张女权，也关注到弱势及被压迫的群体，它有宽广的社会面向，是每一个有社会意识的人都应该关注的。

自 20 世纪 80 年代起，在社会思想文化和观念意识发生巨大变革的背景下，女性主义学术思想逐渐渗入人文社会科学领域，女性主义在文学批评的范畴内渐次形成一个重要的分析进路，也在许多文学学术研究上被当成一个单独的方向来探讨。所有女性主义的学者都认为妇女的经历是一切理论分析和社会政治策略的核心。女性主义议题与女性小说之所以被当成严肃的文学主题来处理，不是因为它们和妇女运动之间有什么紧密关联，而是一些历史社会因素风云际会的结果，使得研究在广度和深度上得以拓展。

"社会性别"是"基于可见的性别差异之上的社会关系的构成要素，是表示权力关系的一种基本方式"（Scott，1985）。"社会性别"一词用来指社会文化形成的对男女差异的理解，以及在社会文化中形成的属于女性或男性的群体特征和行为方式。比如，一个男性可能被教育成要具备阳刚气质，而社会中的人也会用这样的眼光去看待他。众人会漠视，甚至鄙视一个具有阴柔气质的男性，期待这样的男性能改变这行为。

不同社会文化对不同性别理想行为的要求和期望是不同的。从社会性别视角检验文学，可以看到不同以往的文学景观。

以中国古典小说而论，人物身份从神仙、异人到有血性的凡人，随着时代的演进、社会审美观和小说题材的变化，而呈现新的身份和精神特质及可塑的弹性。

"身体主权"问题是古代儒家礼教文化的根本问题。《孝经》开宗明义地写道："身体发肤，受之父母，不敢毁伤，孝之始也。"个人的身体只是自然血缘纽带中的一个环节，维护个人的身体是"孝道"的始端，最终目的是为了巩固和延续家族的血缘纽带。封建社会里"立身行道，扬名于后世，以显父母"。这种功利目的的规训，赢得普世的认同。由身体主权的逻辑出发，"万恶淫为首，百善孝当先"，也就顺理成章。男女性爱本发乎自然，但需得有道德戒律的约束。"淫"是对性爱的一种道德污名化的描述。不合法的性爱，或过分沉湎于性爱就破坏了合法婚姻的结构和血缘的纽带。淫之所以被视作一种恶行，而且是首恶，或许并不在于其性爱行为本身，而是在于性爱中的个体对于自身身体的支配权的僭越和滥用。

唐传奇是由知识分子书写，传递给知识分子看的贵族文学，故事中的知识分子，没有一个可以逃脱封建社会体制，掌握他们的"身体主权"。唐传奇作家通过树立能掌握"身体主权"的女性形象，来反思父权社会下男性身不由己的处境。

文学中书写身体主权，是一种姿态，一种与世界对话的方式，一架通向身体与思想的桥梁。小说以独立的人格和精神为基础，以鲜明的女性意识为旗帜，寻找一种不伤害自然与天性的、富有健康本质、充满生机的女性特质，从身体出发，而不囿于身体，书写身体，以释放压抑的精神。

1.2　唐传奇作家为中国"女性主义"先驱

唐传奇不仅具有文学意义，它还兼顾社会综述的功能，具有重要的历史文献价值。女性议题为主的小说在唐传奇大量出现也有其历史的意义。唐传奇中，如《莺莺传》、《霍小玉传》、《李娃传》、《红线女传》、《柳毅传》等都是男性作家的作品，这些小说不但在日常生活经验的层次上呈现唐朝社会的面貌，更以最具体的描述来展现其对人际关系、角色定位所产生的深远影响，并且落实在各种有情节、有真实感的通俗叙事中述说。不论这些呈现与叙事多么片面，多么局限，它们至少为社会变迁中的女性提供了摸索前行的试验场。

英美"女性主义"批评自1996年Kate Miller的《性政治》（*Sexual Politics*）出版奠定了女性主义文学批评的立场之后，有所谓的"女性形象"批评，认为男性作家笔下无法真实传达真正的女性形象，连女性作家也背叛了性别，创作出不真实的女性人物。没错，从英国女性文学的发展经验，女性书写从模拟认同男性书写到追寻真正的女性观点，至少花了80年来摸索。

而唐传奇中的女性形象可以说是包罗万象：有青楼女子，如《霍小玉传》、《李娃传》中的霍小玉和李娃；有闺阁女子，如《莺莺传》中的崔莺莺；有灵异女子，如《柳毅传》中的龙女，《虬髯客传》中的红线女等形象。这些丰富多彩、身份各异的形象描写不仅使后世的读者得到审美上的享受，而且对于了解当时的社会风俗的全貌、封建社会的弊端、等级制度的森严等都有很大的帮助。从这些作品中，可以看出男性作家书写的女性，历经了三阶段：

（1）遵循主流传统的价值，扮演传统"社会性别"的角色；

（2）反抗这些标准和价值，要求自主独立；

（3）发现自我，寻找身份。

男性作家反思自己的社会性别，打破父权中心的象征体系，创造出"比真实还真实"的女性人物，重建了女性的性别身份。以莺莺及李娃两位女性人物而言，可说是"另一种双性"，即每个人在自身中找到两性的存在，这种存在不拘男女个人，其明显与坚决的程度是多种多样的，既不排除差别，也不排除其中一性。两篇作品的女性人物跳脱了两性的"社会性别"，透过鼓励与追求"个性美"，进而泯除男/女二元对立的父权价值体系。

除了颠覆角色的"社会性别"，这两篇传奇也颠覆了传统社会中两性的"身体主权"。莺莺的献身、李娃的赎身让女性形象、女性命运在一种新的女性观上重写，展现女性历史与现实的真实存在。传奇作家塑造女性一个完整的自我，敢于关心起包括身体在内的女性自我。这样的女性才真正成为文学皇冠上耀眼的明珠，成为点燃女性智能、情感、生命之灵光的火炬。

这些理想女性的光环背后是男性过奢的要求和矛盾的心态。现实中的女性卑服于性别规范时日已久，平庸柔弱。"有才有德有智有貌，样样都可胜过须眉"的女子，只能从幻想的文学中去寻找了。

除了小说中的印象之外，当时没有全面的、广泛的妇女运动，自然也没有与妇女运动相联结或凝聚的力量。在唐传奇中，女子形象经过了各自不同的发展路径，都终于自甘雌伏，回归到了传统的性别角色之中。这些女性的意义就在于用人物对性别角色的追求与回归，重申了性别规范的价值和意义。女性只有服膺于性别角色的设定，进入父子伦常秩序之中，才能获得人生价值的圆满。

2. 唐传奇的艺术技巧和女性意识

2.1 唐传奇作者的创作动机

传奇本是传述奇闻异事的意思，唐传奇是指唐代流行的文言短篇小说。它远继神话传说和史传文学，近承魏晋南北朝志怪和志人小说，发展成为一种以史传笔法写奇闻异事的小说体式。

唐朝仍盛行科举制度，唐代科举并不糊卷，考官可以看见应试人的姓名。应考生为了增加及第的可能，或者争取好名次，因此将自己平日的诗文编辑成卷轴，在考试之前呈送当时在社会、政治和文坛上有地位、有影响的人，请求他们向主司，即主持考试的礼部侍郎推荐，从而增加自己及第的希望。这种风尚就叫做"行卷"。数日又投，谓之"温卷"。应考生相互借鉴，相互融合，互相促进，"温卷"之风，自然推动了传奇的发展。

科举制度的大力施行，使得士人从政治体制中得到了一定程度的解放，思想的解放和人身的自由使他们获得了一定的个人自主性。唐代经济繁荣，特别是城市经济迅速发展，使市民的文化生活丰富，各种民间艺术得以发展，为传奇小说创作奠定了社会基础。士人因此培养了对世俗现实生活的关怀和兴趣，普通、个体的人的生活获得了独立的价值，造成了传奇现实性和世俗性的文化精神。这种知识分子书写、传递给知识分子看的文学，也可以说是贵族文学，虽有属于知识分子共有或相近的素材与主题思想，却反映了时代鼎革、社会风气的流变、文化的洗礼、同侪的激荡、人世的真情。

2.2 唐传奇印证了历史的偶然，小说的必然

唐传奇是"有意为小说"，因此在创作手法上较六朝志怪的偏重写实，增强了虚构性，较六朝志怪的偏重记述传闻增加了再创造性，作家真正开始自觉的虚构。唐传奇的许多作品以"传记"为题，就是用人名、地名与时间的细节来虚构"历史性"，作者在"虚构的历史"中，展现了史才、诗笔、议论的书写长才。

传奇作者以真情寓于假事，让读者可以透过"建筑在真实历史背景上的虚构人物与情节"，感受到"比真实还真实"的气氛，印证了"历史的偶然，小说的必然"。

英国托尔金（J. R. R. Tolkien, 1892—1973）认为：在幻设文学中，重点并不在基

于因果关系而可能发生的事，而是在符合"再创造"原则下的"第二世界"（second-ary world）里所发生的事。再"创造"的原则或许异于日常生活所经验者，却必须具有其本身的独立性与持久性，同时必须可信而清楚地建立一种"合理的内在逻辑"（inner consistency of reality）。

《莺莺传》及《李娃传》作者以现实的场域，来"虚构"历史。它所表现的社会生活具有普遍性及特殊性，刻画的人物具有复杂性，叙事具有自觉的虚构性。今天我们站在世界文学的高度来重新检视这两篇传奇，发现它们不论在角色塑造、叙述模式、情节的冲突、细节的运用、主题的呈现，都印证了短篇小说的人物、情节、主题三层"内在逻辑"。

下面我们就通过两篇作品来了解男性作家如何塑造女性典范，如何褒扬女性人格美，如何批判了传统社会的男性。而这些褒扬、批判完全是不落痕迹地借由作品的技巧呈现出来。

2.3 从表里分歧的叙事观点及对比的细节颠覆莺莺的"社会性别"

在唐传奇中，《莺莺传》是一部不可不提的经典，也是描写闺阁女子爱情的代表之作。莺莺作为大家闺秀，婚姻自主更是得到了严格的限制。而莺莺的性格却具有两面性。一方面，她是一个叛逆的女性。她深受封建礼教、伦理道德的制约，但在萌发了对张生的真情后，她便勇于冲破封建礼教的罗网，大胆并主动地将满腔热情和爱奉献给了张生，违逆强大的封建礼教。然而另一方面，莺莺性格中又有软弱的一面。最初和张生相恋，她就动摇不定。先是二人由红娘传词，相互倾诉爱慕之心。但当张生夜闯崔莺莺房间时，崔莺莺却因红娘在场而表现贵族少女特有的威严和矜持，让张生迷惑。这是崔莺莺性格中矛盾的地方。后来张生遗弃了她，她也认为私相结合"不合法"，"岂期既见君子，而不能定情，致有自献之羞，不复明侍巾帻"。甚至面对张生将"尤物"、"妖孽"一类字眼加在她身上时，她只有怨，没有恨。其性格中的叛逆终虽没跳出封建礼教的束缚，但也不是以悲剧收场，而是以她豁达的态度，自创人生。

表面上看来，《莺莺传》是一个简单的"始乱终弃"的故事。莺莺生性柔弱敏感，始动于情，后因失身及失去社会地位遭到嫌弃。作者（成熟的元稹）回顾年少的一段经历，自然同情张生（年轻的元稹）符合社会期待的决定，但更同情莺莺的诚实、敏锐、自制、明大体、识时务、容忍。作者用一种表里不一、隐晦多层次的叙事观点，富有技巧地批判了张生，褒扬了莺莺，写出了不为张生所知的莺莺的一面。

2.3.1 分歧的叙事观点与同情、褒贬

小说的叙事观点运用颇为复杂。元稹回顾、缅怀年少轻狂、少不经事的自己，透过回忆、反省，铺陈出两人内心微妙的变化，也微微谴责了少不更事、随波逐流的年轻的自己，褒扬了莺莺的人格特质。小说采第三人称客观的叙事观点（objective thirdperson point of view），小说中的元稹只是续笔《会真记》的文人。叙述者（narrator）是耳闻这一段逸事的执事李公垂。叙述者表面上客观中立，没有谴责，没有赞誉，但细节的运用，却暗示了谴责、批判、褒扬。这种表里分歧、暧昧不明、又带有批判性的观点（disparity of two different points of view）的技巧，在中外文学中都很少见。

2.3.2 对比的细节与同情、褒贬

英语世界有句谚语，叫"魔鬼在细节之中"（the devil is in the details），意思是说人们做什么事情，最容易搞糟、出错、被钻空子的，就是那些看来无关紧要、微末的细节。这两篇传奇作者对细节的运用，从短篇小说最高的尺度来看，也具有创新的价值，可说是"天使藏在细节之中"。

张生是文人才子，但小说中从未引用张生的诗文，最出名的反倒是莺莺的《西厢诗》。作者无疑暗示了莺莺的才情高于张生。张生唯一的《会真记》三十韵没有写完，而是由友人元稹续笔完成。原作者元稹在小说中现身为"河南元稹"，续完《会真记》三十韵。《会真记》叙述女子出其不意地出现又神秘地消失，男子记得女子的沉默不语、交媾的欢愉及枕边遗留的余香。这个奇遇宛如与神仙的邂逅，如幻似影，其中的金母、玉童、玉尘无不暗示是"会真"。难怪张生一直怀疑是梦。又因张生非主动，而莺莺的乖异、大胆、多变的个性，足以使张生振振有词地视莺莺为祸害，"大凡天之所命尤物也，不妖其身，必妖于人……于之德不足以胜妖孽"，借故自己无能消受，而毫不留情地抛弃了失贞的莺莺。此外，张生视她为仙、不为人，足以解释他的迷惑、困惑，释放他良心的不安。

张生送莺莺的礼物，不过是"花盛一合、口脂一寸"，显示出他缺乏诚意、真心；而莺莺送张生的礼物却是"玉环一枚、乱丝一缕、文竹茶碾子一枚"以物达情："如玉之真、敝志如环不解、泪痕在竹。"

张生擅自公布莺莺的来信，显示出他个性中粗糙、残酷、自私的一面。张生未能也无能了解莺莺内心的需求、变化，也没有对自己的缺乏信心、软弱、势利、拖延、僵持、无能为力有任何自知之明。不了解自己，也不了解对方的感情。几经周折，不自知、不自觉地伤害了她。他是太自我而忽略对方、太懵懂而不了解自己和对方的感受。相反，莺莺却能洞悉他的内心，解决他的疑惑，释放他的罪恶感，莺莺的识大体、识时务、容忍、诚实都表现出个性美。在《莺莺传》中，作者用分歧的叙事观点造成了表里不一、批判反省的效果，运用细节点出两人个性的优劣。

莺莺违逆了传统的女性"身体主权"，颠覆了传统的"社会性别"，表现女性对感情及身体的自主权。在被离弃后，没有出家，没有自杀，反而豁达地建立新的人生。

比较两人的个性特质及情绪商数，比较读者自己和小说中角色的人格特质及情绪商数，更是一项有趣的功课。

2.4 从表里分歧的主轴及对比的细节颠覆李娃的"社会性别"

自唐代以来，青楼女子的形象开始频繁地出现在文学作品中，在男尊女卑的传统社会中，青楼女子的身份是很低下的，但同时她们也成了人们津津乐道的话题。当然，这跟当时的繁华和开放不无关系。在《李娃传》中，李娃与荥阳公之子一见钟情，李娃大胆而勇敢地追求自己的爱情，但又不得不屈从于利的追求，只得参与计谋，欺骗荥阳生。而当她看到她深爱的人流落街头，狼狈不堪时，又不顾一切地自赎其身，帮助荥阳生获得应有的地位和功名。这足以说明她的勇敢和独立自主。而当荥阳生获得功名后，她又不惜忍痛割爱，宁愿放弃与荥阳生幸福的生活，只是觉得自己的身份已配不上功成名就的他。这又说明了她的单纯和无私。

《李娃传》中对李娃性格刻画的既复杂又真实，初见荥阳生时，"诙谐调笑，无所不至"，显得温柔而可爱；而当荥阳生钱财散尽，又冷漠地抛弃了他；直至最后义无反顾，为所爱之人放弃一切，甚至是自己的自由，又体现了她的坚定而有主见。然而最终大团圆的结局一定程度上回避了现实的残酷和无情，但是却反映了当时人们心态上的一种变化，青楼女子也可以最终嫁入大户人家，人们的传统思想已经开始发生了转变。

2.4.1 表里分歧的主轴和主题的对应

李娃传的主题是"报偿"，这和中国传统的经典文学中所彰显的主题，如《易经》、《书经》、《佛经》所谓的"承负"（karma）一致。在"报偿"为主题下，作为主轴的角色应是书生，但从头到尾书生都是处于被动的形势。他的行止合乎父权社会的性别角色，则受到奖赏；违逆了父权社会的性别角色，则受到惩罚。书生为光宗耀祖，投入竞试；钟情迷恋长安城的名妓，耗尽了盘缠；遭鸨母用计抛弃，赶出平康里宅；沦为丧铺的挽歌手；仆人认出公子，父子相认，惨遭父弃养、鞭笞；父亲弃养，同行同伴周济不力，沦为街头吟游乞丐；李娃接纳、鼓励，应试；功成名就后，经父亲指点，迎娶李娃。

书生一起一落的遭遇，彰显了报偿的主题。小说表面上是以书生为主轴，但他却是完全身不由己的一个傀儡，由身外人、事左右牵拖，没有表现出一点个性美。真正主宰他命运的是李娃：李娃的识人、知人、爱人掌握了书生的命运。不计权势、不计名分的委身于身无分文的书生，用情用理，说服鸨母，得以赎身；在荥阳生功成名就后，又退而求去，充分掌握了自己的身体主权。这种表里不一的主轴、行为模式中彰显了李娃的个性美，树立了唐朝文学中最突出最美好的女性楷模。

2.4.2 细节的对比和主题的对应

一起一落的情节及"报偿"的主题也从对比的细节处理中表现出来。

2.4.2.1 马的有无与优劣

书生被视为家族中的"千里驹"，可望出人头地，光耀门楣；乘坐骏马进京赶考；故意遗落马鞭以吸引楼上观看的李娃；典当骏马换骑劣马、驴子；沦为街头吟唱哀歌的乞丐；随李娃马车骑乘马出城拣买书籍，苦读应考；衔父命，骑乘华美马车迎娶李娃。

2.4.2.2 衣服的华丽与褴褛

书生携带华服进京赶考；典当华服以筹酒资；沦为破衣乞丐；遭父弃养鞭打衣不蔽体；受李娃接纳，亲自为他披上绣襦；穿上华服赴京上任、迎娶李娃。

这种细节和情节的对应、对照并和主题呼应，在中外文学中也是独一无二的。

李娃不仅主宰了书生的命运，作者更从李娃和其他对书生不仁不义或为德不卒的其他角色对照中，如老鸨、荣阳公、挽歌行、邸主、同伴、路人等彰显李娃的宽大、足智多谋、勇气、识大体，塑造出中国文学中最美好的女性。改变命运的轮回事件的主轴不是书生，而是李娃。

总的来说，唐传奇是我国古典小说发展史上的一个里程碑，开创了一个新的小说描写的时代。唐代传奇中有喜有悲的爱情传奇故事，极其深刻地反映了当时妇女的社会地位。虽然在不少的故事中女子都得到了幸福的结局，但那也只能是一种愿望而已，处于社会下层的妇女，只能处于被玩弄被污辱的地位。但是这种描写已经为小说的发展产生了里程碑式的影响。

当然，唐传奇中希望女性地位能够提高的思想是基于当时经济发展以及思想上的开放，在此基础上唐朝女性的爱情观婚姻观较其他王朝有很大不同。但社会并没有发展到破除封建礼教的地步，因此他们的追求在当时根本不可能实现。

唐传奇中表现出来的女性张扬而勇敢的个性，既反映了当时人们对女性地位提高的一种愿望，同时也预示了社会发展的必然趋势，更重要的是，它还具有较高的文学价值，让人们从中得到了美的享受，激发人们对美好的追求，即便它所反映出来的思想只是一个遥远的梦想，但它的价值是永远不能被忽视的。

3. 对外华语文化教学与经典文学教学

3.1 文学、文化、语言教学

语言是文化的载体，也是文化的一个重要组成部分。学习一种语言，必须同时学习该种语言所负载的文化。胡明扬（1993）、陈光磊（1992）等学者先后提出在语言教学中应重视文化背景知识教学的观点："从教学的角度看，教授一种语言，同时也在教授一种文化。我们可以认为有纯粹的文化教学……但没有完全排除文化的语言教学，比如，不可能有与法国文化完全无关的法语教学。所以，我们认为语言教学与文化教学既不可分，又相辅相成。可以这样认为：不掌握一个国家的语言，很难真正了解这个国家的文化；不了解这个国家的文化，也很难真正掌握一个国家的语言。"语言教学也逐渐走出了"就语言教语言"的传统教学模式的藩篱，并迅速在语言教学中进行文化教学这个问题上达成共识，文学文化学的研究成为流行的趋势。

外语教学是语言教学，也是文化教学。文化的多样性已经成为世界文化的特征，外语教学者应具备广阔的文化视野和多元的文化角度。优秀的文学作品，借助于读者的想象，常常能够更深刻体验和传达出更多的异文化生活的经验。优良文学作品是外语教学的最佳素材与典范，学习外国语言与阅读外国文学作品，二者有极为密切的依存与互惠关系。对文学进行文化研究，是文学研究走出象牙塔、接近大众生活的尝试和努力。

唐传奇为考察唐文化最好的载体。唐传奇深刻反映了中国知识分子感应时代变迁所激起的追求、奋斗、反思等精神需求，凸显了知识分子人文传统重铸的责任和使命。唐传奇从不同层面反映了唐社会文化与社会变迁的丰富和生动。生动、形象地反映出唐人处于变迁社会中的精神和情感状态，描绘出丰富、生动的唐人生活图景。从某种意义来说，唐文学是我们观察和透视唐人文化与社会变迁的文献资料。文学作品的教学可以为文化教学目标的实现做出珍贵的贡献，文学教学的重要性由此可见。

3.2 对外华语文化教学两条平行的路线

基于"语言教学与文化教学既不可分，又相辅相成"的前提，对外华语文化教学应包括以下两方面内容：一方面是体现在语言课中的文化教学，是为"粗浅的通俗文化教学"；一方面是专门的文化、文学课教学，是为"深度的文学文化教学"。前者在对外华语文教学的初、中级阶段占主导地位，学习者从这种教学形式中所得到的文化知识是零碎的、不成体系的表层的通俗文化。后者以文化、文学教学为主，语言教学为辅，传授的是深层的精神文化。

目前，"粗浅的通俗文化教学"成果颇丰，而"深度的文学文化教学"则相对比较薄弱。如今的许多语言教学设计，"有如西医的定性分析和定量配给，无异乎提炼成各种维生素，制成了各种片片丸丸。这种合理的补药，真能使人身体强壮吗？"（李如龙，2011）对于一般的学习者来说，如果教材都是些枯燥无味的词句，教法则沿着"科学结构分析"路子走，许多人望而却步，半途而废，这已经是司空见惯的了。

虽然我们一直说要重视文化问题，但无论是教材编写、课堂教学、还是在学术研究、学科建设上，我们对"深度的文学文化教学"重视程度都远远不够。张英（2004）和赵宏勃（2005）在严格区分"对外华语教学中的文化教学"和"对外华语文化教学"这两个概念的基础上，突破了尽在语言课教学范围内进行文化因素教学研究的局限，主张专门的对外华语文化课的教材和大纲的研究。在华语水准与培养目标相统一的条件下，有一套与之相应的对外华语文化教学的等级大纲，能负担起框范文化教学的任务，并使之科学化、规范化和系统化。

目前在美国、欧洲、韩国、俄罗斯等高等院校实施的汉语教学大纲多半涵盖语言和文化两个领域，也就是说，汉语专业的大纲必须设置各种与中国概况、历史、文学、文学史、阅读分析、修辞学等跟中国语言和文化有关的课程。

以中国文学课程的设置而言，不仅可以开设单一的作者或时代作品课程，还应该包括如下几门延伸出来的课程，如用学习者的母语或英语讲授的中国文学史讲座、作品阅读分析或修辞学科。了解中国文学不仅要熟知作家的姓名、生平、作品，还应该研究该作家创作的过程、叙述和修辞的手段。研究这些问题应该选择文学史上的经典作家及作品。

3.3 对外经典文学教法

新加坡、中国香港的中学英文教材都选有莎士比亚作品，教师用中文或学习者的母语解释作品。当英语学习者的英文能力有限时，就让他们接触到经典作品，提高他们的眼界及鉴赏力，更激励了他们学习英语的兴趣。

笔者在铭传大学国际学院，以英语教授《中国文学概论》，曾教过来自蒙古、多米尼加、美国、波兰、加拿大、巴西、圣文森等国的学生，获得一些不错的反馈。学生初来乍到，在学习初级华语的同时，引领他们跨越时空，进入经典文学的殿堂，了解"文学"的基础知识，绝对加强了他们日后阅读文学作品及终身学习华语的意愿。现举实例说明教学步骤。

学生的课前、课堂和课后任务包括美国外语教学委员会所提出的报告型 presentational，人际交流型 interpersonal、及理解型 interpretive 语言技能的活动。

教师：用英语讲解。特别是讨论时，学生用英语发挥，让学生学习使用文学术语表达自己的观点。

教材：采用中英对照，把经典文学作品翻译成现代英语的教本。英译采名家翻译，如讲老子，采林语堂翻译。可用英汉语言对比的角度，比照原文，指出翻译的难点及盲点。

教法：深入讨论作品的文学、哲学、社会、经济、情感、心理、政治、法律各层面。

3.3.1 以介绍唐传奇《莺莺传》、《李娃传》为例

（1）介绍短篇小说三要素：角色塑造、情节（包括细节、冲突）、主题（包括道德、情感、心理、性别、法律等各层面）；

（2）学生预读故事，一人一句轮流介绍完故事大纲；

（3）教师以英汉翻译对比的角度，举一二例说明翻译的得失；

（4）学生讨论小说的角色、角色的对比；

（5）介绍叙事观点、细节，细节的对比；

（6）介绍冲突，讨论角色的内在、外在冲突；

（7）介绍 EQ，对比两个角色的 EQ 和自己的 EQ；

（8）介绍沟通技巧、讨论小说中角色的沟通技巧：如李娃传中的父了，李娃与鸨母，李娃与书生；

（9）讨论小说的主题，及情节和角色与主题的关系。

3.3.2 以老子《道德经》第八章为例

（1）对照老子和庄子、老子和孔子。老子为什么反对儒家？

（2）介绍隐喻、吊诡、反讽等技巧；

（3）介绍老子道德经第八章；

（4）从现实的例子印证老子的哲学，用商务、历史实例解读老子哲学。如讨论战后的日本和德国，从战败的烽烟中重建，居然有了仅略次于美国的经济成就，甚至引发他人议论：到底是谁打输了第二次世界大战？

3.3.3　中英诗对比分析（以王维《鸟鸣涧》及温庭筠《菩萨蛮》为例）

（1）介绍中诗语法不同：中文诗里没有主词、时态、介词、冠词等；

（2）介绍中英诗不同的韵律；

（3）诗中的意象、场景、角色；

（4）闺怨的社会背景，对比唐名妓与欧洲中古时期官妓（courtesan）及一般妇女的生活。

目前全世界华语的学习者，只有极少数有能力阅读中文版的中国文学教科书和中国文学作家的经典作品原文。一般来说，以有限的汉语阅读中国文学作品是不够的。学习者唯有透过他们的母语或英语，才能真正了解作者的创作过程，使用的描写手法、作品的流派归属、与同期的国内外当代文学作品的相同和不同点及其一些相关的文学理论知识。学习者的生命有限，要等到他们的汉语水平到相当水准，再阅读中国经典文学，是不切实际的。

现在发现这些问题并能及时解决，对未来中华文化及语言教学将起到举足轻重的作用。

参考文献

［1］Sharon K. Hom, Xin Chunying. *English/Chinese Lexicon of Women & Law* ［M］. UNESCO, 1995（5）：135.

［2］Scott, J. C. *Weapons of the Weak*：*Everyday Forms of Resistance* ［M］. Yale University Press, 1987.

［3］Moi, Tori. *Sexual/Textual Politics*：*Feminist Literary Theory* ［M］. Routledge：2002.

［4］J. R. R. Tolkien. *Tree and Leaf* ［M］. Harper Collins Publishers Ltd：2011. 88.

［5］胡明扬. 对外汉语教学中的文化因素 ［J］. 语言教学与研究, 1993（4）.

［6］陈光磊. 语言教学中的文化导入 ［J］. 语言教学与研究, 1992（3）.

［7］Albert Marckwardt. Marckwardt, Albert H：*The Place of Literature in the Teaching of English as a Second or a Foreign Language* ［M］. The univ. pr. of Hawaii, 1978：47.

［8］李如龙. 论对外汉语教学中的文学导入 ［J］. 国际汉语学报, 2011（1）.

［9］张英. 对外汉语教材研究——兼论对外语言文化教学等级大纲建设 ［J］. 汉语学习, 2004（1）.

［10］赵宏勃. 对外汉语文化教材编写思路初探 ［J］. 语言文字应用, 2005（3）.

［11］赵金铭. 跨越与会通——论对外汉语教材研究与开发 ［J］. 语言文字应用, 2004（2）.

［12］吴维. 老子商学院［M］. 易富文化出版，2006.

【作者简介】

杨小定，女，台湾大学中文系学士、硕士，外文系研究所比较文学博士，美国哥伦比亚大学比较文学系博士后研究，美国哈佛大学英美文学研究所访问学者，台湾大学外文系副教授（退休），台湾铭传大学华语文教学学系系主任（退休）。教学专长：中西比较文学、英美短篇小说、英美诗、中国文学专题、英汉对比翻译。

网络时代的华语新闻阅读教学

郑尊仁

【摘　要】新闻阅读课是华语教学中常见的课型，但是由于新闻本身的种种特性，使得此课程不容易达到其原先设定的教学目标。而目前网络新闻崛起，已经改变了许多人的阅读习惯，且网络上的免费学习资源颇多，可供教师选择利用。本文即分为学习者程度、词汇、语法、听力以及评量五方面，探讨如何因应此一趋势，并善加利用相关资源，使网络与新闻阅读及教学活动适当结合，达到增进学生语言能力的目的。

【关键词】新闻阅读；计算机辅助教学；报刊教学

0. 前言

　　阅读新闻是外语学习者的目标之一，借由另一种语言，理解他国新闻媒体的报导，迅速掌握他国现况，了解当地政府及人民的想法，不论是对以商业抑或学术为学习目的的学生而言，都是十分需要的。而新闻本身由于切合时事，也容易激发学生的学习动机。因此各教学单位历年来均开设相关课程，以满足学生需求。大陆出版的《高等学校外国留学生汉语言专业教学大纲》、《对外汉语教学中高级阶段课程规范》及《对外汉语长期进修大纲（专家鉴定稿）》中，也都有关于新闻阅读或听力训练的课程安排与要求。董萃对该校参加 HSK 考试的学生成绩进行统计，发现"学过报刊语言的学生阅读成绩普遍好于未学过的学生"①。可见新闻阅读教学有其实际功效，因此不仅在华语教学上，即使在英语教学上，新闻阅读等相关课程也常是教育部规定的必修科目。

　　但是新闻的本质使得教学变得十分复杂，主要有以下两点原因：首先是新闻的时效性。新闻是指刚发生的事，超过一天以上的事通常已不是新闻了。若体现在教材上，老师费尽心力编写的新闻教材，经过编辑、校稿、出版的冗长流程，发到学生手上时，可能已经是去年的"旧闻"。更不必说，有的教材还要用好几年。因此对于新闻阅读教材而言，只要印成书籍，几乎已可称为近代史了。面对这个问题，许多老师都自行补充新闻，以弥补时效性。

　　但是新闻的另一个特性，又使得备课成为教师沉重的负担，那就是新闻的语言难度。新闻记者都具有相当的语言造诣，不论是针砭时政，或是报导时事，其文字运用

---

　　① 董萃. 报刊语言课在汉语水平考试（HSK）中的反馈与对策 [J]. 锦州师范学院学报，2000（4）：61.

均已达母语写作者的最高程度。他们下笔为文时，当然不会考虑外籍学生能否读懂。这样的文章可想而知必定充满了各种必须对学生详加解释的生词、句法、书面语等语言成分。老师以自选的新闻教学，势必要事先编写生词表及语法点解释，毕竟新闻生词繁多，老师不整理学生也会问，若不准备就当场回答实在有些不妥。如此一来，就必须花费许多时间备课，很难以当天的新闻教学。

这两个问题在以往不易解决，不过目前因特网发达，许多人的阅读习惯已经由纸本转移到屏幕上。任何可以上网的电子装置均可以接收及阅读新闻。为因应这样的趋势，各大报社均有在线新闻，学生只要能够上网，两岸三地甚至全世界的中文报纸均可任意点阅。此外计算机软件日新月异，网络上随手可得许多阅读辅助软件，有些甚至是免费的。若能将这些软件与新闻网站互相搭配，经由仔细的设计与安排，必可为学生创造更方便的阅读环境。

1. 网络新闻与计算机辅助教学

中国大陆加上台湾、香港、澳门，每天都有报纸出刊。在以往，想要同时阅读各地的报纸根本是不可能的事，但如今弹指之间就可办到。世界各地都有中文报纸网站，或是每日实时更新的中文版新闻站台。其中有些报纸在网页上有繁简体版转换选项，如大陆的新华网，台湾的《中国时报》，或是英国的 BBC 中文网，只要一个按键，便可以将整个版面转换为习惯的字体，对于学习繁体或简体字的学生都不会构成阅读障碍。这些当地报纸所写的新闻，应该最接近当地社会现状。既是网络新闻，应该要能够体现网络的优势，也就是各地新闻均可随手掌握。

此外计算机辅助教学已经发展了许多年，在许多学者的努力下，也累积了不少成果。对于华语教师而言，如何正确认识计算机在本身教学活动中所扮演的角色，以及如何获取所需资源，实为当务之急。

首先是计算机在教学中的角色问题。对教师而言，计算机的出现有利有弊。其好处是计算机提供了许多新的教学方式，以及无限的教学资源。但其坏处在于，许多老师不知如何使用，尤其是不知该如何对待计算机，不晓得该把计算机摆在教学的哪一段环节。其实我们可以将计算机视为传统的教师、学生、华语关系的中介。如下图所示①：

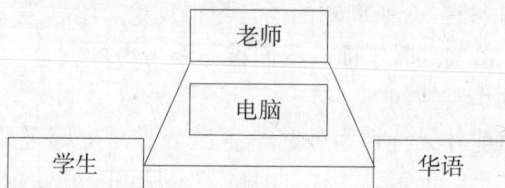

```
              ┌──────┐
              │ 老师 │
              └──────┘
              ┌──────┐
              │ 电脑 │
              └──────┘
   ┌──────┐          ┌──────┐
   │ 学生 │          │ 华语 │
   └──────┘          └──────┘
```

① 本图参考 C. A. Chapelle & J. Jamieson：Tips for Teaching with CALL, N. Y. Pearson. 2008. p2.

　　在这样的架构下，老师仍然扮演组织教学与执行教学活动的重要角色，计算机不能完全取代老师，反而老师可以在教学的每个阶段，根据需要利用计算机。虽然当前的计算机辅助教学已经由 CALL 发展到 WELL（Web-enhanced Language Learning）和 MALL（Mobile-Assisted Language Learning）的阶段，但是大部分的教学课堂并没有多大改变，老师还是要负责课程的安排、课堂的管理、教学的执行等工作。在这种情况下，计算机正可以减轻老师的负担。

　　网络新闻的最大优势就是，文字已经成为数码符号，十分容易加以分析或重新编写。应用此项优势，教师可以在课前将适合的新闻主题文章加以分析研究，选择并处理成可以使用的教材。若要以当天的新闻作为教材，时间上过于仓促。但是昨天或者一个礼拜之内的新闻，应该都还在可接受的范围之内。若与市面上有的华语新闻阅读教材上所提的美国总统还是布什相比，已经贴近时代太多了。

　　此外，世界各地均有中文报纸。就算没有，也能够上网搜寻，这也给教师带来便利。毕竟学生对贴近生活的事情总是较为关心；也容易引起学习动机。不论是地理上的接近还是时间上的接近，都可以引起进一步了解的兴趣。再加上新闻内容包罗万象，老师也容易选择适合学生的主题，或是每周变换主题，均可带动课堂气氛。

　　虽然数字学习（e-learning）已经发展出许多相当成熟的不同教学系统，但基本的教学方式仍然是以老师讲解、学生听讲及练习为主。况且如果不在其教学机构之内，或是没有付费取得权限，一般人也用不上。对于第一线的老师来说，如何使用免费又容易取得的网络资源，才是最值得关注的事。而取得了相关资源之后，又要如何使用？以及如何应用在实际课堂之内？这是下一个需要研究的议题。

2. 网络新闻阅读的课堂实践

　　在课程安排上，新闻阅读通常是辅助的课程，其目的在于培养学生进一步自我阅读的能力。因此对语言教学而言，新闻阅读是手段与过程，并不是开课的最终目标，最终目标应是语言技能与语言知识的增进，基于此我们方能为网络工具找到使用定位。

2.1 学习者程度

　　首先在阅读内容的理论基础上，所选文章不能超出学生程度太多，但也不能太简单，也就是 Krashen（1982）众所周知的语言习得理论。给学生太难或太简单的文章，都达不到学习的目的。落实到教学面，我们首先要考虑的就是，文章的难易度究竟如何？有无分程度编写的华语新闻？

　　关于此点，由于目前并无特别为外籍学生区分难易度等级的华语新闻可供利用。因此老师必须自己为文章定出等级。这方面也还未见可公开使用的对外华语的分级系统。不过台湾有一套由高雄师范大学工业科技教育学系研发的"中文文章适读性在线分析系统"（http：//140.127.45.25/Readability/index.aspx），主要是针对小学生所做的分析工具。该系统采用"课文长度"、"平均句长"、"常用字比率"、"诗歌文体"、"文言文体"等五项变量加以计算，得出适合阅读的年级数。老师可以先将文章贴上该网站，加以简单分析，得到大概的难易等级。

如果想知道这篇文章中出现最多的词汇大概有哪些，可以使用"文字云"（http://timc.idv.tw/wordcloud/zh/）的相关网站。其中的词汇会以出现频率的多寡决定显示的字体大小，非常容易看出高频词的概况。

若要进一步细查，就需要断词处理。以了解词语的实际情形。断词的软件有很多，如"汉语分词系统"（ICTCLAS），或是台湾"中研院"的"中文断词系统"（http://ckipsvr.iis.sinica.edu.tw/）。将文章贴上之后，便能够在线断词。不过断词系统并不完美，还是需要人工检视。

但仅是断词还不能起到帮助教学的目的，因为老师无法一眼看出所有词汇的分布状况，这点对于时间紧迫的新闻教材编写是很重要的。因此还必须进一步将每一个词及其频率排列出来。这时可使用语言学研究上常用的 AntConc 免费软件，将词频算出来后，本篇文章包含的词汇及语法点就一清二楚了，教师可以依此决定上课需要准备哪方面的练习活动，并可了解此篇文章适不适合自己班上的学生。

2.2　词汇

目前网络翻译工具推陈出新，有许多在线免费查找生词翻译的相关网站，方便学生利用。另外也有中文注释工具如 Chinese Annotation Tool、全文注释并随点即查网站如 Rikai 及 POPjisyo（http://www.popjisyo.com/WebHint/Portal_e.aspx），或是南极星中文字处理系统等。此外还有语料库网站、繁简体转换网站、汉字转换拼音网站等，都可以给学生很大的帮助。

例如 Rikai（http://www.rikai.com/perl/Home.pl），只要输入新闻网址，再选择中英互译，系统就会自动对文章的每一个字加以注释。读者只需把鼠标移到文字上，便会出现英文的字义，十分便利。另一个 POPjisyo 网站也有相同的功能。

一般而言，能够读懂新闻的学生，其程度应该在中高级以上，也都具备了自行阅读与查找生词的能力，而这方面的网站数量也是最多的。只不过词汇的教学不是只告诉学生翻译而已，还要安排例句以及练习。因此教师可以先行查找，选择例句和解释，再介绍给学生。

有些辞典网站原本的目的是为了查找英文，但因为附有中英文对译的例句，因此可以反向使用。如海词（Dict.cn），爱词霸（http://www.iciba.com/）等，只要输入中文，就可以得到许多例句。不过有些结果可能不是原本设定的查寻目标，需要老师加以筛选。

此外语料库在两岸都有许多学者投入，也都有各自的成果。对于华语老师来说，一个庞大的、为语言学研究而建立的语料库如中研院平衡语料库，在教学上并不好利用，反而是小型的，可供检索使用的 concordance 或许较为方便。

这方面如台湾清华大学前瞻性数字英文学习中心，原本是为英语学习者而研发制作的网页。不过其中包含了一个中英双语前后文检索程序，取名为 TOTALrecall（http：//candle. fl. nthu. edu. tw/newcandle/Home_C. asp）。其中涵盖了 1990 到 2000 年间的光华杂志，该杂志原本就是中英对照，此程序也能够中英文输入，找出对比互译的句子。也可以选择查询香港立法局的档案资料，同样是中英互译，不过较偏口语，句子也较为简单简短。

大陆也有"英汉双语平行语料库"，也有同样的功能。由于所收文本完全不同，可以互相比对，增加数据。此系统还包含了一个"英汉双语平行商务语料库"，则是较为特殊的。

2.3 语法

如前所述，目前网络上对于华语教学的辅助以词汇方面最为多样。但是对于语法方面的网络工具仍然太少，尤其和英语教学相比更是瞠乎其后，这也为华语老师造成不便，只能找变通的方法因应。

关于语法的解释与练习，可使用网络上许多中文课程所附的语法部分。从中挑选需要的语法点。例如美国罗格斯大学建置的罗格斯多媒体中文教学系统（http：//chinese. rutgers. edu/content_ct. htm），其中包含了初、中、高三级的中文课程，并且可检索个别语法点，除了解释外另有例句。

牛津大学对外汉语教学中心（http：//www. ctcfl. ox. ac. uk/Chinese/index. html）也类似，网络课程中有语法讲解与练习题，不过只限于初级课程。

此外中央研究院语言学研究所研发的"中文词汇特性速描系统"（http：//wordsketch. ling. sinica. edu. tw/），结合了十四亿字的"中文十亿词语料库"（Chinese Giga-WordCorpus）。它的特点是可以查出词汇的语法关系，以及同义词和近义词分析。

"中研院"另有"中文剖析器"（http：//parser. iis. sinica. edu. tw/），可以分析句子结构，也是免费使用。

基本上，语法不大容易由网络自学，许多长句结构还是需要依靠老师讲解。以现实情况而言，老师平日还是得就重要语法点的例句和解释及练习建档，一旦分析出新闻中包含了需要强调的语法点，就能够从自己的数据库中找出来，如此在固定的语法点教学上可能更为快速。

2.4 听力

如果能够在新闻阅读课中加入听力，做到听读结合，老师只要讲解一次，就可以练习两种能力，这是许多老师都会思考并采取的教学方向。

很多新闻网站都有影音档，直接点选即可观看，要找到相关资源并不困难。但重点是，难易度该如何区分？由于目前两岸都没有类似美国之音分级英文广播的中文新闻节目，因此老师要根据程度找听力材料不大方便。不过许多电视或广播电台，都会将广播稿直接放上网页成为文字稿，例如台湾的"中央"广播电台（http：//

news. rti. org. tw/）。变通的做法是，先将文字稿复制计算难易度，再以此选择合适新闻给学生收听。

此外电视台也会将某些新闻的文字稿放在网络上，这方面的材料在两岸的电视台网页上都很容易见到。不过台湾的情况较为特别，因为台湾的电视台主播常会为了表示亲切或是戏剧效果，喜欢在播报时自行夹杂许多语气词或赘语，这点只要比对一下文字稿和影音文件就会发现，这也正好成为训练学生口语听力的极佳材料。

2.5 评量

教学应该包含评量活动，才能了解学生的学习状况。评量不只是最后的总结性评量，也包括各重点的形成性评量。而新闻阅读教学如果采用网络新闻，这方面的试题就必须由老师自己设计。由于学习内容因时制宜，所以如果题型与接口都有现成模式可套用，将能够为老师节省不少时间。

这方面的网站如 Quia（http：//www. quia. com/shared/chinese/），可在网络上建置试题与活动，有 16 种现成模板可选。这已经属于 e-learning 的网站，老师可以在其中管理班级信息及学生表现档案，也可以分派教学活动。另外还有分享专区，若有其他老师愿意将自己的考题或者活动分享出来，任何人都可以直接使用。目前可公开使用的中文教学活动与考题有 448 份。以计算机作为评量的接口，最大的好处是可立即知道结果，这对形成性评量而言是很有利的。

评量不仅可作为考查学生之用，同时还可以成为课堂活动。例如，将几位学生分为一个小组使用同一部计算机，老师将题目显示出来后，同学们可以互相讨论出答案。如此既有互动又能够练习口语，达到多方练习的目的。互动是语言课堂极重要的一环，因为互动通常就包含厘清困惑与了解新语言知识的过程。但是使用计算机与网络不代表学生只能和计算机互动，他们也可以和同学互动。借由练习或游戏形式，同学们可以彼此帮助，增长语言知识与能力。

3. 网络新闻教学的问题

网络新闻教学虽有许多益处，但是仍然有不足之处。依笔者所见，大约有下列几项。

3.1 计算机设备的问题

在学校以网络新闻为上课教材，除非打印成纸本，否则必须在计算机教室才行。但学校是否能够提供这样的教室，以及网络联机带宽是否足够，学生会不会上网浏览其他无关网站等，都是隐藏的问题。

如果网络新闻以纸本教学，不仅无法达到训练学生阅读策略的目的，也因为许多在线工具不能使用而流于传统教学。若仍然使用传统演讲方式，不能发挥网络特性，成效也较差。其实学生不需要每人都有一台计算机，只要有笔记本电脑，两三人一起共享，也可以达到教学的目的。而且正如上节所述，学生共享计算机比较容易展开互动教学活动。如果各看各的计算机，反而不容易彼此交谈。

3.2 科技发展的限制

虽然这些网站提供学生很方便的选择，但受限于计算机科技的发展还未臻完善，难免会出现某些文字无法显示，或是注释有误的情况。又如之前介绍的许多字词典网站，某些解释可能不合报刊文章语境。另外就是语料库的问题，由于语料库建置有其各方面的考虑，有时候找出来的句子不能符合教学需要。更重要的是断词系统，这方面的研究都还处于实验阶段，目前公开给大众使用的断词系统，常常会出现不大正确的结果，有些词语硬被拆散，有些应该分开的词语却又被合并等，需要使用者一字一句重新调整。这必须等到相关研究有更进一步的成果出现后，才可能解决。

3.3 语法辅助网站太少

在前一节中，我们已经看到专门为外籍学生设计的语法网站很少，而且大多是针对某一本课本，或是对应某一个课程。至于其他的语法网站又都是设计给母语者使用的，对外籍生来说并不合适。各地都有华语老师设计华语教学网站，但是专门的语法教学与练习网站却还未见到，这点是十分不利于学生将来自学的。

此外，长句结构也无法依靠网络自学，还是要回归到老师分析讲解。网络对于词语的学习有极大的帮助，但是句型结构上仍然需要老师，这点也是此类课程的局限之一。不过，学生在学习语言时本来需要老师的指导，老师也应该提供学生合适的语言材料与练习活动，同时清楚明白地讲解相关语言点。

3.4 新词语

新闻阅读课若要讲求符合时效性，势必会有许多新词语。仅是将报刊阅读教材与一般华语教材对比，其新词语的数量就高达后者的 12 倍之多①。这些新词语绝大部分是所谓的超纲词，甚至在辞典中都找不到，需要老师亲自讲解。这部分有的很容易处理，有的不大容易，可能连老师自己也不大清楚其语法归类和使用限制。更严重的问题是，由于词语太新，或仅流行于年轻人之间，老师可能会误解了新词语的使用方式。老师当然可以在筛选文章时就避开这个问题，但是这些新词语却正好是新闻阅读课的学习重点，若是不教，有违本课程的宗旨。新闻阅读原本就是希望借由阅读最鲜活的文章，以了解最新的语言使用方式。网络上应该可以找到相关使用范例，但还是需要老师自己归纳分析后再教给学生。

此外还有方言词的问题，近十年来，台湾的报纸使用方言词的现象越来越普遍，而且不分报社，所有报纸都习惯在文章中加入方言词②，字典上也找不到。这当然会对外籍生的阅读造成阻碍，也需要老师另外讲解。

---

① 常志斌. 汉语报刊阅读课的新词语教学问题［J］. 中文自学指导，2007（3）：25.

② 以笔者学生所做统计，台湾四大报社一个月内的报纸新闻中，平均每天出现 3 到 7 个方言词，且大多数出现在头版。见刘子宁等《台湾地区报纸闽南方言使用状况之研究》（铭传大学学士论文）。

4. 结语

计算机及网络的发展一日千里，短短数十年间，已经改变了人类的阅读习惯。目前的计算机就是阅读本身，它不再仅仅是阅读的辅助工具，软件也不再只是课本的多媒体配套附件。计算机已经是阅读的媒介，这点在新闻阅读上实现得最为快速，体现得最为明显。即使是母语者，也逐渐将阅读新闻的习惯由纸本转向计算机。因此各国的报纸均减少发行量，而以电子新闻代之；台湾有几家晚报也因为无法和网络新闻竞争而停刊。基于这样的现实考虑，网络新闻阅读的教学实有其必要。因为新闻阅读及教学已经有了本质上的改变，教师必须做相应的调适。阅读行为是在计算机前进行，不再是纸质的报纸。而且借由计算机软件的帮助，也可降低进入新闻阅读的门槛。读者就算没有很高的语言程度，也能够读懂新闻。事实上目前早已有为外国学生设计的华语新闻网站，如"小马词典"便有可随点即查生词英译的每日中文新闻，甚至还可选择注释的等级。教师面对这样的趋势，在教材和教法上，都必须有所突破。

对网络新闻阅读课来说，学生学习的需求不一，且每日的新闻内容包罗万象，教师也不可能事先知道将来的新闻，如何能够满足学生的需要？站在教学的立场，可以事先决定新闻各版面常用或固定出现的词汇与句式，加上新闻写作常用的手法，列为课程大纲，以帮助学生接触到另一篇全新的文章时，能够快速进入状态。某些新词语的出现是无可避免的，但教师的任务是为学生先扫除这些新词语以外的固定障碍，另外再提供学生方便的在线查找资源，尽量减低其阅读困难。

阅读除了学习语言的目的之外，还有很重要的一部分就是满足阅读的乐趣。所谓的乐趣并不是指幽默笑话，而是有实际的内容。如果文章仅是记载多少人参加会议，发表某某讲话等，实在很难令人提得起兴致往下读。因此老师必须选择有内容又符合程度的文章，而且报纸常能够体现当地的风土民情，对于文化上的教学又有很大帮助，这也是选材可以注意的方向。

总而言之，将来的华语新闻阅读教学，必须思考如何打破以往新闻阅读教材的模式，以网络为主要阅读媒介，并且充分利用网络随时联机、实时查找的特性，不仅为学生提供了阅读的指引，也为教师更新了相关教学方式。在网络新闻日益发达、报纸发行量逐渐萎缩的今天，可预见的是，学生对这类型的新闻阅读需求必会出现。它实际上也为新闻阅读教学提出了一个新的思考方向，那就是除了阅读情境的改变使得教师必须有所因应之外，教师是否能够利用这样的现实环境，对学生提供更好的帮助？

参考文献

[1] 张和生. 汉语报刊教学理论与方法 [M]. 北京：北京大学出版社，2007.

[2] 曹贤文，陈源. 汉语新闻在线阅读教程 [M]. 北京：北京大学出版社，2006.

[3] 董萃. 报刊语言课在汉语水平考试（HSK）中的反馈与对策 [J]. 锦州师范学院学报，

2000（2）：60—61.

[4] 常志斌. 汉语报刊阅读课的新词语教学问题 [J]. 中文自学指导，2007（3）：24—28.

[5] C. A. Chapelle & J. Jamieson. Tips for Teaching with CALL [M]. N. Y.：Pearson，2008.

【作者简介】

郑尊仁，男，台北市人，铭传大学华语文教学系副教授，博士，主要从事华语文教学、华语语音学及传记文学理论与研究。

基于任务式的汉语作为第二语言写作教学模式
——以中级记叙文写作教学为例

李丹丹

【摘　要】在汉语作为第二语言教学中，记叙文写作往往被中级水平的学生认为实用性不高，学习意愿低。应用任务式对记叙文写作进行任务的设计，通过任务前、任务中、任务后"做中学"的活动可以加强学生语言表达的流利性、准确性和复杂性，激发学生用汉语进行交际和写作的兴趣，提高学生的汉语综合表达能力。

【关键词】任务式；汉语作为第二语言；记叙文；写作；需求分析

0. 引言

基于任务的语言教学（task-based language teaching，下文简称"任务式"）近年来在欧美风行，针对交际教学法过于重视交际中的意义交流的弊端，任务式提出了"做中学"，即通过选择、编排教学任务，创造有交际意义的具有真实性的语言环境，使学习者在完成第二语言使用任务的过程中习得第二语言。高质量的语言交际应该包括流利性、准确性、复杂性，如果过于强调意义交流，虽然可能保证流利性，却往往损害了准确性、复杂性，而二语学习者的注意力是有限的，如何使有意义的语言交际在高层次上进行，使流利性、准确性、复杂性有效地融为一体，这才是二语学习者和教学者追求的目标。因此，任务式提倡合理地分配注意力，即一方面注重语言形式，注重结构和句型；另一方面完成语言使用任务，把语言形式融入到语言行为中。可见，"做中学"和三性均衡发展，是任务式对过去的教学法的更新。任务式的教学理念可以表述为："学习语言要用语言做事情。"

任务式在汉语作为第二语言教学界起步较晚，2000年马箭飞提出了以"交际任务"为基础的汉语短期教学新模式，后又提出了针对任务式大纲的汉语交际任务；后刘壮等分别从任务式教学法对对外汉语教学的启示和语言测试方面提出了指导性的意见；目前国内汉语作为第二语言的教学对任务式的应用，一是在口语教学方面，二是在阅读教材编写方面，三是在听力教学方面。应用任务式进行写作教学这一领域还较少有专篇研究，目前只见有基于任务型模式进行写作课的主题单元教学，但这一教学设计所需的课堂教学设备要求较高，需要电脑、投影仪等多媒体设备，不适合在全国推广；另外此课堂教学设计的难度较高，需要学生在课外做大量的查找文献、调查工作，不是所有水平的学生都能配合。此外在应用任务式进行写作教学时，我们能见到的都是以"应用文的教学"作为案例进行的教学设计。

国内的汉语作为第二语言教学，一般中级才开始学习基础写作教程。以暨南大学华文学院汉语系为例，选用教材为北京语言大学出版社出版的《汉语写作教程》（中级上、中级下），中级上（相当于本科二年级上学期）开始学习《基础写作》（1），课文主要为请假条、启事、祝贺、简历、感谢信等应用文的写作；中级下（相当于本科二年级下学期）开始学习《基础写作》（2），课文主要为叙事、写人、写景等记叙文的写作。从教学实践和调查中发现，学生普遍认为《基础写作》（1）教授的内容实用性高，学习态度积极；而《基础写作》（2）教授的内容实用性低，学习态度消极。① 可以看出，虽然"很多学生对写作不重视或没有兴趣，在面对汉语写作的时候表现出畏难情绪"，但记叙文写作比应用文写作更"不受欢迎"。因此，我们认为，将任务式应用于记叙文的写作教学更具实践意义。本文从课堂教学入手，有针对性地对笔者 2011 年 3—6 月所任教班级的 24 名留学生采取任务型教学模式，探讨任务式教学在记叙文教学中的具体应用。

1. 课程与学生的相关情况

1.1 课程相关情况

《基础写作》（2）的学习内容为记叙文写作。与强调格式正确、表达书面语化的应用文写作不同，留学生学习记叙文写作是为了使用学过的词汇和语法格式，更好地用汉语进行思维和成段表达。也即是通过写作使留学生的汉语综合表达更加准确、丰富甚至生动，能够更好地用汉语表达自己，达到交际的有效性。

《基础写作》（2）每周 2 学时，课程内容设置为叙事 12 学时、写人 12 学时、写景 8 学时，其中叙事分为记叙的要素、人称、顺序、详略、线索、记叙事情（综合）；写人分为肖像、行动、语言、心理、场面、人物描写（综合）；写景分为特点、角度、联想、游记（综合）。

1.2 学生需求分析

任务式教学法要求对学习者进行需求分析，即通过调查明确学习者的学习背景、现实交际需要、自身发展需要、专业学习需要以及态度、动机等。通过访谈，我们发现班上的学生主要来自东南亚和东欧等国，为中级汉语水平，有以下需求：一是现实交际的需求，也即是表达自己的想法，利用汉语与中国人进行交际的需求（62.5%）；二是自身发展的需求，也即是提高个人语言能力、利用汉语进行工作的需求

---

① 调查在 2008 年 9 月至 2011 年 9 月期间暨南大学华文学院中级上与本二上的《基础写作》（1）、中级下与本二下的《基础写作》（2）两门课的第一节课进行，三年累计参加调查人数《基础写作》（1）共 60 人，认为该课程实用性高的有 90%，愿意学习该课程的有 70%；《基础写作》（2）共 82 人，认为该课程实用性高的有46.3%，愿意学习该课程的有 35.4% 。

（37.5%）。学习汉语的动机一部分是内部动机，也即是对汉语感兴趣，对中国未来的发展持肯定态度（66.7%）；三是外部动机，也即是由父母或公司送来学习，对汉语的兴趣一般，但必须掌握一定的汉语能力，达到一定的汉语水平（33.3%）。

可以看出，《基础写作》（2）的课程学习目标与学生的需求不仅没有矛盾，而且是相当适应的。其中常常被教师所忽略的一点是，《基础写作》（2）并不要求完全书面化的表达，语体要求没有应用文那么严格，学生可以处于"我手写我口"的自由状态，这样的状态更能够更好地调动学生进行词汇、语法格式的选择与篇章组织。

2. 任务设计

Willis 曾将任务式教学的实施分为三步骤。①任务前活动：包括介绍课题和任务，使学生明确任务的目标和结果；②任务中活动：学生分小组或结对子执行任务，各组学生准备以口头或文字的形式向全班报告任务完成的情况；③任务后活动（又叫"语言焦点"）：包括分析和操练，任务完成后帮助学生巩固语言知识，提高语言技能。

参照 Willis 的模式，本文构建出基于任务式的记叙文写作实施步骤。①任务前阶段：教师向学生介绍主题和任务，将学生进行分组；②任务中阶段：学生在教师指导下根据主题进行分组讨论，并完成各组具体任务，如进行组内调查和写出简单的调查报告；③任务后阶段：各组派两名同学汇报完成任务的结果，由其余同学做出任务完成程度和表达的流利度的初次讨论和评价。课后学生根据讨论内容完成该课写作。下一次课上教师展示各组习作，与学生二次评价习作中语言的准确度、复杂度。

3. 教学实例

本文以叙事单元的最后一课"记叙事情"为例。在这一课之前，学生已经学过了记叙的要素、人称、顺序、详略、线索等内容，但还尚未综合地运用多种记叙的方法和技巧来记叙一件事。如果以该课的综合训练"以《误会》或《邂逅》为题，写一篇不少于600字的文章"作为写作练习，学生会觉得难度过大，从而产生畏难心理和排斥心理。而教学时间只有2个学时，如果题目过于空泛，学生很难在课堂上构思出习作的内容，并能够以恰当的形式表达出来。

为此，同样是以《误会》作为题目，但我们给出了一个背景资料："王明和丽丽结婚六年了，他们的孩子也都三岁了。有一天，丽丽上班去了，王明在收拾房间时，发现妻子平时总是锁着的抽屉忘记锁了。好奇心促使他拉开了抽屉……"

3.1 任务前阶段（10分钟）

3.1.1 明确任务与写作主题

教师介绍写作主题和介绍用于小组调查的调查表，调查表分为作文内容和作文形式两个部分。（6分钟）

表1　写作内容调查表

	写作内容
1	你觉得王明和丽丽两人的感情怎么样？
2	你觉得丽丽平常为什么老要锁着这个抽屉？
3	你觉得王明会在抽屉里看到什么东西？
4	你觉得王明看到这个东西后会怎么想？
5	题目是《误会》，你觉得王明想的和实际情况有什么不同？
6	丽丽知道王明打开了抽屉，你觉得她是怎么想的？
7	你觉得他们后来的感情变得怎么样？

表2　写作形式调查表

	写作形式
1	你觉得这件事发生的六要素怎么概括？（时、地、人、因、过程、果）
2	你觉得用哪种人称方式来讲这件事比较好？（第一、第二、第三人称）
3	你觉得用哪种顺序来讲这件事比较好？（顺序、倒叙、插叙）
4	你觉得哪个部分应该讲得比较详细？哪个部分可以讲得比较简单？
5	文章中用什么线索来连起各部分比较好？（事件、物件、感情）

3.1.2　划分写作小组

将全班学生分为5个小组，同一个国家的同学尽量分入不同的小组，水平较高和水平较低的学生均匀分布在每组中。由学生自己推选小组长，由小组长对组员进行分工。组长和组员可以分别担当调查者、记录者、整理者、报告者、讲述者等角色，让每一个学生在任务中都有自己的职责，能够参与小组合作。（4分钟）

3.2　任务中阶段（40分钟）

（1）各小组根据调查表进行组内调查，由调查者发问，记录者记录各组员对于内容和形式的想法，整理者整理各问题哪一种回答最多、哪一种回答最少，报告者用自己的话组织该组的调查结果并准备进行报告。（16分钟）

（2）各组员一起讨论确定这件事用什么样的内容构成最合理，用什么样的形式表达最能让人理解。在这个过程中鼓励学生们各抒己见，比如内容调查表的问题3"你觉得王明在抽屉里看到了什么东西？"这一题是该记叙文入题的关键，学生们可能各有各的看法，但每组都应该选择一种最合理的可能性，并根据这件东西来确定内容调查表的4、5、6、7的答案。同样的，形式调查表的问题4"你觉得哪个部分应该讲得比较详细？哪个部分可以讲得比较简单？"可能学生们的看法也不一样，但也必须确定一种最适合的方式，确定的标准是交际的有效性，也即是有的地方讲得太简单别人能否理解。（18分钟）

（3）讲述者按照组员确定下来的内容和形式，用自己的话进行加工组织，准备像讲故事一样上台讲述这件事。（6分钟）

在这个过程中教师要充分调动小组长的积极性，让他们在小组中起到组织、协调的作用，并随时监控各组的任务进程。这一阶段也就是"任务式"教学法所提倡的"做中学"。在这个过程中，学生对于写作主题的了解不断深入，对于写作内容的构思逐渐完善，对于写作形式的掌握愈加清晰。由于任务明确、气氛自由，学生们的思维活跃、表达积极，往往能够达到 Skehan（1998：135）所认为的高质量的语言交际"三性"中的表达的流利性、准确性和复杂性。

3.3　任务后阶段（40分钟）

（1）报告者报告该组对该主题写作内容和形式的调查结果。（10分钟）

（2）讲述者讲述该组集体创作的《误会》。（20分钟）

（3）学生和教师对各组的任务完成度和报告者、讲述者表达的流利度、准确度、复杂度进行初次评价。每组可由组长或另推选一人参与评价。（8分钟）

学生除了在任务中阶段的小组讨论中了解到同组同学对于作文的构思和表达，还可在任务后阶段由报告者和讲述者的发言中了解到其他组的同学的构思和表达，这能够对他们课后同一主题的写作起到进一步的启发作用。

（4）教师布置课后作业：以《误会》为题目，写一篇记叙文。（2分钟）并在第二周的写作课中二次评价学生作业的准确度和复杂度，展示较好的学生习作。

4. 学习效果反馈与讨论

4.1　调查数据的反馈

在使用任务式教学法教学记叙文写作之前，从2008年9月至2011年9月共接受课前调查的82名学生中认为《基础写作》（2）实用性高的只有46.3%，愿意学习该课程的只有35.4%，而在当年该课程的课后调查（参加人数22人，有2人没有参加）中，认为《基础写作》（2）实用性高的学生81.8%，认为这门课有意思的学生有86.4%，认为通过这门课提高了自己的汉语交际能力的有81.8%。我们从2008年9月开始应用任务式教学法进行《基础写作》（2）的记叙文教学，2008年12月至2011年12月共有70名学生接受了课后调查（有12名参加过课前调查的学生没有参加），其中认为《基础写作》（2）实用性高的学生有85.7%，认为这门课有意思的学生有87.1%，认为通过这门课提高了自己的汉语交际能力的有84.3%。在学校组织的期末教学质量评估中（由学生给任课教师和课程打分），由笔者任教的《基础写作》（2）每学期的评估分数都达到了90分以上，最高分还达到了94.27分。这些数据说明任务式教学法应用于记叙文的教学后较大地影响了学生的学习态度，提高了学生的学习兴趣，对教学有很大的促进作用。

4.2 学生表现的反馈

在使用任务式教学法教学记叙文后，学生在小组合作中和同学们有了更多的交流机会，表现更加放松和活跃，这在以前的记叙文课堂教学中是很难做到的。在小组中需要完成具有一定真实性的任务，学生感到他们能够用汉语去"做事"，这增强了他们的自信心。这种教学的方法一方面让学生在使用语言的过程中通过任务中的讨论增强了语言的准确度、流利度和复杂度；另一方面让学生在听取别的学生的报告和讲述时，也刺激了自身提高语言的准确度和复杂度。以《误会》为题的课后作业中，24人平均达到了489字，平均每篇造句数32句，平均分数达到80分，与以往的数据相比有了较大的提高。我们从2008年9月开始应用任务式教学法进行《基础写作》（2）的记叙文教学后，2008年12月至2011年12月参加考试人数共66人，期末考试平均分为76.2分，其中90分以上的学生共有9人，80分以上的学生共有23人，优秀率接近50%。

4.3 讨论

在目前的汉语作为第二语言教学中，大部分的写作课都遵循"教师讲解范文→学生写作→教师点评学生习作"的传统模式，因为一般每周只有2个课时的授课时间，在课堂上学生缺乏用汉语交际的机会，写作课陷入教师大量输入而学生没有输出的困境；课堂后学生只能靠自己完成整个习作内容和表达形式的构思活动，而汉语水平较低的学生，往往很难独立完成一篇习作。因此，基于任务式的写作课教学，能够解决以上问题，值得在汉语第二语言教学界加以推广。

基于任务式的写作教学在实施过程中还存在一些有待解决的问题：这种教学的方式较为费时，如果教师不做好任务前、任务中、任务后的时间分配和监控，很有可能在两节课中无法完成一个主题的教学。选取写作主题、设计任务到指导任务完成的整个过程，都对任课教师的要求较高。在实践过程中，如果小组中有学生不能完成本人的任务，就可能影响全组任务的完成，因此对学生的团体协作的要求也较高。本研究只是笔者在暨南大学华文学院汉语系三年间的尝试，其有效性有待今后的进一步实践和研究。

参考文献

［1］Skehan, P. *A Cognitive Approach to Language Learning*［M］. Oxford：Oxford University Press，1998.

［2］Peter Shkhan. 语言学习认知法［M］. 上海：上海外语教育出版社，1999.

［3］刘壮，戴雪梅，阎彤. 任务式教学给对外汉语教学的启示［J］. 世界汉语教学，2007（2）.

［4］马箭飞. 以"交际任务"为基础的汉语短期教学新模式［J］. 世界汉语教学，2000（4）.

［5］马箭飞. 任务式大纲与汉语交际任务［J］. 语言教学与研究，2002（4）.

［6］刘壮，戴雪梅，竺燕. 对任务式语言测试的探索［J］. 语言文字应用，2008（2）.

［7］吴中伟. 浅谈基于交际任务的教学法——兼谈口语教学的新思路［A］. 第七届国际汉语教学讨论会论文选［C］. 北京：北京大学出版社，2004.

［8］许希阳. 以问题为导向的任务型教学研究——以对外汉语口语教学为例［J］. 暨南大学华文学院学报，2009（3）.

［9］杨薇. 任务式教学在汉语作为第二语言阅读教材编写中的应用［J］. 民族教育研究，2009（2）.

［10］郭玮. 从任务式教学法看听力教学——任务型听力课堂的设计［J］. 太原城市职业技术学院学报，2011（2）.

［11］张笑难. 基于任务型模式的主题单元教学在对外汉语写作课中的实践［J］. 内蒙古师范大学学报（教育科学版），2010（3）.

［12］丁玲. 对外汉语写作课应用文写作教学设计——基于《发展汉语中级汉语写作（上）第八单元应用文》［D］. 中山大学硕士学位论文，2010.

［13］Willis, J. *A Framework for Task-based Learning*［M］. London：Longman，1996.

【作者简介】

李丹丹，女，广东汕尾人，暨南大学华文学院汉语系讲师，文学博士，主要从事汉语作为第二语言教学及汉语史研究。

对外汉语教师的跨文化智能

黄景星

【摘 要】对外汉语教师的使命是用最好的教学法来教导外国学生汉语。而不论在国内或国外，他们的教学对象绝大多数是来自不同族群或文化的学生。课堂内或课堂外教师与学生间，或学生与学生间一个不经意的语词或肢体语言，对来自某个文化的学生来说，可能会是一个禁忌或亵渎。这样的文化误解会导致课堂内关系的紧张，或与学生的对立。台湾华教系提供给学生的专业课程可分下列四类：汉语语法、词汇、语音等语言学课程；文学、文字学等古典中文课程；教材教法、教学设计、语言习得、测验评量等教学类课程；最后一类才是外语及选修的文化类课程。如此设计固有其不得不然的原因，但对外汉语教师的未来教学对象既然是与其不同文化的学生，具跨文化沟通能力应是良师的条件之一。

笔者认为一位优秀的汉语教师应该具备的跨文化沟通能力应包涵以下几点：①良好的外语能力，以便能清楚表达自己的想法与感觉及精确掌握学生传达的信息；②对自己文化的了解及反省，对他人文化的尊重与欣赏，不能有独尊自我文化之霸权心态；③对当地文化或课堂内学生文化背景感兴趣并主动去认识；④敏锐的文化观察力及敏感度，以便察觉文化的差异性，适时修正不当言行；⑤追求多元文化教育者所服膺的公平与正义的精神。

【关键词】汉语教学；跨文化沟通；多元文化教育

0. 前言

自 20 世纪 80 年代改革开放以来，随着经济发展及对外政策的调整，中国在国际上有越来越举足轻重的地位。中国经济的蓬勃发展，国际贸易大幅度扩展，也使得作为贸易媒介的汉语在世界各地逐渐受到重视，一时学习汉语蔚为风潮。据估计，全球 100 多个国家的 2 500 多所大学正在推行汉语教学。庞大的学习人口无疑确认了汉语的重要性及成为国际语言的地位。

在"文革"及改革开放之前那段时间，由于封闭及排外思想，想学习中国文学或汉语的外国学生大都无法到大陆求学，而选择到台湾来学习。那时的台湾的确也吸引了不少来自世界各国的学生，因此造就了不少汉学家及专业人才。众多大学的中文系如师大国语文中心（1956 年成立）及辅仁大学的华语中心（1964 年成立）都是起步甚早，且办学卓著的学院代表。在大陆改革开放崛起前，不论在外国的中文系或是散布各地为华侨子弟设立的中文学校，负责汉语教学的师资，不管有没有受过专业汉语教师训练，也大都来自台湾。

1. 学习汉语热潮

中国大陆在开放之后，随着经济发展，学习汉语的人口大幅度提升。不论在亚洲或美国或是在欧盟国家，有越来越多学生选修汉语作为外语。本世纪初期美国大学理事会（College Board）更是将高中时期选修的"汉语及文化"列为大学先修课程（Advance Placement，AP）。2011 年全美就有近 8 000 高中生参加理事会的水平考试，得三级以上的通过率高达 95%。虽然这些学生可能绝大部分为华裔，但也可看出汉语在高中课程中的重要性。

欧洲国家也逐渐了解汉语对加强与中国经贸的关系，欧盟不但积极鼓励其会员国学生学习汉语，并且把中国当作未来战略合作的重要伙伴。欧盟负责"多国语言委员会"主席奥班更于 2008 年与中国教育部签署"EU 窗口计划"，内容除加强欧盟会员国各级学校汉语教学外，更于 4 年内选派 600 名教师及校长至中国进行汉语教学参访及中国文化之旅。他们用长期深耕的方式来推动汉语教学。

中国在 1980 年代以后，由于政策的改变，大力提倡经济发展及与外国多方位的来往。蓬勃的贸易及世界工厂的地位，再加上大量出国旅游的人数，更奠定汉语在世界村的重要性。中国更在教育部之下设立"国家汉办"作为国际汉语之专责机构，并为推广海外汉语教学更进一步在世界各地大学院校内成立"孔子学院"。2004 年于韩国成立了第一所"孔子学院"。由于成效颇受肯定，成立学院计划得以急速发展。根据国家汉办资料，截至 2011 年 8 月底，在全球 104 个国家（地区）已建立了 353 所孔子学院和 473 个孔子课堂。

目前到底有多少学生在学汉语？因有效统计困难，故众说纷纭。2010 年 8 月，孔子学院总部总干事许琳 8 月在沈阳举行的第十届国际汉语教学研讨会上透露，目前全球学习汉语的人数已超过 4 000 万。4 000 万人应是个巨大的数目。倘按每班一位老师教导 40 名学生来计算，所需师资就超过百万。因此，如何培养具备教学专业能力的师资的确是两岸推广汉语机构的当务之急。

2. 对外汉语教师培育

在这波汉语热来到之前，国内外的汉语教师大部分来自中文系，很少来自对外汉语系或华文教学系。老师大多未受过专业汉语教学训练，除传统中文系学识外，教学绩效有赖老师教学经验的累积。随着汉语在世界各地渐渐热门起来，也导致近年来大学开设华语文教学或对外汉语教学系，其目的当然是培养对外汉语教师，以因应海外市场的需要。这十几年来，光在台湾就有十余所大学成立华语文教学系，甚至也有硕博士班。依此比例，笔者猜测中国大陆设有对外汉语的高校或基地院校恐达百所以上。另外，硕士班也如雨后春笋般成立。2007 年中国国务院学位委员会批准北京语言大学等 24 个研究生培养单位以试办性质成立了汉语国际教育硕士专业学位来培育汉语师资。北京语言大学在第一届就招收国内外学生近百人。由于受到不少学生青睐，此类硕士班截至 2010 年已达 63 所（李培毓、颜妤璇，2011）。

不论大学本科对外汉语专业或汉语国际教育硕士的培育，办学绩效最重要的一环仍然是师资与课程。师资及课程问题牵涉极广，本文无法深入探讨。本文只拟探讨对外汉语教师与外国学生的跨文化沟通问题。由于对外汉语老师，不论在国内或国外极可能面对的都是来自不同族群的外籍学生。相信老师们在教学或课外活动都会跟这些来自不同族群、宗教、或社经背景的学生有许多互动。对外汉语教师，尤其是任职于外国的老师，倘对跨文化交际或沟通没有基本概念，一定会产生不少跨文化的误解，造成课堂内的紧张关系。此类误解，可能造成师生之间或老师与当地人的对立，不但教学效果大打折扣，可能连老师的日常私人生活都会大受影响。故本文拟探讨对外汉语教师应该具备有何种跨文化智能以利其与外国学生或当地人之沟通及来往。

观察台湾华教系提供给学生的专业课程，计可分下列四类。①语言类：语言学概论、汉语语法、词汇、语音等语言研究课程；②古典中文课程：文学史、古代文学、现代文学文字学及声韵学等课程；③教育及汉语教学法：教育心理学、教材教法、教学设计、语言习得、测验评量等课程；④大都列为选修的外语及中外文化类课程：中华文化概论、跨文化交际等课程。对外汉语教师的养成教育牵涉课程甚广，也有优先级考虑。如此设计有其不得不然原因，但对外汉语教师的未来教学对象既然是与其不同文化的学生，显然具备良好跨文化沟通及交际能力应是良师的条件之一。

3. 对外汉语教师与跨文化沟通能力

笔者认为一位优秀的汉语教师应该具备的跨文化沟通能力应包涵以下几点：①良好的外语能力，以便能清楚表达自己的想法与感觉及精确掌握学生传来的信息；②对自己文化的了解及反省，对他人文化的尊重与欣赏，不能有独尊自我文化之霸权心态；③对当地文化或课堂内学生文化背景感兴趣并主动去认识；④敏锐的文化观察力及敏感度，以便察觉文化的差异性，适时修正不当言行；⑤追求多元文化教育者所服膺的公平与正义的精神。兹分述如下。

3.1 良好的外语能力

语言是一切沟通的基石。有良好外语能力的老师绝对是有助于课堂教学或在私人生活上与当地人沟通。汉语老师虽然教授的是汉语而非外语，事实上，上课也可以从头到尾使用汉语，甚至一点都不懂外语的人也可以胜任汉语老师。在台湾或大陆大学校园内也有许多英、法、德、日语等外籍但不懂汉语的老师，但也同样在讲堂上教书。或许他们教的大都是专业课程，而非基础语言课，所以不懂汉语问题不大。

但对外汉语老师大都担任基础汉语课程，每星期的汉语课时间是极有限的。老师倘能有良好外语能力，不论在课堂内或课后应该都有加分作用。在课堂内汉语老师在上课发现学生有理解困难时，在适当时机使用学生可以了解的当地语言，简单说明困难处，对学生学习及时间的节省都有帮助才是。在学生汉语程度尚不够好时，要求全汉语教学活动，对学生心理是有一定影响的。学生问问题时，倘能用其母语，有外语能力的老师相信更能掌握问题重点，给予解答，对学生学习会有所帮助。

在台湾近年来外语对华语证照考试也变成十分重要。台湾的华语教师证照考试中原本只有考四科笔试：国文、汉语语言学、华语文教学、华人社会与文化。另外加一"华语口语与表达"口试科目。但从 2010 年起，又多加了中级程度的外语水平考试。证照之难考取，可想而知。下图是自 2010 年起的考试科目：

		2010 台湾 对外华语教学能力认证考试科目
笔试		国文
		汉语语言学
		华语文教学
		华人社会与文化
口试		华语口语与表达
外语	英文	TOEFL550/CBT213 IBT79 以上 IELTS6．5 以上
	日文	JLPT1 级以上
	韩文	TOPIK4 级以上
	法文	DELF2 级以上
	西文	DELE 中级以上

的确，台湾大部分华教系也注意到外语对学生未来教学的重要性，所以也都要求学生在大学四年养成教育中一定要选修外语。以下是几个学系提供给学生的外语学习机会，值得注意的是研究所学生则都没有被要求学习外语：

台湾华教系所外语课程（英语除外）

台湾师范大学 应用华语文学系	德、法、西
台东大学 华语文学系	韩文
中原大学 应用华语文学系	日、韩、泰、法（大三） 西、德、日（大四）
铭传大学 华教系	法、韩、日（大二，大三）
联合大学 华语文教学系	第二外语（大三）
文藻外语学院 华语文教学研究所/应用华语文学系	大学部除英语四年必修外，课程没显现其他外语的要求
台大语文中心 华语师资班	限招收大学毕业生，课程无显现外语要求

3.2 对自己文化的了解及反省，对他人文化的尊重与欣赏

对外汉语教师当然应对自己的文化有深刻的认识，以利教学。但是对他国的文化也要有尊重及欣赏的修养。作为一名对外汉语教师绝对不可存有"母国文化中心主义"（ethnocentrism）的霸权心态，认为只有自己的文化才是最优秀。对其他国家文化，尤其是其所任教国家的文化，怀有鄙视的眼光。

文化之不同主要是思想、价值、行为、态度、观念等有不同概念及表现，而不是有好坏之分。倘对外华语教师抱持"母国文化中心主义"，在课堂上他会无意间流露出对自己文化的优越感，同时也会对当地文化表现出或多或少的厌恶。这类缺乏跨文化交际能力的老师，除了昧于各个文化不同之多元性质外，也对课堂上学生自尊心造成某种程度的伤害。师生感情变得十分紧张，对班级气氛的营造非常不利，最后也会影响到教学成效。

对外汉语教师必须了解文化本身没有优劣，只是存在不同而已。对他国文化的尊重首先要破除对该文化的刻板印象（stereotype），也就是未经证实的一种过分简单及不正确的想法。其次，应注意这类的刻板印象不要让它演变成偏见（prejudice），一种即便有事实证据，但还故意视若无睹，一味相信自己的固定看法的态度。最后，化想法及态度为行动，也就是歧视（discrimination）的开始，也就是进行分类及给予不

公平待遇。作为一个对外汉语老师，这三个不同程度的文化错误概念，都是绝对要避免的。一个在外国课堂上进行教学的汉语老师一定要提醒自己是否过分渲染了自己母国文化有多优秀，或看轻了当地国家之文化。在任何国家，老师对当地文化不敬的言行，都是不恰当的。

3.3　对当地国文化或课堂内学生文化背景感兴趣并主动去认识

对外汉语老师在国外各级学校进行教学时，很可能班上的同学大都来自不同的文化背景。例如，美国校园内很可能有来自白种人、非裔美国人、拉丁美洲裔或美国印第安的学生。在课堂内虽然老师教的是汉语及中华文化，但是倘若老师不以主流美国白人文化为唯一标准，而对来自不同文化背景的学生也表示兴趣，并主动去认识，甚至在教学时也能将他们的文化融入，相信这位汉语老师与学生之间的关系必定十分融洽，也会得到学生的敬重。这些做法或许与汉语专业没什么关系，但是在一个多族群的教室里，老师对学生背景及其文化主动表示兴趣及愿意去了解并进一步应用到教学，其实这就是老师跨文化沟通智能的最佳表现。

举一具体例子来说明汉语老师如何将中华文化和少数族群文化做比较。我们清明的扫墓是要到祖先坟上去祭拜的，倘若课堂上有墨西哥族裔，老师如对墨西哥文化有所了解就可以告诉学生中国人的清明节很像墨西哥人的"Dia de Muertos"（亡灵节），接着再说明两者之不同。如此进行教学，相信学生会感受到老师对他们文化的尊重与了解，也间接引导学生对中华文化的好奇心。师生若有如此正面互动一定会刺激学生的学习兴趣，增进教学效果。

3.4　敏锐的文化观察力及敏感度，以便察觉文化的差异性，适时修正不当言行

跨文化智能（cultural competence）的重要概念不就是拥有敏锐的文化观察力及敏感度？许多跨文化沟通方面的错误经常来自于无知或无心。一个对外汉语老师在学时即便修过"跨文化交际"的课，并且得到好分数，但若对它文化的观察力及敏感度仍然不够敏锐，没有同理心，不懂得举一反三的道理，很可能还会犯这方面的错。并且在课堂内教师一个无心之错，但从族群心理及学校规范层面来看，却是不可原谅的。最近英国格里芬小学一个七岁的白人孩童在校园内问一位五岁黑人儿童一个肤色的问题："你的皮肤是棕色的，你来自非洲吗？"这样一个没有恶意的问题却演变成学校校长要求七岁儿童家长承认并签署自己的小孩是种族主义者的大事件。这个肤色风波当然各方都有道理，稚童因好奇而问的问题却是与校园零种族主义政策有抵触，闹得轩然大波。这个案例可提醒汉语教师在多族群的教学环境里或国家，文化是十分敏感、并且要小心翼翼地来处理的问题。

当然，我们很难要求每一位老师都有这种上课也学不来的天赋。这种敏锐能力跟思考力及审美观一样，似乎是天生禀赋，非后天教育来的。虽然如此，跨文化沟通的基本概念及相关技巧仍然是可以教导给学生的。也因此，台湾华教系的课程大都开这门课。可惜的是，这门课在大部分学系里只是选修。下图是台湾若干学校开这门课的

情形：

台湾华教系所跨文化沟通课程

师大华研所	选修课程"语言、文化与认知"（硕士班只此一门）；独立研究课程"语言与文化"（博士班）
台北市立教育大学华语文教学硕士学位学程	选修课程"语言与文化研究"
高雄师范大学华文教学研究所	选修课程"语言与文化研究"
中原大学应用华语文学系	大二必修"跨文化沟通"
铭传大学　华教系	大二选修"跨文化沟通"
联合大学华语文教学系	大三"语言与文化"
文藻外语学院华语文教学研究/应用华语文学系	大三必修"语言与文化"
台湾大学语文中心华语师资班	招收大学毕业生，上课时间 107 小时只提供"华语词汇与文化"对比课程

3.5　追求多元文化教育者所服膺的公平与正义的精神

根据 James A. Banks（2007）所定义，多元文化教育至少指涉三件事：一个观念（idea）或概念（concept）、一种教育改革运动（educational reform movement）与一个过程（process）。多元文化若为一种概念，是指所有的学生不论性别、社会阶级、民族、种族或其他文化特质，均应拥有均等的机会在学校中学习。多元文化教育另一个重要的概念是：让某些属于其他团体或不同文化特质的学生，在学校中拥有较好的学习机会。

经过民权运动的洗礼，美国校园愈来愈注意多元文化教育，并且扩及各级老师及行政单位，多元文化教育追求的是教学的卓越及机会的平等。让每个孩童不论性别、肤色、出身背景都享有平等的受教权。这应该是放诸四海皆准的教育目标，并且也是每位任课老师都要自我要求的目标。

作为一名深处多族群国家的对外汉语教师自然不能自外于多元文化教育所追求的目标及达到目标的策略。首先，教师在课堂上不应把主流文化当作唯一的标杆，应力求给予属不同文化的学生发声及表现的机会。其次，在中学或小学任课的教师应注意到学生学术表现的差异很可能跟家庭或家长社会经济地位有关，而非全然是智力或不够用功的因素。教师应该思索如何帮助这类学生而非将之放弃。最后，教师也要学着如何使用自己跨文化沟通的能力来与弱势家庭学生或有学习困难的学生沟通及了解。必要时，甚至需拜访孩童家长以了解孩童在家庭生活状况。不论是在课堂与学生的直接接触或是拜访家长，事实上都要有极为优良的外语及跨文化沟通能力。

4. 结语

对外汉语教师必须拥有汉语语音、语法及语意的知识，需要学习教育及汉语教学法的技巧，中华文化也是不可忽视的科目，再加上必须具备较难提高的外语能力，毕业后还得考证照，因此每一位对外汉语老师必须要有十八般武艺才能站在课堂上。然而在这课堂里他的挑战却是多于其他科系教师。汉语教师面对的可能是来自不同族群、不同文化、不同阶级、不同宗教的学生，文化的冲突点甚多。故在沟通方面这些汉语教师需要有非常优秀的跨文化沟通能力才能与学生建立沟通管道及发展良好的师生关系。

跨文化沟通智能不外三个层面：文化敏感度、知识和沟通技巧。学校对华教系学生应该在以上三层面给予适当训练。目前看来，台湾华语教学系对跨文化沟通的训练均显不足。我们不能期待他们在教书时就自动可领会这些跨文化沟通技巧。有些老师或许犯了些无关紧要的小错误，道歉了事；有的老师可能要付出很大代价才学会这些技巧。我们每天都可看到报纸或电视报导多少人因犯了跨文化的错误而被革职，多少人因无心而犯的跨文化过错而一再道歉？在人生中沟通是个很难的课题；加上复杂的文化因素，跨文化沟通更是不易精通的一课。面对充满文化课题挑战的课堂，学校有责任加强对外汉语教师处理这方面问题的能力。

参考文献

[1] 李培毓，颜妤璇. 从近期汉语国际教育硕士设置看大陆地区华语师资培育现况［A］. 第一届东亚华语教学研究生论坛［C］. 台北：台湾师范大学，2011.

[2] 游毓玲. 文化、脉络与语言学习［A］. 戴维扬，梁耀南. 语言与文化［C］. 台北：文鹤出版有限公司，2006.147—161.

[3] 董鹏程. 台湾华语文教学的过去、现在与未来展望［A］. 多元文化与族群和谐国际学术研讨会［M］. 台北：台北教育大学华语文中心，2007.

[4] 蒋泰晖. 加拿大语言使用的多元文化背景［A］. 戴维扬，梁耀南. 语言与文化［C］. 台北：文鹤出版有限公司，2006.209—241.

[5] Banks, James & Cherry Banks (eds.), *Multicultural Education: Issues and Perspectives*［M］, 4th ed., Hoboken, NJ: John Wiley & Sons, Inc., 2004.

[6] Jandt, Fred, *An Introduction to Intercultural Communication*［M］, Thousand Oaks, CA: Sage

Publications, Inc., 2007.

　　［7］Samovar, L., Porter R. & McDaniel E., Communication Between Cultures ［M］. 6th ed., Belmont, CA：Wadsworth/Thomson Learning, 2006.

【作者简介】

　　黄景星，男，台北人，博士，铭传大学华语文教学系副教授，研究方向为翻译及跨文化研究。

菲律宾华语课堂教学管理的五大原则

【摘 要】本文从以菲律宾密三密斯光华中学的华文课堂教学为观察窗口，结合东南亚等国的华文教学经验，总结出现代汉族华文教学课堂管理的五大原则：管理目标明确原则、教学环节清晰原则、教学管理一体化原则、严格纪律与充满活力互动原则、评估与监控结合原则。

【关键词】海外；华文；课堂；管理；原则

0. 引言

随着改革开放的逐步深入，中国在国际上的地位和影响越来越多，人们对汉语的学习需求也越来越大，中国对国际汉语教学推动的力度也越来越大，每年以多种形式派出越来越多的中国老师奔赴世界各地进行汉语教学，由于教学媒介语的不同，教学环境的变化，学生学习的多元化背景的不同，给教师进行汉语教学的课堂管理带来了许多新的难题。本文根据我们在菲律宾密三密斯光华中学的华语教学经验，结合东南亚其他国家的教学实际，总结出海外华语课堂教学管理的五大原则，以期对中国外派教师到海外从事华语教学提供一点帮助。

1. 管理目标明确原则

就海外华语课堂教学管理来看，有些华语课堂缺乏有效的管理，存在着很大的管理缺陷，突出表现为组织教学松懈，学生随意走动，随意说话，课堂呈现一片乱哄哄的状态，无法形成正常的课堂秩序，更不用说形成教与学的默契氛围。这种情况就要求作为管理主体的教师，要通过计划、组织、激励、控制等手段来对课堂进行有效管理。

1.1 明确管理目标

课堂管理由四个基本构成要素组成：管理主体（由谁管）、管理客体（管什么）、管理目的（为何而管）和管理环境（在什么环境下而管）。

课堂管理过程：按照教学大纲和计划，针对学生具体情况和课堂实际，利用资源配置，通过组织、控制、激励等手段实现教学目标的过程。

课堂管理目标：将课堂管理知识应用于华文课堂教学，通过复习旧知识、预习新知识、在课堂上实现知识与能力的转化，这一过程的最终目标是要提高学生有效语言输出的能力。

1.2 教学观念的现代化

语言教学 1950 年代提出传授规范的语言知识，1960 年代培养应用语言知识能力，1970 年代培养交际能力，1980 年代培养语言应用能力，1990 年代注重语言功能的作用，培养沟通能力。自 2000 年开始，提出全方位沟通能力的培养，特别是提倡任务学习方法（Doughty & Long，2003）。

因此跟进语言教学理念，不再将知识作为教学的唯一目标，而是将全方位的沟通能力作为课堂教学的最终目标。课堂教学的一切活动都要围绕这一中心目标来进行。

1.3 掌握管理手段

课堂教学管理的最基本目标是"效益最大化"：以最少的教学资源投入取得最大的教学效益。实现课堂教学目标也就是要调动学生的积极性，使其高效地学习知识、培养能力、形成习惯。这是基于人性和人群差异性基础上的民主化、科学化操作，以达到预期目标的活动过程。

课堂教学管理是以学生为主体、以教师为主导，管理课堂上学生的言行举止。组织目的是为了提高教学效率，组织环境则是海外华文教育这个大的背景环境。

2. 教学环节清晰原则

清晰指教学环节要清晰。教学环节由导入、定向、新授、质疑和总结五个部分构成。而每一次课大体分为复习、新课和练习三部分，不过教学环节只是一个大体的模式，而对这个模式的应用则是老师要掌握的。因此教学的五个环节要灵活安排与应用，所谓"教无定法，贵在得法"。

2.1 教学环节清晰

教学环节的安排要科学合理。首先要有清晰的课堂板块；其次各个板块之间的衔接和转换要自然，不生硬，不勉强，不做作。课堂教学环节的几个板块儿的转换一定要清晰，让学生觉得是在一步一步地完成任务，到了某个环节要知道该做什么事情，心里清楚，做事胸有成竹，这样他们才会早做准备，不迷茫，不急躁。

2.2 抽象知识与具体化清晰

教学就是要给学生创造一个快速接受知识的环境，特别是间接教授知识是课堂教学的主要方式。但并不要因间接而忽视学生在学习知识过程中的"亲身体验"。教师要充分发挥学生的主观能动性去获取认识，而不是一味地灌输。

"亲身体验"式教学的核心是设置语境，让学生进入到语境中去，并在其中"亲历"整个过程，使语言知识自然而然地转化为交际过程，并不断复现，最终成为语言能力。即"浸入式"教学，让学生"泡"在语境中，教师把静态的知识传授变成动态的交际过程，把学生由旁观者变为"事件中人"，教师不仅仅是导演、学生也不仅仅是演员，而是教师与学生同时都在具体的生活中用华文在交流、在互动。如要教授"打电话"的知识，可录制一段视频，亲身体验必须用华语向中国的航空公司电话订票、担任广州商品交易会的翻译、在中国旅行遇到困难向中国警方求教、带队参加在中国举办的夏令营……这些都是亲身经历，需要自己用华语思考、筹划和交流。

2.3 师生互动原则清晰

过分强调教师的作用会使学生陷入被动，产生消极；过分强调学生的作用，会使教学无序、低效。要解决这个问题，必须坚持"三为主"原则，即教师是主导，学生是主体，训练是主线。在课堂上，围绕教学大纲、教学计划、教案和教材，教师组织学生学习，就是"教"要考虑符合学生身心发展的年龄特征，"学"要考虑怎样才管用、易学和精当。既要完成教学任务，又要激发学生兴趣，还要提高学生能力。师生互动是最好的途径：教师的"教"是为了学生更好地"学"服务的。

3. 教学管理一体化原则

一体化指课前的准备、课中的教学、课后的复习三位一体。

3.1 一体化的指导思考

明确一体化就是效益最大化。管理的本质就是追求效率，这需要抓住影响效率的四大关键，进行一体化管理提高效率。影响效率的四大因素是：纪律、教师的主观性、学生的能动性、教学的艺术性。因此，规范的纪律、公平公正的态度、激发学生的学习兴趣及能立竿见影的课堂教学和适合师生双方的授课艺术，这四条是效益最大化的保障，而一体化又是效益最大化的基础。

3.2 课前注重准备

课前的准备包括教学设计、教学目标、知识储备、品格修养、课堂管理。在海外华语课堂管理中，课前几分钟的准备必不可少：要学生充分做好学习的准备，准备好课本、学习用具、按座位入座。防止个别学生以没有课本、学习用具为借口不学习或打闹。

3.3 课中注重高效

海外课堂妨碍高效学习的最大障碍是课堂管理，特别是课堂出现的意外。因此教学中的应变能力，当有学生不守纪律妨碍他人学习甚至破坏课堂纪律时，教师要有预见性和化解能力。首先是将不同程度和性格、遵守纪律和好动的学生分座；其次是用目光阻止课堂纪律松懈的苗头；再次当课堂纪律被破坏影响到教学时，要及时处理"去小救大"维护整体利益；最后当出现意外时，要通过集体动作、背书、念口诀甚至唱歌等方式稳定学生情绪，化解矛盾，维护正常的课堂秩序。

3.4 课后注重巩固

学习中最重要的一条就是与遗忘作斗争。一般来讲，所记忆的知识如果不复习，一天后就会遗忘63%，两天后遗忘77%，三天后遗忘80%，六天后只剩下9%。而课后的作业正是督促学生复习巩固所学知识的有效手段，因此注重课后作业十分必要。具体做法是：要求学生准备三个作业本，一个用作笔记本，另外两个用作课后作业本。两个课后作业本交叉使用，避免了学生把课后作业写在一张纸上，老师批改完学生就丢掉了，同时，也提高了课后作业在学生心中的地位。如果有条件最好是定制作业记录本，老师把所布置的作业写在黑板上，并让学生抄在作业记录本上并签字。这样可以督促学生完成课后作业，同时通过作业记录本也可以发挥家长的作用，让家长监督学生完成作业。至于教师认真批改课后作业、评分、计入考评成绩等更是必需的。在这过程中赏罚分明、持之以恒非常重要。

4. 严格纪律和充满活力互动原则

4.1 课堂纪律要严明

课堂要有严明的纪律和充满活力的作风。严明，是指课堂纪律要严明。在公平、公正的基础上，对违反课堂纪律的行为要进行坚决制止，让学生明白在课堂上哪些行为是允许的，哪些行为是不允许的。即使再小的违反纪律的行为也要予以纠正，小事不管、秋后算账的做法，不利于孩子从中吸取教训，完成自我调控与约束。要培养学生良好的学习习惯，增强纪律的自控力。首先，要培养学生全神贯注地学习习惯，只有全身心地投入才能发挥最大的学习效率。其次，培养学生的责任感和集体荣誉感，巩固自觉守纪的好习惯。最后，对于屡教不改的学生，要个别谈话，严慈相济。

4.2 课堂要充满活力

充满活力是指课堂氛围活跃，在课堂组织教学的方式要多种多样，避免单调乏味，要能吸引学生的注意力，引起学生的兴趣。虽然课堂组织教学的方式依照班级情况和教师特点而异，但大方面如下。首先，深入浅出。所教授的内容避免过于艰深，同时过于简单则无法激起学生挑战与探索的兴趣，要以学生感觉不太吃力就能接受所学内容为准。其次，善于表演。在课堂教学过程中最为理想的状态就是能把学生带入语境。学生是演员，教师是导演，老师不仅要懂得表演而且要会表演，或运用表情或运用动作或运用语音语调或假设情境等手段，才能让学生进入"华语课堂"这部戏。最后，把握住"度"。过犹不及，任何事情超过度的范围，就会向相反的方向发展。在调动积极性的同时，不能让学生过于兴奋；严明纪律时，要要求得当，忌滥用奖励与惩罚等等。

4.3 纪律与活力的互动

吸引学生注意力与加强课堂纪律符合心理学理论："注意"是心理活动对一定事物的指向和集中。课堂纪律松散的原因，除了学生学习兴趣不高外，还表现为学生的注意力很容易分散，被别的事物所吸引。因此，通过吸引或转移学生的注意力，也是加强课堂纪律的一个方面。注意力的集中时间：7—10岁儿童平均为20分钟，10—12岁儿童平均为25分钟，12—15岁儿童平均为35分钟。所以，50分钟一堂课中，课堂讲授的东西最好在20分钟内进行完，后面要通过各种渠道来加强或加深讲授内容。

4.3.1　物质奖励法

课堂上如用小贴片、食物、糖果等物质来奖励，可以起到一定的作用。但是不宜过多，因为物质的东西会把学生养成一种与利益挂钩的习惯，不利于品德和行为规范的培养。

4.3.2　讲解与体态语相结合法

根据教学实际主要有以下一些基本做法可供参考。

（1）学生注意力分散时，可说"我们一起——拍拍手！""我们一起——拍拍肩！""我们一起——跺跺脚！""我们一起问声好：你好你好！老师好！""眼睛——看老师！""请大家跟我读！"等。

（2）学生答对了，老师则可说"某某某——你真棒！"辅助以拍手动作："××x！×××！"

（3）学生答不出，老师则可说"某某某——加油！""某某某——加油！"再答不出则可适当帮助。

（4）学生情绪过于高涨时，老师要说"请安静"（辅助以不要说话的肢体语言：嘘！）。

当然这些还可能根据学生具体情况进行调整，灵活多样，如低年级的学生可以通过歌曲、游戏、儿歌、动手操作等方法进行。高年级的学生则可以通过临时换位，让学生当老师，老师当学生这样的转换，达到调动学生积极性，集中学生注意力的目的。

总之，从课前准备，到课后作业，中间要完成整个课堂的各个环节，并且都要分明有序。有张有弛，缓急有致。维护课堂纪律，保证教学秩序正常地进行，学校要建立健全各种规章制度，做不到就违反了纪律，就要有相应地惩罚措施。要加强学生的行为习惯教育，提高学生学习的意识，激发学生学习的积极性。同时，也要靠教师的课堂教学管理艺术、教师本身个人的人格魅力以及靠教师和学生共同建立起的亲密和谐的关系来维系。

5. 监控与评估机制相结合原则

主要指监控与评估机制相结合原则。

5.1　评估机制要科学

评分是教育管理的重要环节，评分不仅涉及对学生的评价，而且对学生的学习起到不可估量的重要影响。当个体面对成就情境时，有两种动机系统在起作用：一种是追求成功的动机，另一种是回避失败的动机。这两种动机方向相反，发生强烈的冲突。当成功的希望大于失败的恐惧时，个体就会趋向成就情境（积极参与学习活动），当失败的恐惧大于成功希望时，个体就会回避成就情境（逃避学习活动）。要使学生始终保持追求成功的动机大于回避失败的动机，最终培养和提高学生的成就动机。

5.2 评估方法要合理

为了使学生平时认真完成老师布置的各项任务，用科学合理的成绩量化可以起到一定的督促和引导作用。成绩的给定可以和上课的任务板块挂钩。

比如每次课假定总体分值 100 分，分几个板块下来按照比例分配正好 100 分。这样学生只要完成了一定的任务量，达到了一定的要求就相应地得到分数，会激励他们配合老师进行各个板块的学习和练习。例如：

为了严格出勤，每次出勤 10 分，占到 10%。

为了督促学生多记生字和生词，采用的听写可以给予一定的分值，如：10 分，占到 10%。

为了让学生抄写关键语法点句型等，可以给定每次抄写 10 分，占到 10%。

为了让学生练习会话，可以给定每次 20 分，占 20%。

每次回答问题、参与活动比较积极主动、有创意等，可以给定 20 分。

为了让学生完成作业，可以把作业的分数按比例划定，比如每次 30 分，占到 30%。

这样，每次课下来，老师的既定目标学生都可以很好地实现，100 分就很容易得到。没有参与就得不到相应的分数，学生就会努力去得到自己应该得到的分数。

当然，老师们也可以根据自己的经验，设置出适合自己和学生的评估机制，总之一定要科学合理严格规范，这样课程活动也就会相应地有秩序，效率自然也会得到提高。

最后，每次的成绩加起来计算，然后除以相应的次数，得到了平均分，再按期末考试分数的比例进行分配，就会比较客观合理和直接。学生很容易接受，家长也会要求孩子积极配合老师等。

5.3 监控机制要配套

监控机制就是监督和控制机制，严格的评分体制是教学监控机制的最重要的组成部分。监控机制和教学环节要配套完善，即每一个教学目的都要有一个严密的后续监控机制来进行保障，这样他们才会有动力或者能够保障其学到的东西得以巩固和提高。老师在上课布置任务，一定要及时批改和给定成绩。及时掌握每个学生的学习情况，及时追踪，及时反馈。做到课前、课中、课后要联为一体，发挥整体效力。

6. 结语

海外华语课堂教学管理是为了实现华语课堂教学目标，按照教学规律和特点，对教学过程的全面管理。管理的过程是基于人性和人群差异性基础上的民主化、科学化操作。在这一过程中，教师要充分发挥管理主体的作用，利用多样化和人性化的方式或方法通过计划、组织、激励、领导、控制等手段来对课堂进行管理，最终达到让学生能够高效率学习华语的管理目的。管理的过程不仅仅是对教师管理能力和管理艺术的考验，同时也是对教师道德水平的考验，只有始终把学生放在心上，始终以华文教育事业为己任的教师，才会在课堂教学管理中耗费如此多的心力与心血。但是由于管理环境的差异而不尽如人意，所以在课堂教学管理中想要达到预期的效果，往往困难重重，这就要求教师要充满爱心，克服困难，顶住压力，不屈不挠，坚持不懈地寻找解决问题的方法，把华语教学质量提上去，尽到一名华文教师应该尽到的责任，完成历史赋予我们的弘扬中华文化的重要使命。

参考文献

[1] 顾圣皓，金宁. 华文教育教学法研究 [M]. 广州：暨南大学出版社出版，2000.

[2] 余文森，王晞. 教育学 [M]. 北京：北京大学出版社，2009.

[3] 郭金鼓. 门外集 [M]. 菲律宾华文教育中心出版，1996.

[4] 李军，刘峰. 东南亚地区华文教育的模式与性质分析 [J]. 东南亚研究，2006（3）：70—73.

[5] 蓝小玲. 菲律宾华校的汉语教学 [J]. 厦门教育学院学报，2000（2）：81—84.

[6] 王燕燕. 菲律宾华语教学探讨 [J]. 八桂侨刊，1996（2）：48—51

[7] 蓝小玲. 菲律宾华文教育的现状与改革 [J]. 世界汉语教学，1996（2）：106—109.

[8] 陈真. 东南亚华文教育的发展趋势、问题及对策研究 [J]. 云南师范大学学报（对外汉语教学与研究版），2007（7）：26—30.

[9] 颜彩云. 走出华语课堂操练的困惑 [A]. 晋总督导看华校华语教育 [M]. 菲律宾华教中心出版社，2006（3）：210—220.

[10] 颜彩云. 华语教学要加强听说能力的训练 [A]. 晋总督导看华校华语教育 [M]. 菲律宾华教中心出版社，2006（3）：221—229.

[11] 何懿. 如何操练 [A]. 华语督导看华校华语教学 [M]. 菲律宾华教中心出版部，2005（4）：74—95.

[12] 孙香琳. 华教改革任重道远 [A]. 华语督导看华校华语教学 [M]. 菲律宾华教中心出版部，2005（4）：96—101.

[13] 孙香琳. 华语教学与多媒体教学的整合 [A]. 华语督导看华校华语教学 [M]. 菲律宾华教中心出版部，2005（4）：109—114.

[14] A. L. Wright. 第二语言教学的初步技巧 [A]. 华语课怎么上？[M]. 菲律宾华教中心出版部，2004（3）：140—148.

[15] 吴枚. 华语课堂教学的实践经验 [A]. 华文教育言论集 [M]. 菲律宾各宗亲会联合总会编印，84—96.

[16] 邵建寅. 华文教育工作者的责任 [A]. 华文教育言论集 [M]. 菲律宾各宗亲会联合总会编印，112—121.

[17] 王宝奎. 华语课堂教学评价方案 [A]. 晋总督导看华校华语教育 [M]. 菲律宾华教中心出版部，2006（3）：121—127.

[18] 邱鸿谊. 浅谈组织教学的方法 [A]. 晋总督导看华校华语教育 [M]. 菲律宾华教中心出版部，2006（3）：166—174.

［19］马臣东. 思考与建议—浅谈华文教学中的几个基本问题［A］. 晋总督导看华校华语教育［M］. 菲律宾华教中心出版部，2006（3）：76—92.

［20］马臣东. 培养华语思维能力　提高华语交际水平［A］. 晋总督导看华校华语教育［M］. 菲律宾华教中心出版部，2006（3）：93—102.

［21］杨枫. 谈中学华语课文教学的有效性［C］. 棉兰老华教协会2009—2010年度年会.

［22］靳洪刚. 现代语言教学的十大原则［J］. 世界汉语教学，2011（1）：78—98.

【作者简介】

周静，女，河南内乡人，博士，暨南大学华文学院华文教育系副教授，副系主任，主要从事现代汉语语法、对外汉语及华文教育教学与研究。

师生性格类型与语言课堂互动

郭胜春

【摘　要】教学是一种交往，语言教师了解自己以及学生的性格类型，有助于教师改进自己的沟通模式，在课堂教学中扬长避短。有一种流行的性格分类法把人类的性格分成四种基本类型：外向、乐观的活泼型，内向、悲观的完美型，强悍、富行动力的力量型，随和、平静的和平型。本文在这种性格分类的基础上，探讨语言教师如何根据每种性格类型学生的特点和需要，在教学内容的组织、课堂策略的应用上作出调整和改进。同时也鼓励老师们反思自己性格上的优点和弱点，在课堂上实现更有效的沟通。

【关键词】性格类型；课堂组织；沟通

0. 引言

教学是一种交往，包括师生间的交往和同学间的交往。教师的职能不仅仅是传递知识，更多的是在课堂上创建平等、友善、相互尊重和理解的交往平台，使学生在富有情意的氛围中实现有效的学习（肖川，1999）。简单来说，如果学生跟老师的关系好，对老师的接纳度高、印象好，那么老师的一切教育行为都会被赋予意义，都会得到较好的执行。

主体的差异性和独特性是交往的基础；师生之间的交往，跟普通交往之间的一个共通点，就是要彼此包容。外语课堂是一个高度注重互动的教育现场，由于师生双方的年龄、家庭和教育背景、个性类型、沟通方式等所存在的差异，一个活泼外向的学生可能需要忍受一位内向腼腆的老师，一位严谨自律的老师也许必须面对一群散漫不羁的学生，双方都有待互相适应，教师更需要在课堂交往中把握主动。本文尝试从性格类型学的角度入手，分析人群中存在哪些基本的性格类型，探讨语言教师应如何根据每种性格类型学生的特点和需要，在教学内容的组织、课堂策略的应用上作出调整和改进。同时也鼓励老师们反思自己性格上的长处和弱点，在课堂上实现更有效的沟通和互动。

1. 存在哪些基本的性格类型？

人群中存在种种不同性格类型的人。自古以来，人们就尝试根据不同人的心理和行为模式，对人格特质作出归类。有一种广为流行的性格划分法，把人们的性格分成四种基本类型（F. Littauer，1998）：

1.1　活泼型（Popular Sanguine—S 型）

这种性格类型的人，外向、热情、乐观，很"有人缘"，外在的标志就是大嗓门、放松的笑声、夸张的表情和手势，肢体语言非常有表现力。他们很有创意，喜欢不断寻找生活中有趣的事物，追求新奇的体验。活泼型性格的人是生活中的演说者，他们喜欢有人听他们说话。

1.2　完美型（Perfect Melancholy—M 型）

顾名思义，这种类型的人喜欢"追求完美"，跟活泼型相反，他们往往三缄其口，不会轻率发言，一般只有在自己有建设性意见的时候才讲话；他们的生活很封闭，很少分享自己的思想和感受，只有少数特别亲密的朋友才能走进他们的内心。他们看起来多半比较内向、严肃，肢体语言很有限，动作幅度也不大。完美型的人是生活中的思想者，他们更喜欢思考和分析，而不是讲话。

1.3　力量型（Powerful Choleric—C 型）

力量型给人总的印象是：比较"强势"。他们时间观念很强，注重效率，很少闲聊，常常发号施令，雷厉风行，很有进攻性。他们讲话的时候喜欢指手画脚、拍桌子、握拳、叉腰、在墙上捶捶打打。强悍的力量型是生活中的行动者，他们期待别人着手行动，少说废话。

1.4　和平型（Peaceful Choleric—P 型）

比起前三种容易识别的性格，和平型的人很难一眼就分辨出来。他们个性四平八稳，慢条斯理，情绪温和，语气委婉，他们的口头禅是"随便"、"无所谓"、"怎么都行"；他们不会轻易提出建议，只在分享有价值的事物时才会开口说话；他们的肢体语言也非常放松。不过，当他们一旦认准自己的想法之后，就一往直前，永不回头。平静的和平型是生活中的观察者，能够躺着的时候他们绝对不会站着。

每个人都隶属于以上某一种基本类型，可能同时兼具一些其他性格类型的特点和倾向。这四种性格类型并没有好坏之分，每种都有它自身的优点和弱点，都是有待学习和成长的。

2. 性格如何左右你的课堂？

以上四种性格类型的人在课堂上都存在。为促进师生之间的沟通，语言教师需要了解：我们应怎样面对不同性格类型的学生？他们各自会期待和偏爱什么样的课堂？以下仅从教学内容的安排和课堂策略上作出探讨。

2.1　性格与教学内容

有人发现，不同性格类型的人对接收的信息有不同的偏爱（M. Littauer & F. Littauer，2008）。例如：

2.1.1　活泼型——例子

活泼型的人喜欢例子，特别是有趣、幽默的事例。作为老师，如果想吸引这部分人，平时就要做"有心人"，注意搜集有趣的个案、笑话，在讲课中多添加一点幽默元素，情节描述要绘声绘色，借此活跃课堂气氛。

2.1.2 完美型——依据

完美型的人关心事实和依据，如果老师讲解的时候能提供真实的数据、资料或者细节，对他们来说就会很有说服力。所以，老师需要及时了解时事和社会生活的动向，在授课中恰当地将科技、经济、文化等方面的最新进展或成果等融入进去。

2.1.3 力量型——要点

力量型的人关注要点，要求信息简明扼要、条理清晰、逻辑性强。如果老师啰里啰嗦，拖拖拉拉的，他会认为这个老师没水平。老师除了在编排课程内容和进度上需要把握节奏，也要养成良好的工作习惯，比如及时批改作业、教案、教具准备充分，有明确的学业、纪律要求，处事利落等等。

2.1.4 和平型——说明

和平型的学生喜欢说明和指引，如果你让他们看到，按说明的去做并不难，他们就会乐于接受。平时进行课堂操练和活动的时候，教师的课堂指令要清楚，不含混矛盾；练习环节要连贯紧凑，任务不要太复杂，操作过程要简单、明确，必要时有示范，让学生易于掌握和遵循，不然他们会感到气馁，裹足不前。

以上任何一种做法当然不可能只是针对某一类学生的；教师在教学内容的选取和组织上考虑性格因素，主要是为了兼顾不同类型学生的认知需要，激发他们的学习兴趣。

2.2 性格与课堂策略

教师在课堂上应对不同性格类型的学生，可以采取不同的策略。

2.2.1 活泼型——保护、约束

有经验的老师会发现，班上如果有一、两个个性主动、活泼的学生，常常会成为老师的"救星"，在关键的时候打破僵局、打开局面。对活泼型的学生，既要保护他们的创造力和积极性，又要加以一定的控制，比如在他滔滔不绝之时，适当把话题引开，让别的学生参与进来。他们常喜欢反问老师，所以有些问题老师需要提前准备，以免措手不及。

活泼型的人渴望获得赞赏，请不要吝啬你对他们的夸奖。还有，他们很可能记性不太好，遇到重要的事情你需要提醒他们作记录。

2.2.2 完美型——关注、鼓励

完美型的学生很有自己的想法，但他们说话比较谨慎，很爱面子，也比较被动。如果没有人询问他们的感受或看法，敏感的他们就会觉得受伤，觉得没有人在意自己。所以，老师需要主动关注他们，征求他们的意见，和他们交流。老师需要给他们一点时间来思考和组织语言，他们就愿意分享自己的观点了，而且他们说出来的话往往让人惊讶。

另外，完美型的人天生有忧郁的倾向，在课堂中我们可以创造机会，让他们多参与到活动中来，感受快乐的气氛。

2.2.3　力量型——宽容、顺应

力量型的人习惯做领导者，比较自以为是，不容易被改变。在由教师决策和主控的课堂上，力量型的学生可能会暂时"收敛锋芒"；但他们的存在，也在提醒老师注意自己的语速和节奏是不是踩在应有的拍子上，讲授的信息是不是够集中扼要。

跟一个力量型的人讲道理是困难的，因为他们永远认为一切的问题都出在别人身上。他们常常缺乏耐心，喜欢争辩。所以，面对可能有的冲突，请尝试用你的方式来"化解"吧。

2.2.4　和平型——耐心、敦促

和平型的人属于防守型人格，给人以友善、坚忍和克制的印象。有人发现他们身上有一个"七秒钟法则"，就是当人们向和平型性格的人询问问题的时候，他们要先弄明白问题是什么，经过认真思索，然后才会回答，这个过程至少需要七秒钟的时间。

作为他们的老师，我们需要耐心等候，不要很快打断他们，不要一次提太多要求，及时对他们的努力表示欣赏，鼓励他们展现自我。和平型学生往往隐藏自己的感情和意见，避免沟通，也怯于公开发言，如果你私下和他交谈，他会没那么紧张。和平型的人常常看上去有点懒，得过且过，如果他们的作业看起来像未完成的，请不要奇怪。

3. 如何改进你的沟通模式

无论教师自己具有哪一种基本性格特征，我们都不必因此失望、沮丧，或以此攻击自己和他人，而应平和地接受个人性格上的长处和弱点，好好理解自己的心理行为模式和动力所在，进而在课堂交往中扬长避短，与其他性格类型的人和平共处。

3.1　活泼型

活泼型能够随时随地和任何人搭上话，他们是表演的天才，可以轻易地成为各种社交场合的焦点。然而这既是优点，也是缺点。活泼型的老师需要通过一些简单的步骤来改善自己与他人之间的沟通：

（1）限制言辞。你要学习适当控制一下自己表达的欲望，有时要"退居二线"，把更多的时间留给学生；不必帮他们回答，也不要轻易打断他们。

（2）调整音量。有的时候你需要高声，可有的时候也可以把声音放低、放柔。

（3）学会聆听。在堂上多听，多看，留心学生的反应，尽可能让他们成为表演的主角。

3.2　完美型

完美型的人擅长于分析，很容易发现别人的缺点和不足。他们本性上又是内向的

人，喜欢把事情存在心里，因此需要学会走出自己的世界。给完美型教师的建议包括：

（1）多一分幽默感。时常微笑吧，不要被许多假象蒙蔽，生活并不像你想象的那么悲观；尝试在讲课中多加入新鲜有趣的例子。

（2）主动交流。在互动中能让你感觉到别样的丰富；你会发现并非只有你是独一无二的。

（3）拒绝消极思维。多赞美他人，少批评论断；注意到你的学生正在成长，多鼓励会让他们学得更好。

3.3　力量型

力量型的人关注成效，重事情不重人情，有控制他人的倾向；他们沟通的方式倾向于简明扼要，直奔主题，较少顾及他人的感受。他们认为沉默的人是愚蠢的，不好胜的人是弱者。力量型的教师可以从以下几个方面着手改进：

（1）注重关系的建立。用尊重和谦恭的心对待周围的人，学会对学生的话感兴趣，不要把他们看成傻瓜。

（2）学会放松。欣赏生活中的美好，与学生分享你的兴趣爱好。

（3）注意语气。请尽量使用温和的用语来代替不容置疑的命令；学习不要过分地支配你的学生，不要代替他们思考。

3.4　和平型

和平型的人天生很低调，比较不善言辞，宁可自得其乐地生活，也懒得进行人际沟通。和平型的老师可以尝试从以下几方面进行改进：

（1）培养激情。平时就学习拥抱生活中的亮点，授课时先把自己的情绪调动起来。

（2）亮出你的观点。在一些重要的事上你必须摆明立场，才能赢得学生的尊重，才能开通你与他们沟通的热线。

（3）学会分享。不要过于封闭自己生活中的细节，沟通让世界更精彩，让你我更亲近。

4. 结语

上述性格分类不是为了给人贴标签，而是为了帮助教师更好地认识自己和他人。了解一些关于性格类型的知识，对教师组织课堂教学具有积极的作用。首先，有助于教师课中及时进行反思，在分配交际任务、组织课堂活动等环节中，除考虑语言水平、国别等因素外，也适当结合个性因素来作出正确的课堂决策。其次，有助于教师调节自身情绪，理解和包容他人，消除不必要的误解；也有利于学生在愉悦、和谐的氛围中学习。

无论在生活现场还是工作现场，人际交往都是一个关键；人际关系成功的人在事业上不会不成功。经营好师生关系，将令语言教师获得更多的职业效能感和满足感，在业务上得到更多提升。

参考文献

［1］M. Littauer & F. Littauer. 沟通加法［M］. 王培洁，喻书琴译. 北京：西苑出版社，2008.

［2］F. Littauer. 性格解析［M］. 江雅岑，黄思泓译. 北京：经济日报出版社，1998.

［3］肖川. 论教学与交往［J］. 教育研究，1999（2）.

【作者简介】

郭胜春，女，暨南大学华文学院汉语系讲师，主要研究二语习得、汉语作为第二语言教学。

从社会建构论看台湾华教系大专生专题走向

——个案分析

胡依嘉

【摘　要】指导大专生专题计划可说是最具"任务型教学"特色的教学活动之一，此活动也足以说明社会建构论在教育心理学中的角色。本文即以铭传大学华语文教学系大学部三组学生专题计划为例，探讨以社会建构论为基底的专题企划已为台湾华教界注入一股新的学习力量。本文针对三组大专生专题作个案分析，旨在说明：①具本地特色之华语文教材如何展现台湾多媒体教材运用上的独特性；②以采访报导的模式或实习任务的指派引发专题参与者的学习兴趣；③师生的和谐互动促进专题参与者对其专业领域的了解。本文为一师生合作计划的记录。学生专题制作在台湾高等教育的意涵、教师角色，以及教育心理学的运用，亦一并讨论。

【关键词】任务型教学；社会建构论；个案分析；多媒体华语文教材

0. 研究背景与动机

为培植大专生基础研究能力，并提升学术研究气息，近年来许多大专院校皆鼓励其大专生参与专题研究或论文计划。从"行政院国家科学委员会"（简称"国科会"）设立年度奖励方案（"国科会"网站，2012），"教育部"以"卓越计划"名义提拔年度补助款项（"教育部"网站，2012），以及许多学校将之设为大学部毕业门槛，都可看出其重要性。这样的想法，不外乎如吴清基（1997）所言，是一种大专教育体系的转型。而这样的措施，对学生来说，好处即在于学生能有计划学习研究方法，尽早接受研究训练，体验研究活动，增强实验和实作能力（陈专涂、陈誉民，2006：1）。

由于时代改变，纯学术型的大专生研究计划有渐渐为实务型研究计划所取代的趋势。这样的现象，可从以下实例看出。笔者任教的学校，是隶属"教育部高教司"所掌管的综合型大学，但校内为鼓励学生从事专题研究的奖项设立，除与"国科会"年度专题计划作平行倡导外，还有如"结合产业报告之学生专题"、"学生创意暨创业竞赛活动"等活动，都是以实务为导向，旨在培养学生实务能力的一种做法。

既然以实务为导向，参与专题计划的学生就会被赋予各种任务。指导大专生专题研究或论文计划，可说是最具"任务型教学"特色的教学活动之一。这类教学活动因为涉及理论的应用与实作，从中可同时看出师生的行动力。此外这个特性也足以作为教育心理学领域中探讨社会建构论对于学习效力之影响的佳例。本文即以笔者指导的三组学生专题计划为观察对象，阐述以社会建构论为基础的教学活动设计，如何展现

"任务型教学"的特色，并提升参与者对专业知识的认知与应用。

1. 文献探讨

1.1 教育心理学中之社会建构论

"学习"这个行为，从社会建构主义（Social Constructivism）的观点来看，其所涵盖的面向包括社会要素与认知要素（陈奎柏、颜思瑜译，2009：437）。建构论学者常推认知发展学说名人 L. S. Vygotsky 为其代表人物。小至亲子，大至学校与学生，Vygotsky 鹰架理论（Scaffolding Theory）的应用，皆被认为是促进社群互动与提升社会认知发展的正面教育模式（陈奎柏、颜思瑜译，2009：442）。

在此理论架构下，就教师的角色而言，即是近侧发展区间（the Zone of Proximal Development，简称 ZPD）中的指导者。现今教育心理学界对课程转化，常从"反思性教学"（reflective teaching）的观点加以讨论。Paris（1993：149）译文指出，"教师一直被定位为课程知识中的消费者，却没有足够的技能发展或批判知识"。"反思性教学"的提倡者如 Zeichner 和 Liston 便主张教师应身为反思实践者，既会提问，又能解答；而其解答的方式，"取决于他们如何提出或'架构'问题"（许健将译，2008：6—7）。O'Donnell，Reeve & Smith（陈奎柏、颜思瑜译，2009：14）认为，"反思性教学"有别于以经验法则设计课堂内容与处理课堂活动的"技术性教学"（technical teaching），也正是"技术性教学"无法解决课程行进时所可以运用的一种对策。"反思性教学"的特征是"会先产生能解释教学情境中意外事件的推测，接着决定什么行动能最有效地达到目的，然后去搜集决策时所需要的信息"。

对于反思教学的阐释，Zeichner & Liston（许健将译，2008：12—13）认为早在 30 年代美国教育家杜威的论述中即已见端倪。杜威的首要定义是，据 Greene（1986，68—81）的说法，是对教学信念和实践用"积极、持续以及谨慎的态度予以考虑"，包括"逻辑与理性解决问题的过程，也包含直觉、情绪以及热情"。杜威对反思教学的次要定义则为"负责任"与"全神贯注"的态度（Dewey，1933：17）。结合上述观点，20 世纪 80 年代美国反思运动提倡者 Schon 便提出反思实践者，需具备"行动中的知识"（knowledge in action），才能"对行动反思"（reflection on action），乃至在"行动中反思"（reflection in action）。根据 Schon 的论调，Zeichner & Liston（许健将译，2008：20—21）认为实践反思教学的老师会具有五项特色：①检视、架构并试着解决课堂实务中所遇到的难题；②对教学充分了解并质疑其假设与价值；③留意教学中的制度与文化背景；④参与课程发展及学校改革；⑤对其专业发展负责（许健将译，2008：9）。

至于学习者在"反思性教学"模式中的角色，仍可以教育心理学中认知取向（cognition-oriented）与建构主义（Constructivism）的学习理论来加以说明。以认知取向来理解学习方法的学者，大多主张"知识是由学习者建构出来的，且知识会受到学习者先前经验所影响"；亦即学习者在"赋予环境意义时"，是扮演着"主动的角色"。而主张辩证式建构主义（Dialectical Constructivism）的学者便认为，既然学习者的角色是主动的，那么学习者就会"透过不断与环境互动来获得知识"，之后"这些行动的回馈，又会影响到新的行动"（陈奎柏、颜思瑜译，2009：329—330）。[1] 由此观之，良好的反思性教学模式，授课者的立场，即能提供良好的学习环境和氛围。

辩证式建构主义在社会建构主义和社会文化论的学者眼中，更进一步地被认为辩证式的学习也涵盖了个体发展时所处的社会脉络，因此以这种观点所设计的反思性课程，就会偏重"社会参与"，具"学习意涵的真实作业"，及提供"协助学习的工具"的特点（陈奎柏、颜思瑜译，2009：438）。语文是社会文化的产物。语文课程的设计在趋向反思性教学模式的同时，也脱离不了社会脉络。Beane（1997）即指出，经过统整后的课程，应着重"参与计划、脉络知识、真实生活议题"，借此学习者才能有"更广泛接触知识的机会"（黄光雄、单文经等译，2000：5）。周庆华（2007：300）在谈论语文教学法的新趋势时也提到，新式的语文课程，"应把知识应用到跟社会和个人相关的重要问题和关注事项之上"。

以社会建构主义与社会文化学习取向为课程设计基调的教学模式，像 Brown & Campione（1994）提到的"学习者社群"（communities of learners），或者 O'Donnell, Reeve & Smith（陈奎柏、颜思瑜译，2009：441）提到的"计算机辅助学习环境"，于今皆被不少大学教师运用于语文课程中。观点不谋而合的还有周庆华（2007）。他在论及新一代语文教学法具有统整性和科技整合特性的同时，也提到"多媒体教学法"势必会在应用人文类课程中扮演要角[2]。

1.2 任务型教学理论基础

根据朗文版语言教学及应用语言学辞典的定义，"任务"（task）是指"为达到某一具体学习目标而设计的活动"，包括作业、课题都算在内；而其执行与检验的范围则有目标、步骤、顺序、进度、成果、学习策略、参与情况、资源、执行任务之语言（管燕红译，1998：467—68）。Brown（2011）指出，"以任务为本的教学法"（task-based instruction）多年来一直是全球语言教学的发展重心（林俊宏等译，2011）。此类教学法在早年其实就已经受到多位专家的重视（Ellis, 2005; Nunan, 2004）。Skehan（1998, 95）对此类教学法则有明确的脚注，他认为这是一种以"意义"为主的教学活动。参与者必须设法解决现实层面的问题，之后经由成果来评量该任务的核心目标。

---

[1] 辩证式建构主义（Dialectical Constructivism）按 O'Donnell, Reeve & Smith（陈奎柏、颜思瑜译，2009：330）的看法，是"知识存在于个体与环境持续的互动中"。他们并认为 Vygotsky 的理论是此建构主义的佳例。

[2] 大专生专题计划虽然没有明订的课堂课程，但从师生于一学年执行期中的讨论、研究、互动，以及学生成绩单列有上下学期专题研究成绩看来，这就是一门课程。因此本节引用的是关于"课程"理论上的文献探讨。

　　"任务型教学"可说是此教学法的同义词。Brown（2011）更进一步指出，此类教学法在设计时，要注意参与者是否具备语言及非语言沟通力、组织力、言外行为能力、策略能力，乃至言谈风格能力和语用能力（林俊宏等译，2011：243）。他认为唯有具备这些能力，任务型教学的设计才有质量。

　　历来关于任务型教学的施行、成效，学界讨论甚多。例如，曾鸣（2007）以课程实验解释了任务型教学在外语学习上的成效，不仅止于听说能力，也可扩及读写能力。曾薇慈（2005）则讨论到任务型教学活动在华语教学上之成效研究。龚亚夫、罗少茜（2003：49—53）认为，任务型教学所企求的理念，与社会建构主义的六大学习理念，即自律、自我、自信、自主、自择和互动，可说完全谋和。

1.3 多媒体与数位教材之趋势

　　正如教师和学生，"课程"也是活生生的有机体。冯朝霖（2000：3）即言后现代教育学以降的有机课程，会"反应时代精神、社会文化问题、学术研究趋势"。这番言论并不过时，因为良好课程的特性就是与时俱进。

　　周庆华（2007）在其著作第七章论述"语文教学方法的新趋势"时，提到新型语文课程应基于"统整性/科际整合/多媒体运用"等教学理念而加以设计。这些带有社会建构主义的理念能在语文课程中站得住脚，实因所有的语文课程都还是需要将最基本的"阅读教学法"设计于课程中，"阅读行为"的"社会性特征"和"社会化过程"便自然得以延续。周庆华定义"'阅读行为'就是特指阅读的'蓄势待发'状态"（2007：50），科际整合概念的新盛与媒体科际的进步，夹其因特网、多向文本及时、互动的特性，不啻真正将以阅读行为为基调的语文课程带入一种有机状态，"永远处在建构中而不是'可以建构完了'"（2007：281）。

　　关于数位学习的优点，诸多学者皆有着墨（Levy，1997；Zhao，2003；廖柏森，2007）。数位学习若追溯"计算机辅助语言学习"（Computer Assisted Language Learning，CALL）这个术语，则早在70年代即已研发（Zhao，2003）。Paivio（1986）在其述及其"双码理论"（dual coding approach）的著作中提到，人类大脑中管理语言和管理图像的两个系统若结合得宜，就会让学习更有效率。林金锡、连育仁（2010：4—5）归结计算机辅助语言教学是一种双向教学，其结合图像、影音、文字的特性，恰好符合Pavio所提到的学习优势。他们同时认为今日语言教学的影响范围，包括"以学习者为中心"、"自主学习"等概念皆远远大过从前的原因，也在于多媒体科技的日新月异。

　　数位学习的发达，印证了Ellis（1990）互动有助学习之"互动理论"（interaction theory）的成立。数位学习应用于语文教学，则一直都是热门话题。Warschauer（2006）认为数位平台让写作成为一种跨时空但又可以是实时的沟通，写作的枯燥性便降低，讨论区、部落格的写作，更变成是社交活动，对引发年轻人写作的动机实有帮助。Sun（2009）的研究则出现语音部落格（voice blog）也有助语言学习中听力、发音上的练习。Mayer（1997）则发现数位听力的教材，因为有了影像的帮助，视听双辅的效果在加深学习者情境脉络与长期记忆双方面便格外明显。至于数位科技对阅读的学习，已如前述周庆华（2007）所言，在阅读数据上的提供，已达无远弗届的地步。林金锡、连育仁（2010）也表示，数位科际的发达，让阅读行为中，对信息的寻找与吸收，变得益加快速。薛意梅（2007）尤其指出，结合计算机科技及工具，以计算机学习中文现象，更是让华语文教学展现新貌及愿景。

数位华语教材的研发，在台湾可说方兴未艾。碍于篇幅，仅能提到少数单位。例如，高雄第一科技大学于2008—2011年与其他四所大学以及相关产业共同研发的"华语文作为第二语言之数位学习研究"。根据该计划网站，该计划为一结合汉学专业、第二外语教学专业、信息管理以及计算机通讯专业之教授以及华语教学经验丰富的教师的跨领域研究。又如民间业者IQ Chinese一系列以打字方式训练华语文能力的软件开发，目的不外乎是希借由交互式的数位教学系统、发音自学系统乃及文化电玩系统，让外籍人士学习华语并认识中华文化。

2. 研究方法

本研究采个案分析质性研究法，亦即个案研究（Case Studies）。根据朗文版语言教学及应用语言学辞典的定义，个案研究是指在长期或短期内"对某一行为进行的集中研究"，通常会有某个或某种理论假设在先，适用于个人或团体，其优点则在于"能够收集其他研究法所不能观察到的详细资料"（管燕红译，1998：59）。

按照Nunan（2004，74—77）的看法，最典型的个案研究必须是以纵向式经验观察，并透过实证步骤来达成全面描述性的记录。本文所提到的三个个案，以组为单位，即为笔者指导的三组专题学生。A组有4人，观察期为2010年9月至2011年5月。B组有6人，和C组4人的观察期起讫点相同，皆为2011年9月至2012年5月。所有组在学年间皆定期与笔者讨论，研拟计划，报告进度。所有面谈、邮件、书面联系，就是笔者对其观察的方式。

3. 个案分析

3.1 专题小组A

A组4个人为同班好友，4个人相同的个性，表现在个个都活跃于校内外活动这一特点上。例如，S和B同学皆曾是经严格甄选才能担任校际接待的人员。Y同学活跃于社团，担任系研讨会学生总召多次，亦入选为校园亲善大使。J同学则为跳舞和绘画高手。活泼的他们做的专题是关于华语e化学习网站与观光产业结合的一个创新计划。该计划以台湾小吃为主题，制作华语数位教学互动平台，透过网络让全球华文学习者以轻松方式学华语，同时向国际营销台湾美食。网站学习的途径除了以点击链接的方式外，还将台湾地图转化为"大富翁"（Monopoly）式的游戏版图，以台湾各地知名美食店家或观光地设为华语学习点。所有登入该网站的会员，当走到各游戏点时，会有介绍美食小吃的华语影音情境对话及相关历史、轶闻简介，并搭配语言学习上的解说。

网站内的华语课程内容都涉及该组学生的专业所长及个人特色。例如，S同学的华语课是美食烹调示范。B同学的华语课则是书法教学。Y同学的华语课示范剪纸与折纸艺术。网页中所有手绘插图，皆出自J同学之手，并以趣味B-BOX方式介绍华语单字发音。按计划该影音成品除将放于系网与"全球华文网"等大型语言教学网站供人应用，会员登录记录也将作为校内未来华语夏令营之优待证明。同时该案亦拟与观光局合作，洽谈会员经游戏学习华语的纪录换取国民旅游卡或影点入场券的折扣点数，以达到"学华语认识台湾，游台湾练习华语"的双效目标。

从单元设计，到应用"威力导演"软件实地拍摄、剪辑、配音，A组皆展现极其主动的态度。他们比较需要笔者指导的，是文献探讨与教材设计。令笔者欣慰的就是该组自行报名参加由"教育部"教学卓越计划赞助的校内"创意暨创业竞赛活动"，并在三个月的激烈角逐中进入决赛。[①] 虽然最后该组没有获得冠军，但他们在历来课程中所受的训练，让他们愿意参赛，将自己在文教领域所学发挥到文化创意的途径上，已属难得。

图1　A组网页示例

---

① A组4人以"青春股东会"为名进入2011年"创新应用组"决赛前6名。名单可见"教育部"奖励大学教学卓越计划网站：http://www.csal.fcu.edu.tw/edu/program_ HotNewsShow.asp? Nno=12189。

图 2　网页示例

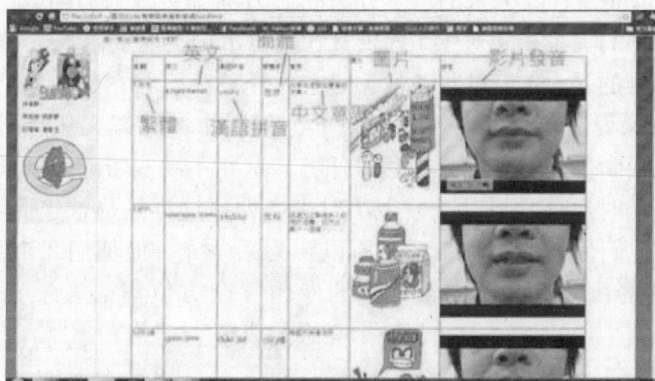

图 3　网页示例

图 4　网页示例

3.2 专题小组 B

与平均成绩中上的组相比，B 组是一群成绩平平的学生。但是他们的特性是好动、合群。笔者在他们寻找专题之初，就依他们的特性，与他们共同计划了一个本系前所未有的专题。当时学校为鼓励学生加入产业调查报告的行列，便设奖励办法。B 组与笔者顺利讨论后，即积极参与这项竞赛。他们调查的产业是创立于 1956 年，在台湾属于华语教学界老字号的"中华语文研习所"（Taipei Language Institute，以下简称 TLI）。① 该组以实习生的身份，观察产业现况，评估专业的传统教学法优劣，探讨未来产业在发展多媒体及远距教学的教育可行性，推敲华语教学市场的定位，并促进企业与大学的合作。在专题制作期间，由于台湾市面上通用的华语教材还未能满足各阶层之需求，故该组赴 TLI 实地进行课堂与教材使用的样本调查，与 TLI 专业教师和行政人员进行访谈，以了解以下状况：①分析与了解 TLI 华语教学现况与台湾华语教学市场的关系；②探究 TLI 未来的教学方法和人力资源交替上的问题；③建立 TLI 与大学间实习与合作的关系；④对 TLI 提供其在华语市场上的宣传策略。

颇令笔者惊喜的是，B 组对业者赋予的实习任务，能够立刻上手。他们 6 人被指定规划文化辅导课程。在业者老师的监督下，从制作多媒体文化教材、海报，到教课、帮助成人外籍学生复习，都一一达成任务。这些不缺实习时数的学生，还愿意每周几次用一趟 3 小时通勤时间以及数十小时去备课，这样的热忱连业者都赞赏不已。B 组表示，因为他们代表的是华教系，所以要为系争光。而他们 8 个月的辛勤投入，也让他们进入竞赛决赛名单，期望他们的专题"全方位华语教学专业系统性之探讨——以民间华语中心为例"能获得一个亮眼的成绩。

---

① 早在 60 年代，TLI 是与美国国务院签约的美籍外交人员语文训练机构。1967 年 TLI 受台湾前领导人蒋经国先生之邀，创办"海外青年暑期返国研习营"，这项记录也可说明 TLI 是在台教授华侨子弟中文机构的先驱。TLI 目前在台湾有位于罗斯福路的总校，3 个分别位于台北土林、台中、高雄的分校，以及十几个建教合作的分校/研习所/语言中心，地点遍及东京、纽约、旧金山、圣荷西、北京、上海、天津、大连、苏州、深圳、多伦多等（德国分校在筹备中）。另设"汉语网院"提供全球在线课程。除华语推广之外，TLI 也将其英语推广业务扩及提供本地生法、西、德、义、日、俄、阿等外语课程。由此可看出其定位在"全球服务"的愿景。

图 5　B 组在产业单位 TLI 实地教学

图 6　B 组对 TLI 部门师长进行汇报

3.3　专题小组 C

与前两组不同的是，C 组成员都是班上名列前茅的学生。在还未成为专题小组前，他们就是对课业认知和自我要求较高的一群。笔者针对他们头脑清晰、口才伶俐、中英文俱佳的特性，与他们讨论出名为 "M. I. T. —The Outstanding Taiwan 国际版数位影音华语文化教材研发" 的专题。该专题计划不论专业度和制作程序，都大于一般学生专题的规模。C 组愿意投入比一般学生多出许多的时间与心力，显示他们对其专业的执着。而他们这股热忱也受到 "国科会" 的青睐，获选年度专题补助奖项。

该计划诉诸华语文化教材的国际化及互动化，研究成果期望以数位影音教材方式呈现。教材整体含两大主轴：①以中文为主，英语为辅，报导台湾独步全球的几项事实为纵轴；②以中、英双语解释华语词汇、句法、习惯用语为横轴，而教材内容以字母 M. I. T. 分类，归纳并介绍台湾在 Media（多媒体）、Intelligence（人文）、Technology（科技）三方面的数项傲人成绩。例如：故宫收藏、LED 面板产业、植栽科技（如茶叶）、文创产业（莺歌陶瓷博物馆）等。此多媒体教材专为母语非中文之人士所设计，目的在于提升其文化认知及华语能力。而对于台湾地产业里希望有所认识之士，本教材亦有帮助。

C 组规划了拍摄选择的词汇与内容，再实地拍摄素材。报导的方式包括动静态景物介绍、业界专家学者专访等。报导结束后即至自设的摄影棚内拍摄教学带，针对报导以中英双语讨论与讲解，如专有名词、华语惯用词语、语法点、听力口语练习、延伸讨论等，并加上字幕辅助学习者理解。使用的软件相当多，例如，以 Adobe Premiere CS3 剪辑专访影片、"华语小剧场"影片，Chroma key 作影片去背处理，Mac 之 iMovie 作音效，Adobe Captivate 5.5 及 swf 动画档开发单字预习互动动画，及以 Google Doc 做整个包含文件、表格、简报、电子表格、绘图等在内的文书编辑。至于纸本制作也同步进行，纸本之内容以双语的方式撰写各主题，供学习者浏览影集前后的预习与复习。在纸本中还加入了字卡方便学习者随身携带。C 组以开设 Google 协作平台的崭新方式，进行所有专题任务的沟通以及执行步骤的记录。他们同时希望有兴趣的学习者加入，参与平台上诸多华语学习活动，并与他人分享心得。该专题影片及纸本的内容目前已分享至该平台，且于每一影集后增设华语文能力评量，方便学习者自我检测华语程度。该学习平台内容由 C 组学生整理如表1。

表1　数位学习平台内容一览表（数据源：C 组学生整理）

Welcome	此为网站首页，明确地说明学生可从网站学习什么，以及提供一些标语引导学生点击链连，熟悉本网站
User Guide	本页面说明本网站的使用建议，以图片说明为辅。依学生的需求，引导学生有效地利用各个分页的功能，使学生能充分使用本网站各项资源，达到最佳学习效果
We Love Taiwan	本页面的链连会预先放置在首页（Welcome），吸引学生学习，刺激学生的内在动机与外在动机。页面将嵌入一访谈影片，人物包涵台湾的外国游客、美裔台湾人、口译家、大学教授、外语导览员，这些人物在影片里提到台湾让人留恋的特色，并以一些鼓励的话激励学生学习华语，也邀请学生来拜访台湾
Topics	此页面为网站之核心。在起始页面建立一个列表供学生选取主题。每一主题前方的号码是课堂数，"1"为第一课，以此类推。每一主题的起始页面嵌入一专访影片，按播放即可开始观赏访谈内容

（续上表）

Topics	单字表	单字表嵌入 Adobe Captivate 5.5 制作的发音互动动画，每一页皆有真人发音，也附上汉语拼音参考；为了让学生能够专注在每一单字上，每一页面只放一个单字，英文注释则约慢一点几秒出现，让复习的学生可以在注释出现前说出单字的意思，减低对注释的依赖。学习者亦可自己控制速度，可以发音练习完再按"下一页"按钮往下一单字页面学习。最末页提供"再来一次"，让学生重复练习
	开始上课吧	本页嵌入词汇、句型、惯用语教学的动画。本动画包含对该单元的词汇、句型做更精细的解释；在影片中出现特有的惯用语也会进一步说明使用场域。本动画中有真人解释，让学生更易吸收教学内容
	小游戏	其实是变相的小测验，为了不让学生对学习产生负面的感觉，本案利用"小游戏"作为活动名称。测验的类型包含连连看、选择题、排序、是非题、填空、简答题，在结束前计算出答对题数，供学生自我评估学习效果
	华语剧场	此页面提供学生在一连串教学后能够放松观赏的华语剧场。最佳的语言习得模式是在环境让人感到舒适并让人卸下心防的时候。因此学生在专注观看华语剧场的同时也可无意识地习得影片中的语言。此外，影片中的内容带入丰富的台湾文化知识，充分让学生了解台湾的生活样貌
	文化小锦囊	在主题的最后一个步骤，附上延伸阅读数据，内容关于该主题相关的信息，让学生彻底了解该主题的知识
Syllabus		此页面放置各个单元的大纲。也于此页面训练后设认知（metacognition）的策略。此页面可供学生规划学习步骤，或是依学生需要而成为各个不同功能的检索页面，学生可以立即点击课纲中各个单元活动页面的链接，满足学习需求
Grammar Hints		此页面将各单元的词汇、句型教学编辑成文本文件，供学生下载打印作为笔记、查字典，或是作其他用途
Vocabulary List		此页面与各单元的单字表页面不同。此页面作为单字总索引，供学生日后查询用

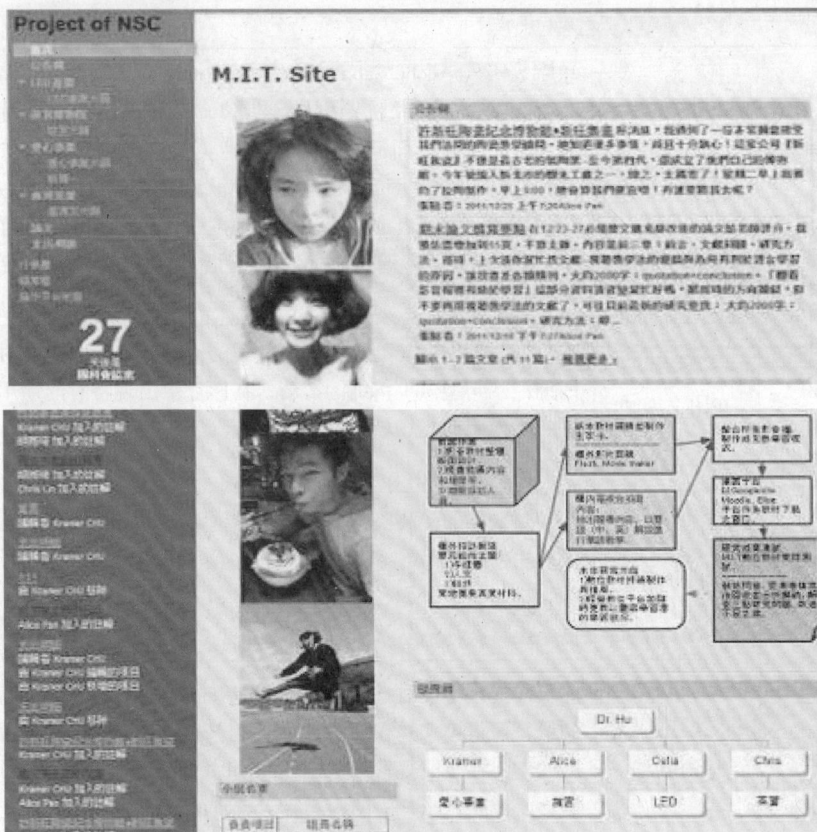

图 7　使用 Google 协作平台网页示例

图 8　C 组自设摄影棚

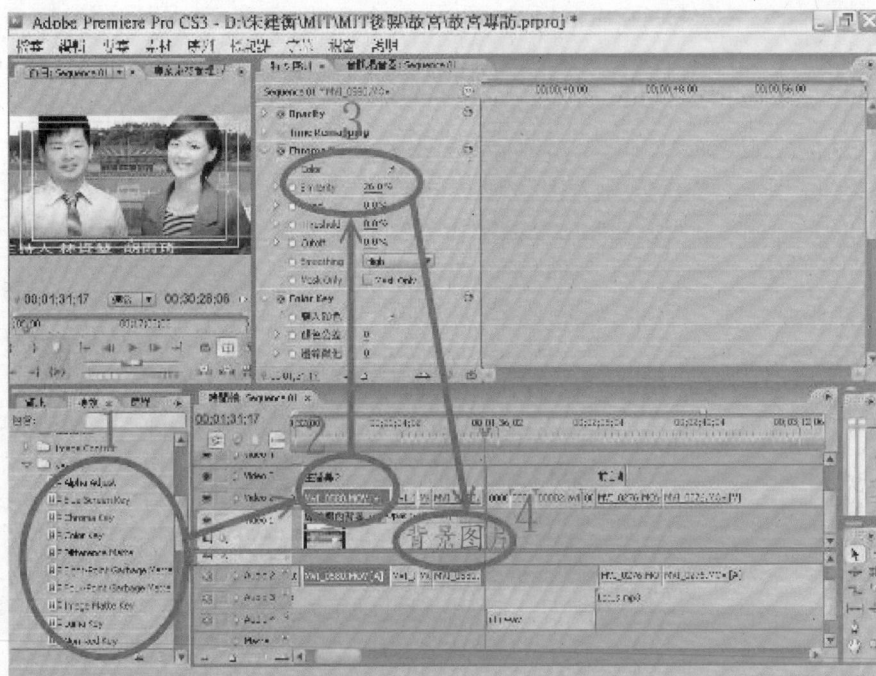

图9　Adobe Premiere CS3 色键调整

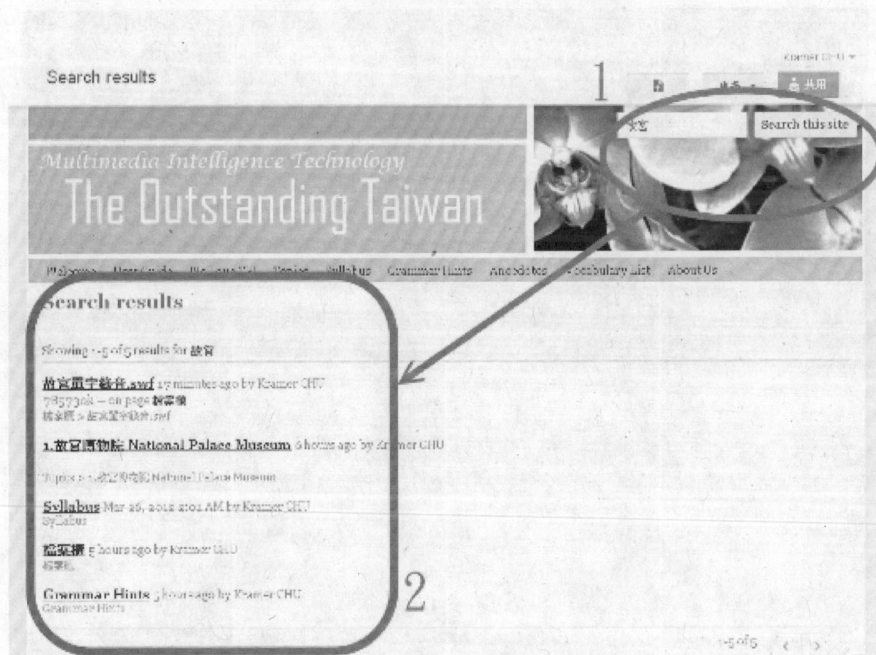

图10　协作平台的站内搜寻功能

图 11　文化小锦囊网页示例

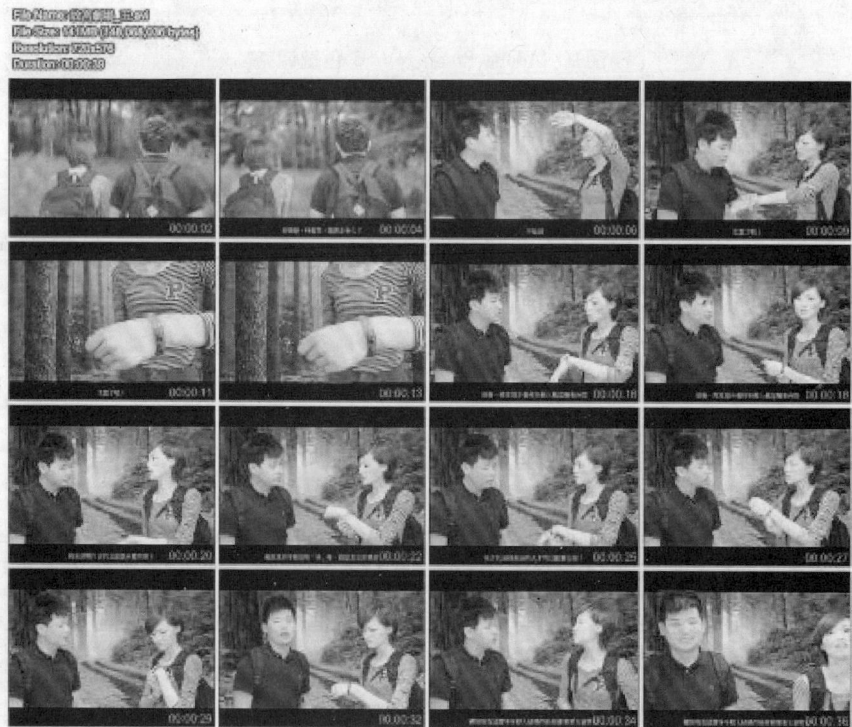

图 12　华语小剧场示例

图 13　教学网站首页——跨文化研究学者专访

4. 结论与建议

应用人文科系的课程，包括学生专题计划，若要反映社会时势脉动，或成为学术研究素材，将实务导向概念吸纳为课程元素，不失为一种想法。站在语文教育第一线的我们，现在能做的就是先将课程统整、重构，提升学生的学习力与竞争力，使之善具语文知识及技巧，届时才能称职投身华语文教学或文化创意产业。

大专生专题计划虽有明订的学分，但无定期的课堂学习。师生于一学年执行期中的讨论、研究、互动，对学生的影响力不容抹杀。学生在这样的教学活动中感受到"活化"、"应用"、"自我"——种种"往教室外延伸"的可能，而这是一般学分课程不一定能全面涉及的。若说在此能有什么建议，那就是几学年来指导学生专题的一些步骤与心得，兹列于下。

4.1　明确的专题架构

在专题进行之初即明确表达教授内容，意即构筑鹰架（scaffolding），这是一种行为目标纵览的基本功。专题架构不该只有指导者心里明白，而应该也提供给学生了解。让学生看得懂的专题架构，并不意味没有深度。完整的架构下，指导者应该会有一张隐形的蓝图，能知道哪里是可观察的学习点，哪种情况学习预期会发生，并为之定下评量方式。

4.2　直接与间接教学轮替

时下的学生对于严肃枯燥的事物容忍度低，他们欣赏教师以事件、目标来要求他们分析、归纳、执行；换言之，他们乐见间接教学法的实施。但他们有时又不很自动自发，所以最适合用来教导理论、答案、规则，甚或是动作顺序的直接教学策略，也不能完全不用。直接教学可经由引导，在不需全然与现实结合的独立空间（如教授研究室、系所自学中心、教室等）让学生觉得有脉络可循，乃至产生学习行为。

4.3　使用学习者想法

这是 Borich（郝永崴、郑佳君等译，2007：259）认为的间接教学策略的中心。因为如此一来，学习者的认知、情意、技能，连带包括经验、观点、疑惑，就会将专题形塑为"属于学习者的专题"。当然这并不等同于放任，因为前提在于精心设计的教学活动，例如，同侪互评、网络讨论区心得、师生面对面观察、师生电子邮件沟通记录等，这样才能有效地比较、修正、使用。

4.4　小组活动

小组任务和分组讨论是最能让学习者建立社会感的教学步骤。这个步骤让学习者"提升在民主社会中必要的'一起推理'"（郝永崴、郑佳君等译，2007：262）；同时也让他们体验"集体效能感"（collective efficacy）（陈奎柏、颜思瑜译，2009：439）。笔者对这个步骤的设计是将教授研究室定为活动成果的验收地，所有小组行为都被建议在与指导教授见面前或后进行。学生因此更有走进人群和加入社群的机会，这是对实务型专题人员在性格上的一种训练。

4.5　引导参与

借用 Rogoff（1998）"guided participation"（引导参与）的概念，由程度较好的同伴提供获得新知的支持和鼓励。这里同伴指的是专题小组成员、班上同学、外系或外校的朋友，也包括教师。让学生知道教师比他们还投入是很重要的。师生互动，正是 Vygosky 立论中足以"合作对话"（collaborative dialogues）来帮助学习者发展认知的一种社会性互动。

4.6　引发正向情意

正向情意并不只体现在"学生高兴"，还更应涵盖"可能自我"（possible selves）的开发。"可能自我"指的是"学生的长期目标，代表了他在未来所希望成为的样子"（陈奎柏、颜思瑜译，2009：215）。虽然本文不能确认指导的三组学生未来都能变成华语教学界的精兵，但从观察和互动中可见，学生在计划中越觉得有自我发挥的空间，随之而来的就越能产生好奇和勇气，与专业能力的增加。

4.7　勇于尝试

就像是一门课程的语文类专题计划，一如语文类课程，其新趋势亦能扩及"实演策略的探索、激进策略的开发、跨界策略的拟测"（周庆华，2007：334—336）。这正宣告语文类专题在全球化知识经济体系中可扮演的多元角色，也正显现以社会建构论观点加以重构的专题计划，在勇于尝试的过程中，自然就会开花结果。

参考文献

［1］吴清基. 技职教育的转型与发展——提升国家竞争力的做法［M］. 台北：师大书苑，1997.

［2］周庆华. 语文教学方法［M］. 台北：里仁书局，2007.

［3］高雄第一科技大学. 华语文作为第二语言之数位学习研究［EB/OL］. http：// elearning. ifad. nkfust. edu. tw/. 2008.

［4］"教育部"网站，"教育部"奖励大学教学卓越计划［EB/OL］. http：//www. csal. fcu. edu. tw/Edu/program_petition. asp.

［5］陈专涂，陈誉民. 大学生如何申请国科会项目研究计划［EB/OL］. http：// www. acc. scu. edu. tw/teacher/ctc/9511. pdf. 2006.

［6］"国科会"网站，"行政院国家科学委员会"补助大专学生研究计划作业要点［EB/OL］. http：//web1. nsc. gov. tw/public/Data/21413531871. pdf.

［7］连育仁，林金锡. 华语文数位教学——理论与实务［M］. 台北：新学林出版社，2010.

［8］冯朝霖. 教育哲学专论——主体、情性与创化［M］. 台北：元照出版社，2000.

［9］曾鸣. 任务型教学法在大学英语精读课中的应用［J］. *US – China Foreign Language*，2007（5）：45 –48.

［10］曾薇慈. 任务型教学活动在华语教学上之成效研究［EB/OL］. 师范大学硕士论文，http：//etds. lib. ntnu. edu. tw/cgi – bin/gs/ntnugsweb. cgi？o = dntnucdr&i = sGN0689240132. id.

［11］廖柏森. 英语与翻译之教学［M］. 台北：秀威信息科技，2007.

［12］薛意梅. 计算机学中文：好学·好玩·好用——海外中小学华语电子教材之研发及师资培训课程介绍（第五届全球华文网络教育研讨会）［EB/OL］. http：//edu. ocac. gov. tw/discuss/academy/netedu05/html/paper/sw19. pdf.

［13］龚亚夫，罗少茜. 课程理论、社会建构主义理论与任务型语言教学［J］. 课程、教材、教法，2003（1）.

［14］A. M. O'Donnell，J. Reeve，& J. K. Smith. 教育心理学——为行动而反思［M］. 陈奎柏，颜思瑜译. 台北：双叶书廊，2009.

［15］Beane，J. A. *Curriculum Integration – Designing the Core of Democratic Education*［M］. New York：Teacher College Press，1997.

［16］C. Richards，J. Platt & H. Platt. 朗文版语言教学及应用语言学辞典［M］. 管燕红译. 香港：艾迪生维斯理朗文出版社中国有限公司，1998.

［17］Ellis，R. *Instructed second language acquisition：Learning in the classroom*［M］. Oxford, UK：Basil Blackwell Ltd，1990.

［18］Ellis，N. At the interface：Dynamic Interactions of Explicit and Implicit Language Knowledge［J］. *Studies in Second Language Acquisition*，2005（27）：305 –352.

［19］G. D. Borich. 有效教学法［M］. 郝永崴，郑佳君，何美慧译. 台北：五南图书，2007.

［20］Greene，M. Reflection and Passion in Teaching［J］. *Journal of Curriculum and Supervision*，

1986，2（1）：68 – 81.

［21］H. D. Brown. 第二语教学最高指导原则［M］. 林俊宏，李延辉，罗云廷译. 台北：培生教育出版，2011.

［22］K. M. Zeichner, & D. P. Liston. 反思教学导论［M］. 许健将译. 台北：心理出版社，2008.

［23］Levy, M. *Computer Assisted Language Learning：Context and Conceptualization*［M］. New York：Oxford University Press，1997.

［24］Nunan, D. *Task-based language teaching*［M］. UK：Cambridge University Press，2004.

［25］Paivio, A. *Mental Representations：A Dual Coding Approach*［M］. New York：Oxford University Press，1986.

［26］Paris, C. *Teacher Agency and Curriculum Making in Classrooms*［M］. New York：Teacher's College Press，1993.

［27］Schon, D. *The Reflective Practitioner*［M］. New York：Basic Books，1983.

［28］Skehan, P. *A Cognitive Approach to Language Learning*［M］. Oxford：Oxford University Press，1998.

［29］Sun, Y. C. Voice blog：An Exploratory Study of Language Learning［J］. *Language Learning & Technology*，2009，13（2）：88 – 103.

［30］Warschauer, M. *Laptops and Literacy：Learning in the Wireless Classroom*［M］. New York：Teacher College, Columbia University，2006.

［31］Zhao, Y. Recent Development in Technology and Language Learn：A Literature Review and Data-analysis［J］. *CALICO Journal*，2003，21（1）：7 – 27.

【作者简介】
胡依嘉，女，生于台湾，祖籍江苏武进人，铭传大学华语文教学系，博士，主要从事社会语言学与语言习得之教学与研究。

由华裔学生华文态度调查看印尼万隆的华文教育
——以融华华文补习班学生为调查对象

邵长超

【摘　要】本文通过对印尼万隆地区 100 名华裔学生进行问卷调查，指出华裔学生在华文的认同度、学习华文动机、语言环境、影响华文学习的因素、课堂学习困难、教师对学习困难的看法、学生对教师的期待等七个方面的具体现状及其出现的问题。通过数据分析华文教育所面临的形势与我们需要重点思考的方面，以此为华文教育的健康发展提供参考。

【关键词】印尼万隆；华裔；学习态度；语言环境；华文教育

0. 绪论

由于历史和政治的原因，印尼华文教育的发展一度受到严重阻碍。部分华裔的华文断层现象严重，缺乏对中华文化的理解与认同。自 1990 年中国与印度尼西亚恢复正常外交关系以来，两国一直保持着和平友好的双边关系。印尼政府逐步放宽了对华文教育的限制，开始支持并重视华文教育的发展。1998 年，印尼政府正式取消对华文教育的禁令。万隆作为印尼的重要城市和华文教育的重镇，华文教育发展迅速。目前印尼政府已经将汉语教学纳入国民教育体系中，在各地中小学中普遍开设汉语课。在汉语愈发重要的形势下，通过对华裔学生华文学习态度的调查，能够发现目前华文教育存在的主要问题，为海外华文教育的健康发展提出合理建议。

万隆地区的华文补习班在传播华文教育方面发挥了巨大作用。在中印恢复正常外交关系之前，不少华文教师冒着巨大风险进行华文教育工作，默默地为中华文化的传承作出了贡献。华文补习班主要由华人华侨创办，如：万隆福清同乡会融华华文补习班、清华之光华文补习班、希望之光汉语补习班、万隆青松基金会华文补习班和客属崇仁华文补习班等。

我们选择融华华文补习班学生作为调查对象主要是因为：

首先，其规模较大，师资管理等方面都较完善。融华华文学习中心于 1999 年 7 月 15 日开班，第一期学生有 400 名，第三期学生增加至 800 名，第五期学生人数突破千名。融华华文学习中心不仅重视语言教学，而且重视中华文化的传授和弘扬。2000 年 2 月成立了融华音乐学习班，开设古筝、笛子、二胡等课程，让学生有机会接触和学习中国传统音乐。目前融华补习班在校生人数多达 2000 人，并且拥有一支 50 多名优秀教师组成的师资队伍。其次，融华华文补习班招收学生范围广泛。学生有小学生

185

亦不乏大学生，调查数据具有一定程度的普适性。

本文以融华华文补习中心为调查对象，通过对华裔学生汉语学习态度的调查，展现华裔学生的学习现状和真实想法。问卷分为教师卷和学生卷两种。采用抽样原则，发放教师调查问卷 25 份，回收有效问卷 25 份；发放学生问卷 100 份，回收有效问卷 100 份。

问卷设计 50 道题，主要涉及对华文的认同度、学习目的、学习兴趣、语言环境、学习困难以及师生评价七大方面。

1. 问卷调查数据分析

1.1 华裔学生华文认同度调查

海外华人对中华文化的认同感，不仅是中华民族发展的重要动力，也是联系华人和祖国的纽带。华裔对华文的认同度一定程度上决定着未来海外华人和祖国关系的走向。

调查发现：96% 的华裔学生认为应该学习华文；1% 的学生认为无须学习华文；剩余 3% 的学生没有明确表明态度。

应该学好华语的原因主要有：父母不会说汉语，自己一定要学会汉语传承中华文化；为了将来工作需要；为了更好地在华人社团与他人交流；希望有机会做华文教师等。

华裔是否对华文感兴趣，也是判断学生是否认可华文的重要因素。在 100 名被调查者中，有 89 名学生表示对汉语感兴趣，43 名学生表示汉语较难学习。对汉语感兴趣的学生最喜欢学习汉字，占 53%；其次是语音占 33%；最后是语法占 14%。不管学生是否真正感兴趣，有一点是一致的，即他们认为语音是比较难学的方面。这和印尼语没有声调有很大关系。汉语里不仅有声调，而且包括轻声和儿化，部分语音具有区别词性和词义的作用。而在印尼语中，仅仅重音能区别小部分词义。除声调外，印尼语也没有诸如平舌音与翘舌音、送气音与不送气的差别。这些都给华裔学好汉语带来了困难。

1.2 华裔学习华文动机调查

华裔学生学习汉语的动机也是这次调查的内容。本文希望通过调查，找出学生学习华文的心理影响因素。调查发现，20% 的学生学习的目的是为了方便将来找份好工作；17% 的学生是由于对华文有兴趣而学习，18% 的学生认为自己是华人，应该要学会华文。4% 的学生是因为周围的朋友在学习而学习，16% 的学生表示将来要去中国大陆或港澳台地区，剩下 6% 学生没有明确表明自己为何选择学习华文。如图 1 所示。

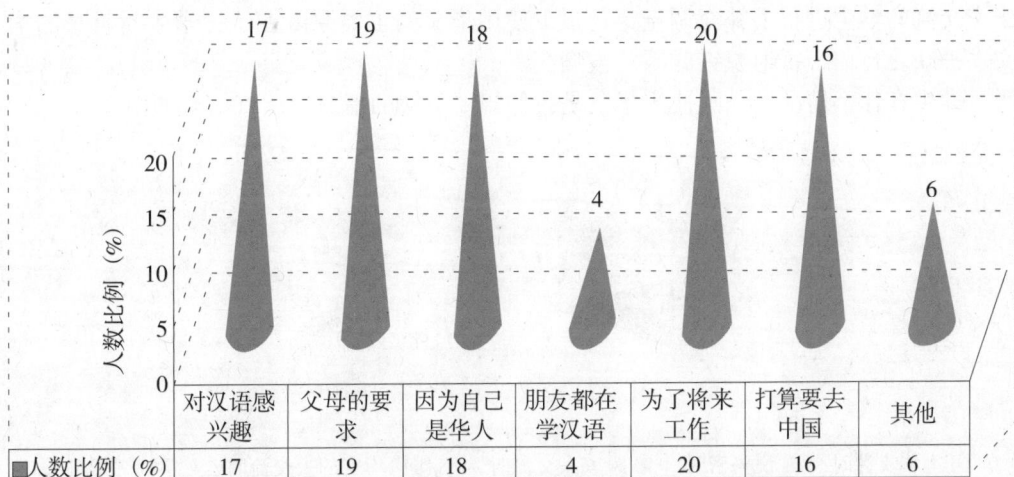

人数比例（%）	对汉语感兴趣	父母的要求	因为自己是华人	朋友都在学汉语	为了将来工作	打算要去中国	其他
■人数比例（%）	17	19	18	4	20	16	6

图1　华裔学习动机调查

　　调查中还发现，随着中国综合国力的显著提升，学生对中文歌、中国电影和电视剧很感兴趣。这些娱乐因素也在推动华裔学习汉语方面起到了重要作用。寓教于乐的方式能够引起学生对华语的兴趣，潜移默化中巩固并提高学生的汉语水平。如图2。

对中文歌、电影和电视剧的兴趣

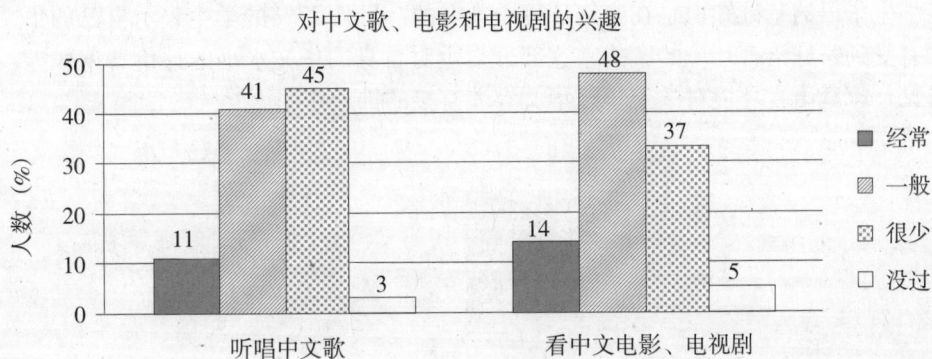

图2　学生对中文歌、电影、电视剧的兴趣

　　在调查中，有58％的学生表示中国的书籍、流行时尚等因素帮助他们了解了中国的历史、传统文化以及发展现状，激发了他们对华文的兴趣和到中国看看的愿望。

1.3　华裔学生语言环境调查

　　语言环境直接影响到学生的语言水平和学习效率。对语言环境的调查能够充分显示出语言学习的前景。调查发现仅有7％的学生在日常生活中用华文交流，60％的学生仅在学校或补习班时使用华文交流，34％的学生则很少使用华文。本文对很少使用华文交流的学生进行了补充调查，其很少使用华文的主要原因在于：学生对自身的华文水平缺乏自信，害怕说错或因此被嘲笑。

学生在什么情况下乐意使用华文是我们想要了解的情况。调查结果如图3。

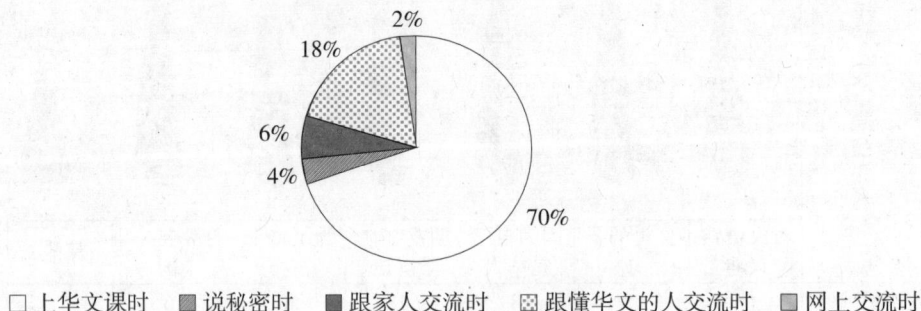

□上华文课时 ▨说秘密时 ■跟家人交流时 ⊡跟懂华文的人交流时 ▨网上交流时

图3 学生何时使用华文

从图3可以看出，大多数学生在上华文课时才使用华文。跟懂华文的人交流时占18%。其他少部分就是跟家人交流时、说秘密时与网上交流时。但是我们在调查中却发现大多数被调查的学生表示自己有一定汉语基础。学习华文三年以上的学生占61%，二至三年的占9%，一至两年的占4%，不到一年的占26%。调查发现73%的华裔学生华语的基础知识是在家庭环境中掌握的。另外27%的学生表示自己的华文学习没有受到家庭语言环境的影响，这部分学生对自身的华文水平的评价普遍较差。由此可见，家庭语言环境对学生学好华文有着直接的推动作用。

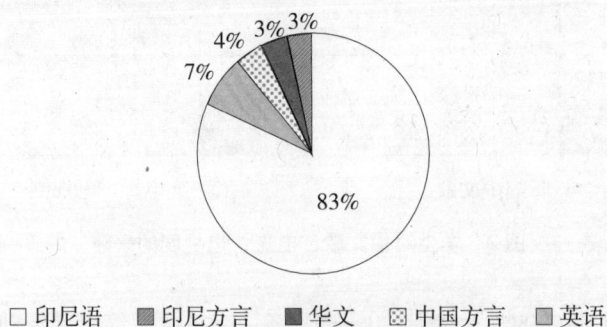

□印尼语 ▨印尼方言 ■华文 ⊡中国方言 ▨英语

图4 家庭语言环境调查

虽然近年来，印尼的华文教育逐步走向兴盛，华文越发受到印尼华侨华人的关注和使用，但根据调查结果可见，家庭使用华文的情况仅占4%，大多数家庭使用的语言仍是以印尼语为主。

为此我们对华裔学生家庭成员（主要是父母）进行了华文使用情况调查，结果如图5。

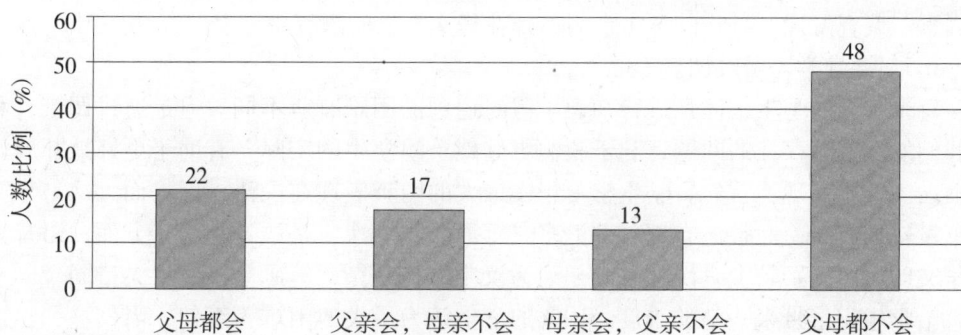

图5　学生家长是否掌握华文情况

调查发现，仅有22％的父母双方都会华文，48％的学生父母都不会华文，学生学习华文的家庭语言环境形势比较严峻。如果父母一方或是双方都不会，那么在家庭中一般就很少使用华语交流，这样也就不利于学生华文能力的增长。值得庆幸的是，调查中37％的学生祖父辈（一般为第二代华人），具有较好的华文水平，而且非常希望子女学习华文。

1.4　影响华文学习的因素调查

目前华裔学生在学习中究竟遇到哪些方面因素的干扰，究竟对哪些方面感兴趣，学习华文的难点和困难是什么，这些都是我们调查的内容。

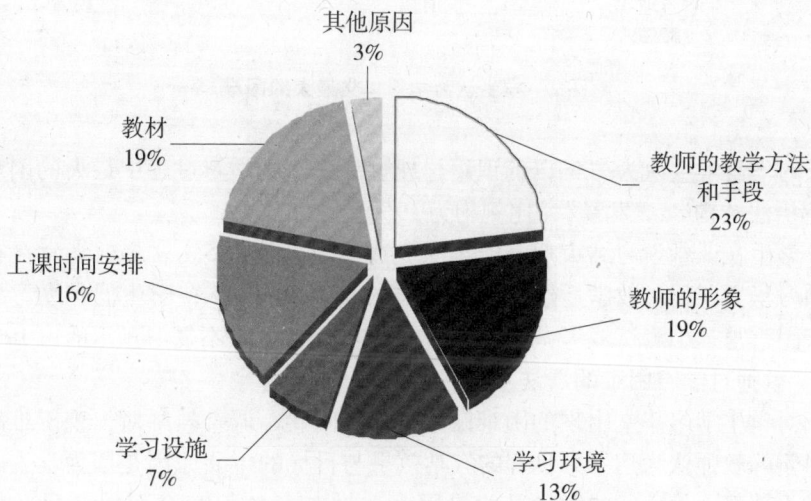

图6　影响华语学习的因素调查表

根据图6，影响学生学习华文最主要的因素是教师的教学方法和手段，其次是教师的形象和使用的教材。上课的时间、学习环境以及学校的基础设施也都是学生考虑的因素。调查发现，41%的学生认为教师在华文教学的过程中起着关键性作用。

1.5　课堂学习困难调查

每个不同的学生个体在进行知识学习时遇到的困难有所不同。但是通过调查，利于我们发现普遍存在的问题，利于我们更好地了解学生的实际，有助于更好地开展教学活动。调查发现：首先，学生学习华文最大的困难表现在汉语词汇方面。这与华文词汇量较大有关，而且还有部分词汇多义等原因。其次，是语音和汉字方面，语音方面华文印尼语差别较大，汉字方面是因为汉字结构复杂，笔画繁多，另大量同音同义词，给学生识记带来一定的难度。10%的学生认为最大的困难为组句，当然这和学生的华文基础也有密切关系。

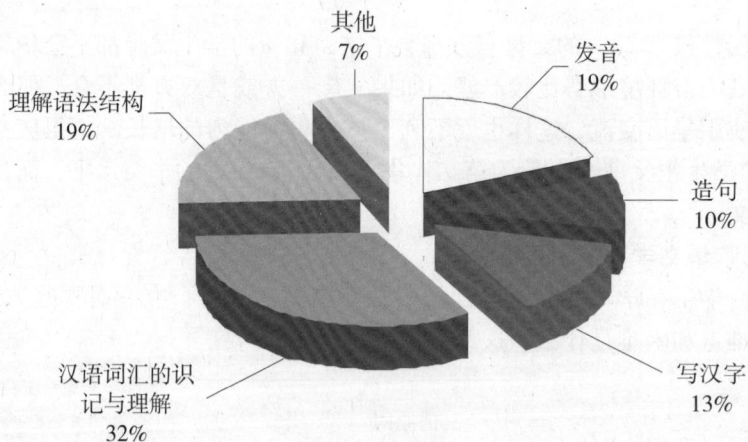

图7　学生认为学习华文最大的困难

32%的华裔学生认为"词语的识记与理解"是华文学习过程中最大的困难。其次是"理解语法结构"、"发音"，比例均为19%。

另外学生在课堂学习结束后，能按时完成作业的仅占5%。多数学生在家里很少复习或预习华文课程。放学后经常复习预习的学生仅占5%；学生偶尔复习预习的占34%；若因听写、小测试或考试原因复习的占42%；从来不复习预习的占19%。

1.6　教师对学习困难的看法

我们对学生学习华文出现的困难设计了教师问卷，调查教师对出现困难的看法和评价。44%的教师认为达不到良好的教学效果与目标的主要原因是因为学生的积极性不高或是不够努力；12%的教师认为是因为教材内容太多；8%认为自己的教学法与技巧不足，影响到教学效果的实现与教学目标的完成；24%的教师认为自身表达能力不足、课堂程序不够好、缺乏良好的教学设施等原因影响到教学效果；剩余 12% 认为学生功课繁重，无法抽出时间学习。

作为一名合格教师，必须要有良好课堂控制的能力。否则，教学活动就无法顺利进行。因此教师需要对课堂形势有一个清醒的认识，加强课堂控制和处理的能力。

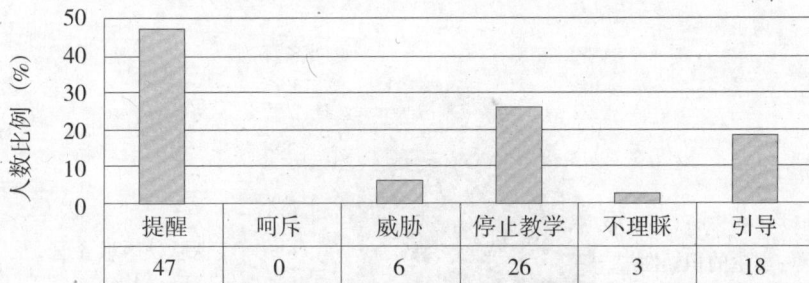

人数比例（%）	提醒	呵斥	威胁	停止教学	不理睬	引导
	47	0	6	26	3	18

图 8　教师对课堂的控制情况

根据图 8（问卷设计多选项）发现，课堂秩序混乱时，大多数教师会先提醒学生保持安静；26% 的教师就会停止课堂教学来维持课堂秩序；18% 的教师选择引导转移学生注意力；有 6% 的教师会通过言语或是眼神威胁学生，如：再闹的话，就让该学生写 200 字的作文或让其在教室外学习等；仅 3% 的教师会不理睬，继续讲课。

不同的教学法教学会产生不同的教学效果。绝大多数教师在课堂上使用以练习为主的方法来巩固学生知识。24% 的教师以语言传递信息为主，如：讲授法和讨论法。使用以欣赏活动为主的教学法占 24%，比如说让学生表演或做游戏。剩下 5% 的教师是使用以直接感知为主的方法，如演示法和参观法。当然任何一种教学方法都不是孤立使用的，只能有所侧重。如图 9。

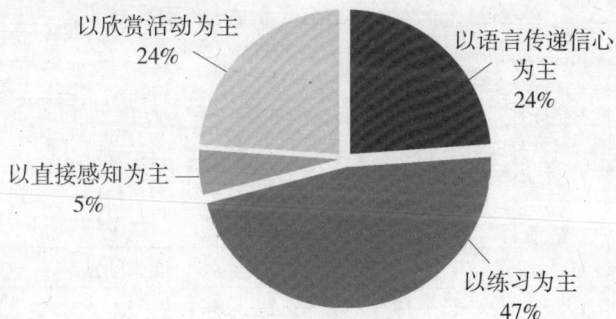

图 9　教师的教学方法

1.7 学生对教师的期待

调查问卷中，我们要求学生对学习中遇到的困难进行回答。调查发现55%的学生认为自身学习积极性和自觉性不高；14%的学生认为，师生在交流上存在障碍，学生难以理解教师话语；21%的学生认为学习纪律松散，课堂秩序难以管理；10%的学生认为教材选用不合适。见图10。

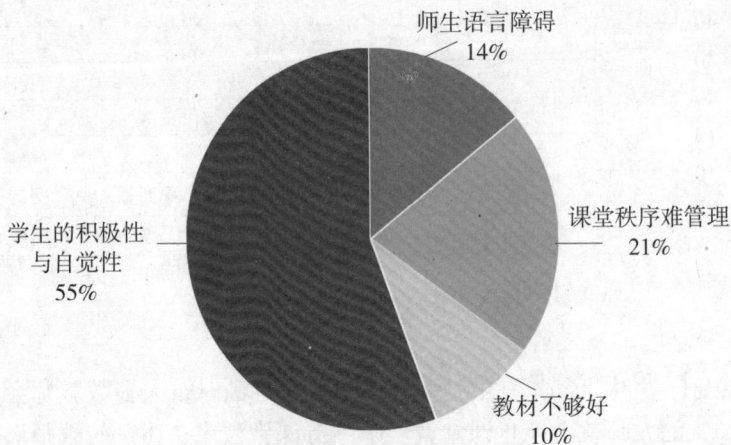

图10 教学过程中遇到的困难

在学习过程中，兴趣是追求成功最重要因素之一。为了能够吸引学生对华文的兴趣，教师应该采用多样化的教学方式和手段。34%的学生认为应当使用游戏或小组活动来巩固知识；28%的学生认为良好的师生关系能够培养学习兴趣；19%的学生认为教师应该穿插讲解中国文化、小故事和习俗，其余认为教师必须让课堂气氛活跃起来。如图11。

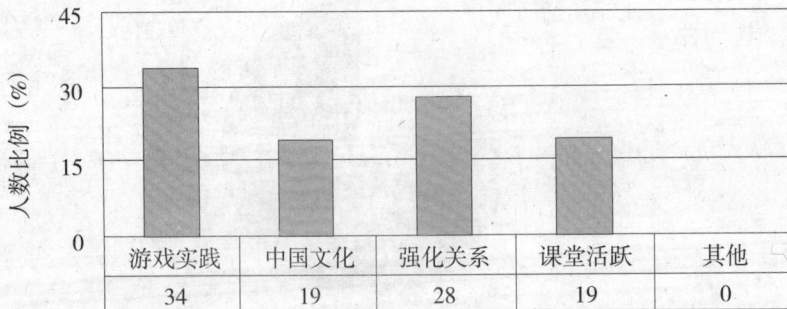

	游戏实践	中国文化	强化关系	课堂活跃	其他
	34	19	28	19	0

图11 引起学生的兴趣方式

在问卷调查中，94%的学生认为教师有能力教授好华文课程。学生对教师的期待主要包括：完全了解讲授内容；教法丰富，能够吸引学生注意力；教师教态良好；能够保持课堂的活跃气氛。至于喜欢何种老师，学生的回答不一。但是大部分学生均表示喜欢大方开朗的教师，并经常讲故事、开玩笑；学习内容和学习进度要合适；能够很好掌控课堂；能够营造出融洽的师生关系；能够耐心公平地对待每个同学；口语表达能力要好，要能让学生听懂。仅有6%的学生对教师给出了较差的评价，原因是：考试题目很难；对于迟到旷课的情况管束太严格。另外有68%的学生希望教师尽量使用华语授课，30%的学生希望教师尽量使用印尼语来授课，希望华文课堂上使用的语言以华文为主、辅以印尼语的学生占2%。

2. 调查结论分析

通过上面的调查情况，我们大致可以得出以下结论：

2.1 华语的认同度

96%的华裔学生认为作为华裔有义务学好华文。89%的学生表现出对华文的兴趣，但同时43%的同学表示汉语很难学。数据一方面反映了华裔学生学习汉语的愿望，另一方面也说明学习华文对华裔来说并非易事。如何制定科学合理的教学规划，华文教育如何更好地适应不同学生的特点，都是值得我们思考的问题。

2.2 学习华文的动机

仅有17%的学生是由于真正对华文感兴趣而学习，其他学生主要是从华文的商业价值的角度来考量的。中国的影视、书籍、流行时尚等因素在影响学生学习华文方面的作用增强。新一代华裔学生和以往不同，对新事物的充满好奇。华文教育应当利用一切可以利用的资源，加强华文教育的品牌意识，从多角度全方位来激发学生学习华文的兴趣和热情。

2.3 语言环境

调查发现仅有7%的学生在日常生活中用华文交流。家庭使用华文的情况仅占4%，大多数家庭使用的语言仍是以印尼语为主。大多数被调查的学生有一定华文基础。学习华文三年以上的学生占61%，但大部分学生缺乏自信，害怕说错或被嘲笑。73%的华裔学生华文的基础阶段是在家庭学会的。家庭语言环境对学生学好华文有着直接的推动作用。但仅有22%的家庭父母双方均会使用华文，学生学习华文的家庭语言环境形势严峻。37%的学生祖父辈，具有较好的华文水平，而且非常希望子女学习华文。我们必须结合当前形势与印尼的时代特点，与时俱进，华文教育不仅仅表现在课堂教学上，我们要把学校、家庭、社会三方通过各种华文活动有效结合起来，进一步地创造和改善学生的语言环境。

2.4 影响华文学习的因素

最主要的因素为教师的教学方法和手段。其次是教师的形象和教材。上课时间、学习环境以及学校的基础设施都是学生考虑的因素。41%的学生认为教师在华文教学的过程中起着关键性作用。这也说明大力提高教师的业务素质是华文教育能否健康快速发展的基本条件。必须对华文教师进行各种形式的培训,加强其教学能力与业务素质。

2.5 课堂学习困难

32%的华裔学生认为"词语的识记与理解"是华文学习过程中最大的困难。其次是语音和汉字方面。语音方面汉语印尼语差别较大,印尼语没有声调,无法用声调区别词性和词义,也没有平舌音与翘舌音、送气音与不送气的差别。汉字方面是因为汉字结构复杂,笔画繁多,另有大量同音同义词,给学生识记带来一定的难度。华文教育要了解学生的实际特点和不利条件,有的放矢,对于经常出现的问题,要反复强调,逐步解决。

2.6 教师对学习困难的看法

44%的教师认为达不到良好的教学效果的主要原因是因为学生的积极性不高。绝大多数教师使用以练习为主的方法来巩固学生的华文知识。如何探索多样化的有效的教学方法,如何激发学生学习华文的热情,以及如何培养学生良好的学习习惯都是华文教育过程中需要勇敢面对的现实。学生纪律松散、课堂秩序难以管理、教材不合适等因素导致了学习困难的出现。作为一名合格教师,必须要有良好的课堂控制能力,对学生水平要有一个清醒的认识,通过各种教学手段及实践活动诸如中华才艺比赛、汉语桥等调动学生的积极性。

2.7 学生对教师的期待

55%的学生自我评价缺乏学习自觉性。学生按时完成作业的仅占5%。多数学生在家里很少复习或预习华文课程。94%的学生认为教师有能力教授华文课程,对老师的期待主要包括:教法丰富,能够吸引学生注意力;教师教态良好;能够保持课堂的活跃气氛。有68%的学生希望教师尽量使用华文授课,30%的学生希望教师多使用印尼语来讲授华语课。这项调查表明学生希望自己的华文水平能有较大的提高,但是也客观显示了学生水平参差不齐的现象。教师在完善自身业务素质的同时,也要针对学生的水平,真正做到因材施教。

综上所述,华文教育是一个长期而艰巨的事业,我们唯有从实际出发,调查发现目前存在的问题,找出解决的方案,切实提高华文教师的素质,利用一切条件调动华裔学习华文的兴趣,创造良好的华文环境,才能从根本上消除华文教育发展中出现的一系列障碍,促进华文教育事业的健康快速发展。

参考文献

[1] 范文娟. 当前印尼华文教育师资问题刍议 [J]. 侨务工作研究, 2005 (5).

[2] 贾益民. 印尼华文教育的几个问题 [J]. 暨南大学华文学院学报, 2002 (4).

［3］邵长超. 印尼棉兰地区汉语教学现状调查与对策研究［J］. 东南亚研究，2012（2）.

【作者简介】

邵长超，暨南大学华文学院讲师，复旦大学中文系在读博士。主要研究修辞学、对外汉语教学。作者于 2009 年受暨南大学委派赴印尼进行为期一年的汉语教学。印尼万隆华文教师温莉璇为本次调查问卷发放和数据统计做了大量工作，在此表示感谢。

从第二语言习得理论看汉语数位学习环境设计

——以一个台美远距教学合作案为例

胡文菊　郭珠美

【摘　要】在海外的汉语学习上，由于课堂上课的时间有限，且学习者受限于环境的因素，在日常生活中无法经常使用，之后便容易对汉语产生逃避与排斥。因此我们认为，透过适当的数字学习设计，提供学生一个多样化，且可不受时空限制反复练习的在线学习环境，将有助于提升海外学生的汉语学习兴趣与成效。

第二语言习得理论（SLA）试图从观察儿童习得第一语言的过程中找出学习第二语言的若干启示与有效教学方法。我们认为，传统的课堂教学较适合进行语言的学习，而数位学习（e-Learning）工具则可营造与仿真出语言习得的环境。本文将探讨克拉申（Krashen，1981）第二语言习得理论中强调的语言习得、输入、输出、情感过滤机制等概念如何运用在汉语数位学习环境的设计之中。文中更以一个加州大学圣地亚哥分校的初级汉语课程为例，介绍研究者依据 SLA 理论为其所设计的在线汉语学习平台，以及其初步的研究成果，并讨论其问题与限制。

【关键词】数位学习；汉语教学；Moodle

0. 引言

近年来汉语的学习已在世界上掀起一股风潮。例如，数据显示，美国学习汉语的人有逐渐增加的趋势，但有许多学生在学习了一年半载之后半途而废却也是不争的事实。因此当我们在为外国学生设计课程或教材时，以及提供各种汉语学习资源与协助时，不要仅考虑内容的实用性，学生的学习兴趣比我们所想象的要重要许多，如何维持甚至进一步提升学生们原本就具有的高度好奇心和兴趣才是计划成功的关键。毕竟，对汉语这门实用性不甚高的科目来说，当一个人的学习兴趣不存在，他将来会继续修课的可能性已大大降低。

此外，学生的学习需求在课堂中得不到满足也可能是他们放弃学习华语的重要原因。Brown（2009）在美国针对 49 位外语教师与 16 000 位修习外国语课程的大学生进行了一项调查，发现学生与老师对有效的外语教学所抱持的信念存在明显的差异。曹贤文与王智（2010）针对南京大学对外汉语课程的老师与欧美学生复制了 Brown 的调查。研究发现，欧美学生希望老师能更常纠正他们所犯的语法错误，更常使用汉语而非他们的母语进行教学。另外，老师与学生均认同多媒体科技、文化教学、课堂互动、分组活动在汉语教学中的重要性与价值。Brown 与南京大学的研究让我们对大学阶段外语学习者（尤其是汉语学习者）的学习需求有更进一步的认识，这两个研究同时也点出了课堂外语教学的缺点与限制。受限于课堂的空间与环境，学生的学习需求确实无法完全获得满足。但我们相信，加上适当的远距数字教学辅助，学生的华语学习环境有大幅扩充与改善的空间，学生的学习需求也能因此得到满足。

本研究参考克拉申（Krashen, 1981）的第二语言习得理论，希望透过数字学习环境的设计，达成以下三个目的，促进国外汉语学习者的汉语习得成效：①创造习得环境；②促进可理解的输入与具有沟通意义的输出；③降低学习者的情感过滤机制。

1. 第二语言习得理论（Second language acquisition theories, SLA）

第二语言习得理论试图从观察儿童习得第一语言的过程中找出学习第二语言的若干启示与有效教学方法。经过数十年的发展，SLA 不仅是个整合的理论，它涵盖了不同的分支，从语言心理学的角度，第二语言习得理论可大约归类成结构/行为主义、理性/认知学派和建构主义三大分支，其内容在于探讨语言及其学习与教学的特质（Brown, 2000）。由于第二语言习得理论涵盖的范围过于广阔，本文将以此领域的奠基者——克拉申（Karshen）的理论作为探讨的主要依据。克拉申（1981）的理论包含五个假说：学习—习得假说、监察假说、自然顺序假说、输入假说与情感过滤假说。因为本文旨在探讨第二语言习得理论之数字学习应用，我们将针对与此较为相关的概念进行说明。

1.1 学习与习得

虽然克拉申并不是第一个试图区分"学习（learning）"和"习得（acquisition）"两个概念的学者，他却是这个区分的最有力倡导者。学习是透过指导的方式学会第二语言的过程，而习得则是儿童自然掌握与使用母语的历程与结果。克拉申认为，学习是有意识的活动，而习得是在潜意识中透过潜移默化的方式达到的。

他认为成人透过两种不同的方式将第二语言内化（internalization）而为己用。正如儿童习得母语一般，成人亦可透过潜意识"习得"（subconscious acquisition）的方式掌握语言（"pick up" a language）。这是一种不须花费太多心神的自动内化过程。第二种方式则是有意识的"学习"（conscious learning），亦即用心将注意力放置于语言形式与规则的学习，全程涵盖了学习者的自我监控（monitor）。Krashen（1982）认为流利的第二语言沟通能力主要来自于习得而非学习的过程，文法等规则的学习与记忆对语言使用的流利度而言，效果不如通过自然习得的方式。当然，第二语言的学习条件有别于第一语言，因此必须透过特别的教学与环境设计才能创造出"习得"的情境，特别是吸入（intake）或输入（input）的设计。

1.2 输入与输出

受到计算机科学的影响，20世纪六七十年代的语言学家将"输入"与听、读两项技巧相连，而"输出"则指的是运用说、写的方法产出语言。但在第二语言习得理论里，输入一词指的是"供吸收的内容"（刘颂浩，2007）。虽然克拉申认为在目的语国家中长时间生活对语言的习得有极大的帮助，但他并不认为让学习者在目的语国家中自然学习是习得目的语最佳的方法，尤其对于中等以下程度的成人学习者来说更是如此。因为这些成人学习者所接触到的自然语言其复杂的程度远超过他们所能理解的范围。有效的语言习得有赖于可理解的输入（comprehensible input），而这是在语言课程的情境中才能设计出来的。因此他认为教材与教学部分应特别重视"输入"（input）的设计，亦即呈现给学生的教材不能太难，也不能完全是他们已懂得的，而必须是他们能够理解并超越他们的所学（i）再多一点点（i + 1）的。自然、有趣、可懂的输入才能帮助学生习得语言。使用好的输入教材能够让学生自然产生"说"的能力。

早期的 SLA 理论将绝大部分的焦点放在学习者身上，忽略了语言习得过程中的重要社会性因素。近期的社会建构主义模式（social constructivist model）转而强调人际互动与输出（output）在第二语言习得中的重要性，亦即学生与老师、学生以及其他人之间的语言互动与交流。Long（1985，1996）认为经过调节的互动（modified interaction）才能制造克拉申所谓的可理解输入（comprehensible input）。亦即，母语人士或其他对讲者必须随时将他的语言经过刻意的调节与修改，才能变成互动中的第二语言学习者可理解的输入内容。除了传统教室内的文法规则练习，学生们必须经过会话与其他的互动形式，才能进一步发展与应用语言规则。此点更说明了输出（output）在语言习得中的重要角色（Swain）。

1.3 情感过滤机制

可懂的输入是语言习得的必要条件，但这并不能保证语言习得效果的产生。学习者不单要理解，更要打开感官与心胸，接纳这些可理解的语言输入（Krashen，1981）。克拉申引用 Dulay 和 Burt 在 1977 年所提出的社会—情感过滤器（socio-affective filter）概念，说明情感对语言习得的重要影响。拥有高强情感过滤器的学习者，心中似乎有张筛子般，它会抵挡语言输入进入语言习得机制中。反之，学习者的情感过滤器愈低弱，所能习得的语言内容愈多。情感过滤器的强弱有很多的影响因素，包括动机、态度与自信等等。因此，在环境的设计部分必须削弱学生的情感过滤器（affective filter），例如减轻语言使用的焦虑，习得的成效才能显现。

Krashen 的理论虽然遭遇后人不少的批评，尤其是心理学家们认为他对潜意识与意识这两个概念使用不当，但他的理论确实为第二语言的教与学提供了新的视野。他的理论提供本研究以下启发：在教学模式方面我们将结合传统的课堂教学与网络数字学习，建立一套华语混成式学习模式。虽然第二语言习得理论强调习得而非学习，但我们认为对第二语言学习者来说，两者具有相辅相成的效果，不可偏废。在传统的课堂教学适合进行语言的学习，而数位学习工具则可营造与仿真出语言习得的环境。例如，第一，透过多媒体设计，我们可以增加教材的真实性与文化性。影音的教材可以充分表现真实的语音、语调、句型、语法跟词汇，真实的场景融入生活话题更能表现语用方面的真实情况（李启洁，2010）。第二，通过学习活动的设计，我们可以进行任务导向学习并增加学生语言的输出与建构经验。第三，多媒体华语教学有助于降低学生的情感过滤机制（赵新波，2004），通过与台湾小老师的在线互动，相对于课堂教师的对话方式，学生的情感焦虑会大幅降低，更能大胆地使用华语进行沟通，达成语言习得的成效。

2. 数位学习环境设计

依据第二语言习得理论，本研究的目的在于透过在线学习环境设计，促进美国学生的汉语习得效果。我们并不认为数字学习的方式可以完全取代课堂教学，因此本研究采用混成学习（blended learning）方式进行。亦即在传统的课堂教学之外，提供在线的学习环境，方便学生进行课后延伸学习。研究的目标课程是美国加州大学圣地亚哥分校的初级汉语课程，由本文的第二作者进行实体的课堂教学，第一作者则在台湾带领铭传大学华教系的学生小组依据课程教材《新世纪商用汉语初级会话》，开发在线学习环境，并提供远距离教学辅助。

在线学习系统采用的是台湾侨务委员会全球华文网所提供的 MOODLE 汉语教学平台。MOODLE 是 Modular Object-Oriented Dynamic Learning Environment 的缩写，它是一个开放原始码的课程管理系统，教师可在 MOODLE 上放置各种媒体形式的教材，并设计测验与教学活动，学生可从 MOODLE 上观看或下载教材进行学习，并上传作业让老师批改。师生或学生之间也可以透过 MOODLE 的讨论区或讯息传送机制进行在线的互动。除了强大的课程管理功能之外，利用 MOODLE 来进行跨国汉语教学还有一个最大的优点，那就是 MOODLE 提供多国语言接口，让不同国家的学生都能轻松使用这样的平台（林金锡，连育仁）。

我们在 MOODLE 课程的设计中放置了影片、歌曲、汉字笔顺、汉字拼图、网站链接等学习教材，我们更设计了多媒体形式的在线测验让学生进行课后练习。另外，我们也设计了口语的作业要求学生录音后上传缴交。虽然 MOODLE 可以满足我们大部分的在线教学需求，但它在在线同步沟通方面的功能明显不足，因此我们也希望整合其他的在线工具，如 Skype，使我们的数位学习环境更加完善。依据克拉申所提出的第二语言习得理论，我们在数字学习环境中进行了特别的设计以达成下列目的。

2.1 创造习得环境

由于目标对象是美国的大学生，他们在课外接触汉语的机会少之又少，就算能收视汉语电视节目或电影，语言的难度也超过他们的理解能力，因此缺乏适当的习得环境。我们在 MOODLE 平台上放置了与他们课程内容相关的影片，由台湾的学生演出，让美国学生透过影片的观看习得汉语在日常情境中的多种用法。另外我们更依据他们的程度，提供了与其课程相关的中文歌曲，并提供汉语学习相关网站的链接。对外国学生来说，这些都是真实的教材（authentic material），而非为达成教学目的而特别编制的非真实材料，如此能让他们在国外也能透过网络习得汉语的真实用法。

2.2 促进可理解的输入与有沟通意义的输出

我们在设计数字教材时谨记克拉申所提的"i+1"原则，在学生已懂的基础上进行延伸。因此，我们的自制影片不脱离课本的主题，也不是课文内容的重复，而是依据课本中的延伸学习字汇进行剧本的撰写，一方面让学生容易理解，一方面又能学习到新的内容。另外我们也设计了口语作业，让学生们朗诵或口说录音后上传给台湾小老师们批改。我们也希望能透过Skype让台湾的小老师们与美国的学生进行一对一的对谈。台湾的小老师以汉语为母语，又主修华语文教学，理应有能力调整自己的用词与句型让外国学生容易理解，对谈的内容并非用教学的形式，而像是两地大学生之间的对话，是为了了解彼此想法而产生的对话，因此我们认为这会比课堂中的对话更具有沟通意义。

2.3 降低情感过滤机制

对于初级程度的学生来说，在课堂中学习汉语甚至说汉语可能会是一件令人感觉焦虑的事情，尤其对那些没有自信的学生更是如此。教师是输入的提供者，但她也是有权威的教学者与评分者，因此学生在老师面前的表现也容易启动情感过滤机制。相较于课堂的环境，我们认为在线环境是能降低学生的情感过滤机制，轻松地在家看看影片、唱唱歌、阅读笑话、搜寻有用的数据、玩玩汉字拼图，应该会比在课堂中产生较少的焦虑。与同年龄的学生在线进行对话，紧张程度应该远低于师生间的对话。透过情感过滤机制的降低，我们认为在线的环境能较有效地促进汉语习得。

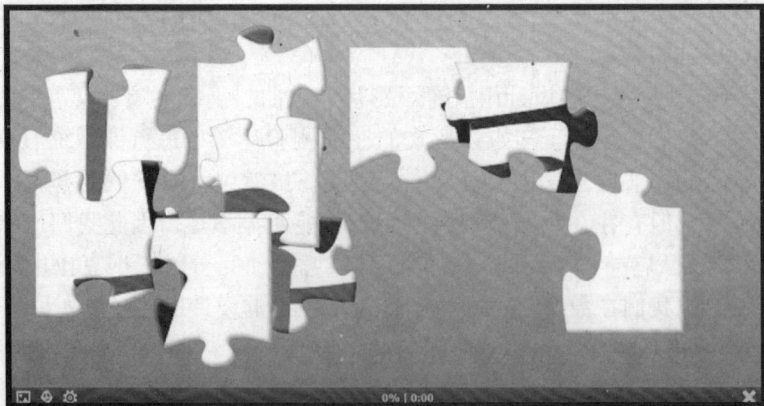

汉字拼图游戏

3. 初步成果与研究限制

本研究的数字学习环境设计目前完成了 MOODLE 在线课程的初步建置，还未正式进行美国学生的试用与教学实验，但本课程的任课教师——加州大学的李珠美教授已对目前成果做了初步的评估与建议。她基本上肯定在线教学平台及信息科技对汉语学习的帮助，并对本研究的数字教材设计提出了具体的建议。我们亦邀请了 6 位在铭传大学就学的外籍生试用此 MOODLE 课程，他们对于上面的教材与活动设计大致给予正面的评价，当然他们也从学生角度提出了改善的建议。我们参酌教师与学生两方的意见，加上研究过程中所发现的若干问题进行以下的讨论。

我们为每个单元拍摄了影片教材，在研究的过程中，发觉教学影片的拍摄其实是一门大学问。首先，影片内容难易度很难把握，虽然我们依循克拉申所提出的"i + 1"的概念，将课本的内容作进一步的深化，但授课老师仍认为这样的内容过于简单，应更加强影片内语言的丰富性，让学生沉浸在丰富的语言情境中学习。因此我们认为，克拉申的理论点出了正确的设计原则，但"i"的位置在哪里，"1"的深度有多深却是两个不容易定位及操作的问题，不同的老师更可能会有不同的判断。再者，对于影片风格的偏好亦存有主观性的价值评判。教师强调影片需具有一定的水平与专业度，学生却认为这样的影片过于呆板，与读课本的感觉差不多，不符合他们的期待。

此外，在研究的过程中，我们体会到不少跨国研究的困难之处。虽然网络提供了不少跨国通讯的工具，但在实际使用的过程中，发觉双方的联系没有想象中顺利，许多问题需要实时沟通，但因台美间的时差大，双方很难找到共同的时间上线讨论。此外，全球华文网 MOODLE 账号的注册手续太过繁复，虽然全球华文网已为外国学生设计了英文的接口，我们也为他们制作了注册教学影片，但仍只有极少数的学生成功登入 MOODLE 课程。

最后，某些理论概念与习得的成果很难评量。例如，如何测量情感过滤机制的高低？如何检测习得的成效？习得是一种缓慢、渐进的改变，因此很难在一两次的实验中测得具体的改变。总之，此研究虽已达成初步的成果，但有更多的问题与限制需在未来的研究中进一步克服。

参考文献

[1] 李启洁. 汉语教学网站的呈现模式与成人汉语教学 [J]. 成人教育, 2010 (11)：89—91.

[2] 赵新波. 多媒体在对外汉语教学中应用的理论基础 [J]. 平原大学学报, 2004 (6)：89—71.

[3] 刘颂浩. 第二语言习得导论：对外汉语教学视角 [M]. 北京：世界图书出版, 2007.

[4] 曹贤文，王智. 对外汉语教师与欧美留学生对"有效教师行为"的评价 [J]. 语言教学与研究, 2010 (6)：16—23.

［5］林金锡，连育仁. 华语文数位教学：理论与实务［M］. 台北：新学林，2010.

［6］Brown, H. D. Principles of Language Learning and Teching［M］. 4th ed. New York：Pearson，2000.

［7］Krashen. *Second Language Acquisition and Second Language Learning*［M］. Oxford：Pergramon Press，1981.

［8］Long, M. H. *Input and Second Language Acquisition Theory*［M］. In Gass & Madden（ed.）. *Input in Second Language Acquisition*［M］. MA：Newbury，1985.

【作者简介】

胡文菊，女，台湾宜兰人，铭传大学华语文教学系助理教授，博士，主要从事教学设计与计算机辅助教学研究。

郭珠美，女，加州大学圣地亚哥分校中文部主任，博士，主要从事汉语教学及商务汉语研究。

基于语料库的对外汉语口语教学话题库及话题词表库构建

刘 华 吕荣兰

【摘 要】针对对外汉语教学中词表建设的"多元化、精细化、针对性"需求，基于大规模、多来源语料库，结合专家知识，利用计算语言学方法构建了对外汉语口语教学用的话题库及话题词表库，并按词语常用度分级。话题库含一级话题40个，二级话题50个；词语表库共收词语2 401个，其中话题通用词1 187个，话题专类词1 214个。

【关键词】语料库；对外汉语教学；话题；话题词表

0. 引言

汉语作为第二语言教学，是以培养汉语交际能力为目标的语言教学，交际能力的培养越来越受到重视，口语教学的地位相应得到提升。受到交际教学法的影响，口语教学多采用以交际功能为目标、以交际话题为中心、以交际场景为语境的教学方法。基于场景交际功能设计的口语化的话题教学将成为对外汉语教学的必然趋势。

基于对外汉语教学"口语化、话题化、交际性"的趋势，以"话题"为纲建立词表，不仅有利于口语教学水平的提高，而且有利于在学习者心中建立起词语网络，方便词汇调度，使其表达更加流畅，提高其交际能力。另外，对于口语词典编纂以及口语教材的编写也有一定的借鉴意义。

目前语言学界关于话题的研究主要集中在话题教学模式的探讨和话题选择原则上，如苏焰（1995）、王若江（1999）、汲传波（2005）、杨艳（2008）等。关于词表的研究则主要集中在综合词表、领域词表以及国别化词表的研究方面，如《汉语水平词汇和汉字等级大纲》（以下简称为《大纲》）、《商务汉语常用词表》（2 457个词，刘华，2006）[①]，《对韩汉语教学用词表》（10 037个词，甘瑞媛，2006），《面向泰国汉语教学用词表》（1 063个词，孙红，2009）等。但将话题与词表研究相结合，建立话题词表的研究几乎没有。

本文尝试建立一个以"话题"为纲的话题库及对应的话题词表库，包括：①确定话题；②根据话题进行词语聚类，构建话题词表库；③根据词语的常用度对话题词语

---

① http：//www. languagetech. cn/hsk_kinds. aspx.

分级。

1. 话题、话题词表及语料说明

1.1　话题

本文将话题定义为：交际的出发点或对象，交际的某种范围；文本内容的集中体现，思想和语言交际的中心。话题在交际过程中具有控制表达内容、为交际内容理解导向的作用。

话题包括一级话题与二级话题，一级话题下可以有多个二级话题。如"乘车、坐飞机"。

1.2　话题词表

话题词表就是能代表该话题内容特征的词语和短语聚集在一起形成的词表。例如，"购物"话题词表包括"商场、超市、讨价还价、便宜……"。

1.3　语料库说明

我们采用汉语和英语口语教材、大纲作为语料来源。所选择的口语教材发行量较大、使用范围较广，并且兼顾了初、中、高不同级别，包括：对外汉语口语教材语料库（共22本）、对外汉语教学大纲语料库（共5本）、英语口语教材语料库（英汉双语，共8本，只采用其中的汉语部分）。①

同时采用超大规模的汉语平衡语料库作为补充，该语料库约3亿字，包括：国家语委平衡语料库、报纸网络新闻语料库、小学生优秀作文语料库、现当代文学作品语料库。

2. 话题选择的原则、方法与话题库构建

话题词表以"话题"为纲，话题的确定是词表构建的基础和前提。

2.1　话题选择的原则与方法

对外汉语教学话题设置的目的主要是让学生围绕话题开展教学以及语言练习，以提高其交际能力。

整体上，以留学生的生活为中心，选择生活中"常见"、"常用"、"有趣"的话题：

（1）以留学生的生活"衣、食、住、用、行"为核心，涵盖了生活的方方面面。大部分话题在初中高级都有涉及。

（2）选择留学生比较感兴趣的话题，注重话题趣闻性，以便激发学生"开口"的热情。

（3）选择生活中常见话题，难度适中，在初中级口语课本中经常出现。保证留学

---

① 限于篇幅，此处不列出详细的教材和大纲的具体信息。

生"乐于开口"的同时，也保证学生"有话可说"。

　　基于教材语料库，将名称不同但概念实际一致的话题归一化，统计、排序出35本教材和大纲中共用的话题，将最常用的话题抽取出来，再结合诸大纲，归纳选择话题。

2.2　话题库

　　最终确定的话题分为日常生活类、商务类、教育类、文化类、特殊话题五大类，共包括了40个一级话题，50个二级话题，如表1。

表1　话题库举例（生活类）

生活类	
一级话题	二级话题
1 个人信息	个人基本信息、爱好特长、性格
2 住房	买房、供房、租房、外出住宿
3 交通出行	A.（出行）乘火车、乘飞机、乘出租车、乘轮船、乘地铁、坐公共汽车 B. 问路、指路
4 购物	买水果、买衣服、买书
5 就医	生病、看病、买药
6 就餐	食物和饮料、烹饪方法、外出就餐
7 银行	·
8 婚姻家庭	恋爱、婚姻、家庭
9 休闲娱乐	运动健身、上网、看电影电视、旅游、逛公园
10 报警、求助	
11 理发	
12 联系	邮局、电话联系、其他联系方式
13 公安局	
14 时间	
15 天气	
16 请客、做客	
17 过生日	
18 宠物	

2.3　与对外汉语教学大纲相比较

将本文话题库分别与《对外汉语初级阶段功能大纲》（杨继洲）、《对外汉语中高级阶段功能大纲》（赵建华）、《对外汉语初级阶段交际情景》（杨继洲）、《国际汉语教学通用大纲》中的话题大纲相比较，结果如下：

（1）本话题库中的话题包含了杨继洲所列举的36个交际场景，但名称不一致，并且做了进一步的扩充。

（2）与《国际汉语教学通用大纲》中话题大纲相比较，话题大纲中22个大类，除了"家人和朋友"、"自然"、"文学艺术"、"历史地理"、"宗教民俗"外，其他大类本话题库都有所涉及。但是话题大纲中的小类更多，更详细，本话题库并没有全部包括；本话题库中某些话题是话题大纲中几个小类的总结。例如：在话题大纲中"个人信息"这个话题下包含了"姓名、年龄、出生地、生日、电话、地址、联系方式、家庭介绍、学校生活、职业、邻里关系、语言、爱好、文化、家乡"等小类，本话题库中的"个人信息、学校教育、过生日"等话题对这些小类进行了归纳。

（3）与两本功能大纲相比，话题库所选话题涵盖了常用的"社交表达"、"情况表达"、"态度表达"、"情感表达"、"使令表达"功能，对于"交际策略"或"谈话技巧"功能则涉及比较少（这两类太难）。

另外，由于词表建设不是针对商务汉语，所以涉及商务领域的话题比较少，归纳为一个大类"商务类"。《商务汉语考试大纲》中的24个交际项目，只有常用的"签证、饮食、住宿、出行、购物、社交文化、招聘、应聘、待遇、谈判、签约、海关、银行、投资"14个有所涉及。

3.　基于语料库的话题词表库构建

3.1　将教材语料库按话题分类

汉语、英语口语教材语料库中，多数教材的每一课文标有话题或主题的标签，结合我们上文构建的话题库，将这些标签一一对应到我们的话题，从而将教材语料库中的所有教材课文都标上我们的话题。对于我们话题库中的每一话题，这些课文形成按话题分类的语料库，一个话题可能包含有若干本教材中的若干篇课文。

3.2　话题词表构建

3.2.1　话题词语自动聚类①

基于按话题分类的课文语料库之间的类别区别属性，可以利用文本分类中的特征提取方法来进行词语聚类。我们已经完成了词语自动聚类系统。② 利用该系统为90个

---

① 该聚类方法的基本原理与实现流程请参见刘华《词语计算与应用》，暨南大学出版社，2010年出版；刘华：基于文本分类中特征提取的领域词语聚类，《语言文字应用》，2007年第1期。

② http：//www.languagetech.cn/word_cluster.aspx.

话题聚类出话题词表。例如，"购物"话题词表为：

商场、超市、讨价还价、讲价、便宜、打折、优惠、挑选、促销、价格、购物、结账、售后服务、送货上门、信用卡、退货、推销、售货员、老板、试用、免费、赠送、质量、货真价实……

3.2.2 教材、学习网站中专家话题词语归类

很多汉语、英语口语教材中已经按话题列出了一些话题词语，作为专门知识，我们将这些话题词语按照我们的话题库对应归类。

某些英语学习网站，如 n 词酷、海词、可可英语等，列出了情景交际话题，以及话题词语，我们将其对应或汉化的汉语词语，按照我们的话题库对应归类。

例如，据此方法，"购物"话题词表增加了：

贵、合理、公道、搞活动、零钱、试吃、价廉物美……

3.2.3 超大规模汉语语料库词语聚类补充

上面的两个途径主要是基于口语教材的，来源和规模都有限。我们需要基于更大规模、更多来源的语料库来补充话题词表。

基于上文 3 亿个词的超大规模汉语平衡语料库，我们利用"基于大规模分类语料库关键词标引的词语聚类方法"进行了词语聚类，完成了 11 万核心词的聚类词表①。

利用该词语聚类系统，检索带有话题特征的种子词，就可以获得相关词语作为补充。例如"购物"聚类词语表中：

……购物车、网上商店、网上购物、会员卡、货到付款、积分、换购、保质期、购物袋、购物狂……

这些词语经过人工筛选，选择使用频率比较高，口语化比较强的词语进入"购物"话题词表：

购物车、会员卡、保质期、购物袋、货到付款、积分

3.2.4 专家评议确定最终词表

初选词表交由暨南大学华文学院对外汉语专业的老师和研究生共同评议，最终确定话题词表。

---

① 网络在线检索：http：//www. languagetech. cn/word_demo. aspx.

3.3 话题词语聚类结果

话题词表包括话题 90 个，其中一级话题 40 个，二级话题 50 个，话题通用词 1 187 个，话题专类词 1 214 个。

例如，"购物"话题的话题词语为（按音序排列）：

保质期、便宜、超市、促销、打折、搞活动、公道、购物、购物车、购物袋、贵、合理、会员卡、货到付款、货真价实、积分、价格、价廉物美、讲价、结账、老板、零钱、免费、商场、试吃、试用、售后服务、售货员、送货上门、讨价还价、挑选、推销、退货、信用卡、优惠、赠送、质量……

4. 话题词语分级

对外汉语词语教学要解决的一个基本问题"教多少，哪些先教"，应该以合理科学的词语常用度计算为基础。对外汉语口语话题词表构建后，也面临着这些话题词语如何按常用度或难易度分级，以针对不同汉语水平的学生学习的问题。

本文采用我们自己设计的词语常用度计算公式来为话题词语分级，同时采用《大纲》的分级标准分级。

4.1 按词语常用度分级

词语的常用度与词语的分布密切相关，常用词语就是广泛领域的广泛人群在一段时间内常用的词语。我们已经计算了每一词语的常用度。

根据词语常用度，词语分级结果举例（以"交通出行"中的二级话题"乘飞机"为例）：

分级前（按音序排列）：

班机、出境、传送带、登机、登机卡、登机口、登机牌、登记手续、电子显示牌、顶灯、飞机、海关手续、航班、候机、候机室、护照、机场、机场费、机票、接机、经济舱、空姐、免税物品、起飞、入境、入境卡、上税、申报、申报单、时差、通知、头等舱、问讯处、无烟区、误机、行李牌、晕机、指示牌、转机、着陆……

分级后（按常用度排列）：

通知、机场、飞机、起飞、护照、航班、入境、着陆、机票、出境、登机、班机、时差、空姐、转机、申报、上税、候机、接机、传送带、候机室、顶灯、经济舱、晕机、申报单、登机卡、登机口、登机牌、登记手续、电子显示牌、海关手续、机场费、免税物品、入境卡、头等舱、问讯处、无烟区、误机、行李牌、指示牌……

4.2 按《大纲》分级

本文将话题词表中的词语按照《大纲》甲乙丙丁级别来排序，超出《大纲》的词语称之外超纲词。

话题词表与《大纲》共用词语为 1 144 个，共用比例为 38.4%；其中甲级词语 293 个，乙级词语 363 个，丙级词语 218 个，丁级词语 270 个。另外，该词表中超纲词语 1 257 个。

本文中的超纲词语很多，占整个词表的比重为 61.6%。虽然超纲词语比重比较大，但是这些超纲词语大多为常用短语，而且短语都是由大纲中的常用词构成。《大纲》主要收的是词，短语很少。

下面以"交通出行"中的"问路指路"为例，列出按《大纲》等级分级的结果，见表2。

表2　话题词语按《大纲》分级结果

等级	词语
甲	东边、西边、南边、北边、远、近、这儿、那儿、街、路、附近
乙	前面、后面、左边、右边、拐、这边、那边
丙	顺
丁	路程、示意图
超	问路、指路、往左转、拐个弯、往右转、往前走、一直走、向右拐、向左拐、迷路、直走、远不远、沿着

5. 结语

本文讨论了话题词表的构建原则、研制流程，基于大规模、多来源的语料库，结合专家知识和计算语言学方法，最终构建了一个分级的话题词表库，该话题词表库的建设是对外汉语教学中多元化、精细化、针对性词表建设的一个尝试。

目前话题词表中的词语还比较少，只是种子词，而且词语的口语性仍需提高，另外，与《大纲》相比，词表存在大量的超纲词，这些都是今后工作的重点。

参考文献

[1] 陈克利等. 基于大规模真实文本的平衡语料分析与文本分类方法 [A]. *Advances in Computation of Oriental Languages* [C]. 北京：清华大学出版社，2003.

[2] 国家对外汉语教学领导小组办公室汉语水平考试部. 汉语水平词汇与汉字等级大纲（修订本）[S]. 北京：经济科学出版社，2003.

［3］甘瑞缓. "国别化"对外汉语用词表研究［M］. 北京：北京大学出版社，2006.

［4］汲传波. 对外汉语口语教材的话题选择［J］. 四川师范大学学报，2005（6）.

［5］刘华. 基于文本分类中特征提取的领域词语聚类［J］. 语言文字应用，2007（1）.

［6］刘华. 词语计算与应用［M］. 广州：暨南大学出版社，2010.

［7］苏焰. 谈谈外国留学生中高级口语教学［J］. 武汉大学学报，1995（3）.

［8］孙红. 面向泰国汉语教学"国别化"词表的研制［D］. 暨南大学硕士学位论文，2009.

［9］王华，甄凤超. 透过主题词或关键主题词管窥中国学习者英语口语交际能力中的词汇知识［J］. 外语界，2007（1）.

［10］王若江. 对外汉语口语课的反思［J］. 汉语学习，1999（2）.

［11］辛平. 面向商务汉语教材的商务领域词语等级参数研究［J］. 语言文字应用，2007（3）.

［12］杨艳，柯丽云. 对外汉语初级口语教材话题研究［J］. 齐齐哈尔高等专科学校学报，2008（4）.

【作者简介】

刘华，男，博士，暨南大学华文学院华文教育系教授，主要研究领域：计算语言学、海外华语、计算机辅助汉语教学。

吕荣兰，女，暨南大学华文学院硕士研究生。

口语教材难度不均衡现象分析

——以四部对外汉语口语教材为例

师玉梅　白娜娜

【摘　要】本文以使用较为普遍的四部留学生初级口语教材为范本，从课文长度、句子长度、词汇量、词汇等级、课文难度系数、语法等级等几个方面考察了四部教材的难度。从中揭示出目前对外汉语口语教材的编写在难度的考虑上还存在很大的随意性，缺乏统一的编写规范。口语教材语料难度等级研究也是口语教材建设中值得重视的研究课题。

【关键词】初级；口语教材；难度

0. 引言

赵金铭先生（1998）指出："对现行的对外汉语教材，学习者的意见普遍集中在下列两条：一是教材内容没有意思，二是词汇太多，这实为我们教材的两大致命伤。"关于第二条词汇太多的问题，教材编写收纳多少词汇量算是合适呢？编写者是否有相对统一的认识？由此更深一步的问题是，词汇量关系着教材的难度。词汇等级、课文选材的长短、句子的长短、语法等也关系着教材的难度。如果为相同水平的汉语学习者提供的教材难度差异显著，这也就意味着有些教材过难或过易。据孙雁雁（2010）统计，从新中国成立后到 2008 年初，国内正式出版的各类对外汉语口语教材近 400部。2008 年之后，虽未见有具体统计，但是亦不少见。这些口语教材的编写在难度等级上是否都做过仔细的考量呢？本文试以使用较为普遍的四部初级口语教材为范本，从课文和句子的长度、词汇量、词汇等级、课文难度系数、语法等级等几个方面考察他们的难度，以期揭示对外汉语口语教材中存在的难度不均衡现象。

1. 难度影响因素

1.1　四部口语教材简介

本文所考察的教材主要有以下四种：

（1）《初级汉语口语》（北大版新一代对外汉语教材·口语教程系列，戴桂芙、刘立新、李海燕编著，北京大学出版社，2004 年 7 月第 2 版。以下简称《口语》。）全套两册，第 1 册 25 课，1—3 课为语音部分，第 2 册 20 课，共 45 课，每周 8 学时，每学期 18—20 周，使用一学年。

（2）《发展汉语·初级汉语口语》（对外汉语长期进修教材，陈晨编著，北京语言文化大学出版社，2004 年 9 月第 1 版。以下简称《发展》。）全套教材分上、下两册，每册 24 课，共 48 课，供每周 4—6 学时，每学期 18—20 周，使用一学年。

（3）《汉语口语速成》（入门篇，马箭飞主编，北京语言大学出版社，2005 年第 2 版。以下简称《速成》。）全套教材分上、下两册，每册 15 课，共 30 课。此教材适合 6 周及 6 周以下为教学周期的短期班使用，同时也可以作为汉语长期进修生的口语教材。每周 4 学时，每学期 18—20 周，使用一学年。

（4）《阶梯汉语·初级口语》（国家汉办规划教材，刘荣主编，华语教学出版社，2007 年第 1 版。以下简称《阶梯》。）教材共有 40 课，分上、下两册。上册 1—19 课，下册 20—40 课。全书设计是 144 课时。如果每周 4 学时，每学期 18—20 周，可使用一学年。

四部教材均是针对汉语零起点的学习者。其中《口语》是每周 8 学时，其他三种基本是每周 4—6 学时。《口语》的教学时间长一些，理论上推断，在词汇和语法量上要达到的目标也更高一些。

1.2　难度影响因素

本文所考察的教材难度影响因素主要有五个方面，即：课文语料长度、句子长度、课文难度系数、词汇量、词汇等级、语法等级。

1.2.1　课文语料长度

为研究方便，笔者把少于 300 字的语料定为短语料；301—500 字定为中语料；500 字以上的语料定为长语料。鉴于教材语料长短不一，同时也为提高统计分析的精确度，本文又分别对短语料、中语料和长语料进行了更加细致的统计，以每百字为一个单位，对四部口语教材的语料长度进行详细的描述。

1.2.2　平均句长

句子长度是决定课文难度的重要因素。张宁志（2000）曾对 29 部常用的汉语教材的语料难度（包括入门、初级、中级和高级阶段）进行了初步的测定。得出每百字平均句数为 10 以上的教材，一般可归入入门教材；句数为 6—10 的，可归入初级教材；句数为 6 以下的则可归入中高级教材。也就是说，平均句长在 10 个字以下的，属入门教材，平均句长在 10—16.7 个字之间的，属初级教材；平均句长在 16.7 个字以上的，则是中高级教材。本文判定句长等级借此为参照。

1.2.3　词汇量及等级

词汇量多，教材的难度也会提高。当然词汇等级与教材难度也紧密相连。据国家汉办、教育部社科司 2010 年 10 月出版的《汉语国际教育用音节汉字词汇等级划分》所界定的词汇等级标准，初级相当于其中的一级（普及化水平）。普及化词汇共计 2 245 个，其中又分为两个档次，三个小层次：第一档最常用词 1 342 个，分为两个层次：最低入门等级词汇（一①）505 个，其他最常用词（一②）837 个；第二档常用词（一③）903 个，（以下简称一①词汇、一②词汇和一③词汇）。详见表 1。

表1　普及化词汇等级水平

	第一档 1 342		第二档 903
一级（普及化水平） 2 245	入门等级词汇 （一①）	其他最常用词 （一②）	常用词 （一③）
	505	837	903

本文以此等级标准对四部口语教材的词汇进行了考察。将属于普及化范畴的词汇按一①、一②和一③进行归类；把不属于普及化范畴的词汇统一归为超初级词汇。

1.2.4　语料难度系数

参照张宁志（2000）的测试方法，难度系数等于语料的平均句长加上非常用词（甲乙之外词汇）对语料难度的影响，即平均句长加上每一百字含有的非常用词数就是这一册书语料的难度系数。

本文据2010年版的《汉语国际教育用音节汉字词汇等级划分》所界定的词汇等级标准，将一级以外的词汇定为非常用词汇。此外据张氏的结论，将难度系数小于20的定为初级教材，难度系数在21—30之间的定为中级教材，31以上的定为高级教材。

1.2.5　语法等级

根据国家汉办/孔子学院总部于2009年编制的《新汉语水平考试HSK大纲》界定的"六级九等"体系，初级水平相当于《新汉语水平考试HSK大纲》（以下简称《HSK》）中的一级、二级和三级水平。本文将符合一、二、三级语法水平的句子定为初级语法句，把超出此三级语法水平的句子定为超初级语法句。

2. 四部初级口语教材难度分析

2.1　课文长度

本文的统计只针对四部初级口语教材的主体课文，不涉及课后练习部分。有的教材前几课为专项语音练习，统计时未作考虑。四部教材课文语料长度状况见表2。

表2　课文语料长度表

教材 ＼ 字数	短语料			中语料		长语料
	1—100字	101—200字	201—300字	301—400字	401—500字	500字以上
《口语》	0	6	8	8	16	4
	0	14.3%	19%	19%	38.1%	9.6%

（续上表）

字数 教材	短语料			中语料		长语料
	1—100 字	101—200 字	201—300 字	301—400 字	401—500 字	500 字以上
《发展》	0	0	5	16	12	15
	0	0	10.4%	33.3%	25%	31.3%
《速成》	5	7	15	3	0	0
	16.7%	23.3%	50%	10%	0	0
《阶梯》	7	23	10	0	0	0
	17.5%	57.5%	25%	0	0	0

四部教材语料长度可排序为：《发展》＞《口语》＞《速成》＞《阶梯》。

其中《发展》的课文语料长度最长，中长语料所占比重为 89.6%，《阶梯》的课文语料长度最短，没有出现中长语料。两者之间差异显著。《口语》中长语料为 66.7%，与《速成》的 10% 相比，差异也比较显著。《发展》和《口语》课文语料长度要远远高于《速成》和《阶梯》，而且每两部教材之间也存在较大的差异。

2.2 平均句长

本文所统计的课文平均句长是课文总字数与总句数之比。四部口语教材课文的平均句长统计结果见表 3：

表 3 平均句长表

考察项目 教材	总字数	总句数	平均句长
《口语》	15 421	1 339	11.5
《发展》	21 970	1 499	14.7
《速成》	5 840	544	10.7
《阶梯》	6 611	699	9.5

四部教材按平均句长可以排序为：《发展》＞《口语》＞《速成》＞《阶梯》。《发展》这部教材平均句长最长；与此相反，《阶梯》是平均句长最短的。《发展》与《阶梯》的平均句长存在明显差异，达 5.2 个字。依据前文列出的初、中、高三级的评判标准，《口语》、《发展》和《速成》这三部教材的平均句长均在 10—16.7 个字之间，属于初级教材；《阶梯》的平均句长为 9.5 个字，没有超过 10 个字，属于入门

教材。

    我们选取的四部初级教材均包括两册。从单册来看，《速成》上册平均句长 8.9 个字，属于入门教材；《口语》、《发展》的上册及所有教材的下册平均句长都在 10—16.7 个字之间，属于初级教材。《发展》上册平均句长为 12.9，高于其他三部教材的下册。而《发展》下册平均句长为 16.1 个字，接近一本中级教材。

2.3 词汇量及等级

    本文统计的词汇不包括专有名词。此外，一个词语若以不同的词性出现，按两个词语统计。对四部初级口语教材的词汇量及词汇等级的统计见表 4。

表 4 词汇量及词汇等级

教材 \ 词汇	总词汇量	初级词汇			超初级词汇
		一①	一②	一③	
《口语》	1 237	428	353	93	363
		34.6%	28.5%	7.5%	29.3%
《发展》	1 583	331	348	141	763
		20.9%	22%	8.9%	48.2%
《速成》	831	346	247	35	203
		41.6%	29.7%	4.2%	24.4%
《阶梯》	628	285	169	25	149
		45.4%	26.9%	4%	23.7%

    四部教材从词汇量角度可排序为：《发展》>《口语》>《速成》>《阶梯》。

    词汇量最多的为《发展》，有 1 583 个词，最少的为《阶梯》，仅 628 个词。《速成》与《阶梯》词汇量相对比较接近，之间差 200 多词。《口语》与《发展》相对比较接近，之间差 300 多词。《发展》的词汇量是《速成》的 1.9 倍，《阶梯》的 2.5 倍；《口语》的词汇量是《速成》的 1.5 倍，《阶梯》的 1.97 倍。

    从词汇难度等级来看，《口语》虽然词汇量大，但 70% 左右的词汇控制在初级词汇范围内。《速成》、《阶梯》两部教材 76% 左右的词汇也均在初级词汇的范围内，比例与《口语》基本一致。而《发展》初级词汇与超初级的词汇大致对半，远超过其他三部教材。

2.4 课文难度系数

    结合前文数据，笔者又进而对四部教材课文语料的难度系数进行了统计，结果如表 5。

表5　课文难度系数表

考察对象 教材	总字数	平均句长	非常用词数	每百字非常用词数	难度系数
《口语》	15 421	11.5	363	2.4	13.9
《发展》	21 970	14.7	763	3.5	18.2
《速成》	5 840	10.7	203	3.5	14.2
《阶梯》	6 611	9.5	149	2.3	11.8

　　四部教材课文语料的难度系数均小于20，都可以定为初级教材。四部教材课文语料难度系数可排序为：《发展》＞《速成》＞《口语》＞《阶梯》。《发展》的难度系数最高，为18.2，《阶梯》的难度系数最小，为11.8，两者相差6.4。值得一提的是，《发展》无论是在总字数、总句数、平均句长还是在非常用词数上都远远高于其他教材；《阶梯》则与之相反，无论是在总字数、总句数、平均句长还是在非常用词数上都是最小的，与《发展》之间差异显著。

2.5　语法等级

　　四部初级口语教材所使用句子的语法等级可展示为表6。

表6　句子语法等级表

等级 教材	初级语法句	超初级语法句
《口语》	1 182	157
	88%	12%
《发展》	1 428	71
	95%	5%
《速成》	503	41
	92%	8%
《阶梯》	682	17
	98%	2%

四部教材课文所选用句子的语法等级多数控制在初级语法范围内，应该说没有显著的差异。根据 1996 年 6 月颁布的《汉语水平等级标准与语法等级大纲》所界定的语法标准，初级教材所编入的语法项应不少于 90%，超纲的语法项应不多于 10%。《口语》只是略高出初级语法难度的要求。

3. 结语

通过以上分析，我们发现几部口语教材除了在语法难度上差异不显著以外，在课文语料长度、平均句子长度、词汇量及词汇等级、难度系数等多个方面都有较为显著的差异。《发展》在这些方面都处于领先地位，而《阶梯》在诸方面处于末尾。可以说《发展》的综合难度在四部教材中是最高的；《口语》其次，《速成》再次，《阶梯》最低。在词汇等级上，《发展》超出初级的词汇偏多。虽然在平均句长和难度系数、语法等级上几部教材都基本在初级范围，但是依然存在显著差异。有的在入门阶段，有的接近中级。这些差异反映出编者对所要达到的教学目标看法存在不同。四部教材中仅有《口语》是为一学年，每周 8 学时设计的，其他三部教材基本上是一学年，每周 4—6 学时。大致一致的学习时间，要达到的教学目标却不同。不难看出，这些口语教材的编写在难度上缺乏统一的原则标准。不同的编写者可以有不同的编写特色，但是同一水平级别的教材，难度应该是一致的。否则就会出现教材过难或过易的情况。目前口语教材缺乏明确的编写指导原则，这一原则的制定和完善是解决教材难度不均衡现象的根本。

参考文献

[1] 陈晨. 发展汉语·初级汉语口语 [M]. 北京：北京语言文化大学出版社，2004.

[2] 戴桂芙，刘立新，李海燕. 初级汉语口语 [M]. 北京：北京大学出版社，2004.

[3] 国家对外汉语教学领导小组办公室汉语水平考试部. 汉语水平等级标准与语法等级大纲 [M]. 北京：高等教育出版社，1996.

[4]《汉语国际教育用音节汉字词汇等级划分》课题组. 汉语国际教育用音节汉字词汇等级划分 [M]. 北京：北京语言大学出版社，2010.

[5] 李海燕. 从教学法看对外汉语初级口语教材的语料编写 [J]. 语言教学与研究，2001 (4).

[6] 刘荣. 阶梯汉语·初级口语 [M]. 北京：华语教学出版社，2007.

[7] 马箭飞. 汉语口语速成 [M]. 北京：北京语言大学出版社，2005.

[8] 马欣华. 关于汉语口语教材的编写问题 [J]. 语言教学与研究，1987 (4).

[9] 孙雁雁. 对外汉语口语教材编写研究 [J]. 云南师范大学学报（对外汉语研究版），2010 (3).

[10] 杨寄洲. 编写初级汉语教材的几个问题 [J]. 语言教学与研究，2003 (4).

[11] 杨石泉. 教材语料的选择 [J]. 世界汉语教学，1991 (1).

[12] 张宁志. 汉语教材语料难度的定量分析 [J]. 世界汉语教学，2000 (3).

［13］赵金铭. 论对外汉语教材评估［J］. 语言教学与研究，1998（3）.

【作者简介】

　　师玉梅，女，博士，暨南大学华文学院汉语系副教授，主要研究领域：文字学、对外汉语教学。

　　白娜娜，女，暨南大学华文学院硕士研究生。

两岸对外汉语教学的融通与合作

——暨南国际大学客座教授曾毅平先生访谈录①

周静琬

记者：曾教授好！我们知道您这次来台湾担任暨南国际大学华语文教学研究所客座教授，由于此次停留的时间较长，对台湾的印象已经不是浮光掠影了，可以多说些感受吗？

曾：谢谢！承蒙暨南国际大学邀请，今年上半年到埔里客座，这是我第三次来台湾。我的老家在赣南，那是闽赣两省交界地，武夷山脉的西麓。比起许多内地省份，离台湾海峡算是近的了。小时候偶尔还会在山上的灌木丛里，捡到一些花花绿绿的传单、气球碎片什么的，那是海峡这边吹过去的。看到那些东西，少年时的感觉是惊悚和神秘。

2008 年，我有幸跨越海峡，带学生到高雄参加研究生论坛。走出小港机场，感到台湾是那么真切而实在地出现在了眼前。扑面而来的街景，让人觉得既新奇又熟悉。会后和研究生们一起游览了好些风景名胜，对台湾的自然和人文环境留下了深刻印象。第二次，是去年初夏，应中央大学邀请，参加一个学术会议。中央大学有很壮观的大榕树，语言中心华语组的 workshop 让我感受到台湾华语文老师的专业精神。高雄师大研究团队历经数年所做的外籍新娘华语文教学的追踪研究，也让我看到了台湾年轻一代学者治学的严谨。

这次来台湾住的时间比较长，教学之余，有机会南北东西"趴趴走"，感受一言难尽。特别要说的，首先是台湾人情的醇厚令我感到十分温暖。南北东西，不论长者还是平辈、晚辈，大家的友善、情谊，叫人终生难忘。埔里是个小镇，传统乡村社会的人情，在这里保留得很完美。电视上独闯南美的南部阿嬷、台中的爱心菜贩、在海外一展歌喉的"小胖"等，还有，在小巷的铺子里，能看到大人物褒奖某小吃的奖状，社会推崇的英雄观和价值观似乎比较重视肯定一般平民。台湾管理工作的规范和精细也很值得赞赏。社会具有多元色彩，在埔里这样的镇子上，不仅有大陆的南北小吃，平埔族的菜肴，阿美族的"马拉桑"，绍兴黄酒，也有很不错的法式、日式、美式、意大利式餐馆。在台湾，年轻人留学海外以及大学"海归"教师的比例也不低。当然，台湾社会有开阔的一面，在一些社会事件中，也会感受到舆论视野特别僻仄和

---

① 本文原载台湾《华文世界》2010 年 12 月，总第 106 期。

内视的一面。

记者：我们都久仰您在修辞学、方言学、语体与语言风格学、对外汉语教学等方面学有专精，请谈谈您在台湾暨大的主要工作好吗？教学方面，您主要给研究生哪些研究方向上的指点呢？您接触过两岸学生，觉得他们有不同特色吗？

曾：教学方面主要是为研究生开设"对外汉语教学研究专题"课程，此外，协助做一些图书资料建设和教材编写方面的工作，根据自己的兴趣做一些相关课题的研究。专题课可根据学生需要确定讲授内容。我选择了一些具有前沿性和方法论意义的研究专题和研究个案讲授。我本人在对外汉语教学方面，研究兴趣主要在基于语体的对外汉语教学、词汇教学以及修辞语用教学等方面。期间也应邀到台大、台师大、政大、"中央"、台北大、台北教育、铭传、逢甲、明道、嘉义、台南等十多所大学和世界华语文教育学会交流访问，在北、中、南做了十几场演讲。讲题主要涉及语言的国际需求、汉语的国际化、世界汉语教学合作、教学模式和教学法、教材编写中的语体问题、广义修辞观、修辞学视角的对外汉语教学、修辞的民族性与留学生汉语交际的得体性、语言教学与文化差异、跨文化公共关系等。也应邀参加了一些学术会议，与台湾同行有比较深入的切磋，达成了一些院系合作意向。暨大华语文所为我提供了良好的工作条件，同事们相处得很愉快，工作非常顺利。

两岸学生差异是个有趣的问题，不少台湾朋友都问过我，包括一些有相当层级的官员。通常我要是顿一顿，不马上作答，对方就会问是不是大陆学生勤奋，台湾学生比较懒。大家形成这样一种刻板印象，当然是有原因的。不过，我倒觉得很难一概而论，大陆和台湾学生都是有勤奋的，也有懒的，我没有做过面上的调查，不敢下结论。就个人印象而言，两岸学生同文同种，也没觉得有多么大的差别。我比较欣赏的是大陆学生的心理承受力，他们读到研究生，经过了无数次竞争激烈的大考、小考，毕业时又面临找工作的压力，久经沙场，能比较淡定地面对激烈的竞争。大陆学生也很重视综合素质的提高，功课之外，乐于发展进入社会的"十八般武艺"。台湾学生的动手能力强、想象力丰富、做课堂报告时注重与同学沟通的"共话"习惯、喜欢互动式教学、读书之余乐于服务慈善事业等，也给我比较清晰的印象。台湾学生许多带有古早味的尊师细节和文明有礼、同学彼此尊重个性、学校有计划和有序的师生海外交流做法等，我都很欣赏。

记者：现在大家都在谈论"华语文热"，您觉得在这股热潮中应如何好好把握，对此有什么看法呢？

曾：所谓"华语文热"，说法不一，有的叫"汉语热"、"中文热"，也有的叫"华文热"。它所反映的一个基本事实，就是随着大陆30多年来经济社会的发展，国际上对汉语的需求增长迅速，从主流学校、周末制学校到社会语言培训机构，学习汉语的人数不断增多，汉语的国际化进程明显加快。关于语言国际化的位序，早年大陆的《中国大百科全书·语言文字卷》、英国的《卫报》等曾经对十几种语言排过座次。最近看到的一个资料称，瑞士社会学者 George Weber 把汉语的国际化程度排在第6位，这个排名是按母语人数、第二语言人数、经济实力、科学及外交中的重要性、使用国家数和人口数、社会及文学地位等十大参数加权评分得到的综合排序，尽管有些加权值还可商榷，但其指标体系大致也能反映出当前汉语的国际化水平。

应当强调的是，汉语和历史上希腊语、阿拉伯语、西班牙语、法语、英语成为一种国际语言或区域语言的动因有共性，更有差别。尽管有政治、经济、文化等诸多方面的原因，汉语近 30 年来国际化进程明显加快，经贸方面的动因是最主要的。而上述语言，则是军事、宗教或殖民扩张所起的作用不可低估。

语言的国际化是一个相当长的过程，最近的 30 年和未来的几十年，是汉语成为一种世界性语言非常重要的时期，我们这些站在汉语国际传播最前沿的专业工作者，生逢其时，可以说十分幸运。不管是学术研究、人才培养、教学资源开发、项目开拓，还是语言产业发展，不管是机构还是个人，我都感到有做不完的事情。我们倡导全球华人共创汉语的国际需求，全球汉语教学工作者，更应加强融通与合作，在这个历史机遇期，切实把握好发展国际汉语教育的各种机缘。

记者：请您深入分析近 30 年带动汉语国际需求增长的主要因素有哪些？在汉语国际化的影响力下中国的文化有辅助之功吗？

曾：语言的国际需求，取决于该种语言背后的经济、文化、科技、政治实力。中国 30 年来经济发展的成就，最为国际社会所瞩目。今年 2 月份看到的 2009 年世界 18 大经济体排名，中国大陆排在第三位，2010 年第二季度大陆 GDP 总量实际上已居世界第二位。台湾政治大学今年最新版中国经济排名，其中有 19 项指标跻身全球前三（有些是负面指标）。经贸往来产生的汉语需要是实实在在的。在文化、科学方面，《中国现代化报告 2009——文化现代化研究》认为，中国的文化影响力指数在全世界排名第七，了解中华文化，特别是传统文化的需要，扩大了汉语的国际需求。中国在科技方面虽然还算不上强国，但在一些重要领域，取得了重大突破，以航空航天、超级计算机、电子信息科技、超级稻育种技术、核科技、船舶科技、轨道交通为代表的一大批重大科技项目，取得了重要的成就，重大公益技术和产业共性关键技术方面有显著的突破。据瑞士洛桑国际管理学院（IMD）世界竞争力评价，中国科学基础设施的国际排名 2009 年为世界第六名。汤姆森路透集团收录的全世界 10 500 份期刊的科学论文索引，2009 年，中国科学论文的发表量超过了 12 万篇，仅次于美国的 35 万篇。政治上，中国在全球协定性国际组织中的参与率是 58.23%，地区性国际组织的全球参与率为 9.75%。全球性的政府间国际组织 IGOs，参与率排全球第 12 位。在上万个非政府组织（NGO）中参与的只有 42 个。汉语虽然是联合国的工作语言之一，但总体上汉语在国际组织中的使用还有很大的成长空间。

综合以上各因素看，近 30 年来汉语的国际化，经济因素是最强劲的动因，对中华文化，特别是传统文化了解的愿望，科技交流等也在一定程度上带动了汉语的国际需求，政治因素有一定作用，但还称不上是主要刺激因素。当然，近 30 年合法移居海外的中国人增多，也对汉语的扩散起到了一定的作用，文化随语言传播是"无远弗届"、"随遇而安"的，在"众声喧哗"中自有其可融可通之处。

记者：您谈到全球华人共创汉语的国际需求，这是个高瞻远瞩的见解，由于涉及层面甚广，又要在各变量中能起"合力"作用，如在政治意识、经济结构、语言使用上，都是目前必须正视的问题，您有什么建议？

曾：从动因上看，近 30 年来经济因素最为重要，但经济的需求是一种很直接的、功利性很强的需求，而文化和科技上的需求则是一种魅力上的需求，是更为内在的需求。所以，在"汉语热"的背景下，对汉语的国际传播更需要"冷思考"。有人指出，当前汉语还是一种"内敛型"的语言，其使用领域和范围有限，使用的国家单一，国际上的学习主体为华裔，汉语国际传播中的文化和科技的动力不足等，我认为这些都是比较客观的评价。尽管汉语的国际化还任重道远，但应该强调的是，当下正处于快速上升时期，国际社会看好汉语，对汉语的预期很高。这种预期是建立在对中国综合国力提升上的预期，也是建立在对世界华语社区综合实力基础上的预期。我主张全球华人共享汉语的历史机缘，共同创造汉语的国际需求。中国的大陆、台湾、港澳，东南亚乃至全世界的华人社区，其经济总量之大，若能使汉语随经贸传播，其国际需求增长可想而知。文化上，外国人对中国感兴趣的主要是 5000 年的古国文明，我们最精髓的，能为世界普遍接受的传统文化是什么呢？这需要进一步提炼。我们能提供给世界的，具有普世价值意义的当代文化又是什么呢？这需要去创造。汉语在国际传播中必然如英语一样产生诸多的变体，其所承载的文化信息是固守本土文化，还是接纳他族文化、融汇他族文化、获得新的活力呢？这需要去包容。创造汉语自己的，而不是追随西方的具有普世意义的文化，汉语的传播才能获得更深厚的文化上的魅力。科技处于领先水平，且汉语成为最前沿科技知识的载体，人们需要通过汉语去学习最新科技，获取科技信息，无疑科技将成为汉语国际传播的翅膀。至于国际组织中的工作语言的选用，当然与使用该语言的民族的话语权关系密切。而话语权的获取，一言难尽。总之，经贸汉语、科技汉语、文化汉语，汉语国际需求的潜力巨大，汉语传播的主体、渠道、方式都还需要进一步拓展。

记者：在国际汉语教学的格局中，如何看待两岸的竞争呢？

曾：在大陆开放前，海外的汉语教学和华文教育，基本上是台湾做得比较多；大陆开放之后，格局发生了较大的变化。由于历史和现实的原因，海外华校、中文学校，也的确有台湾背景和大陆背景之分。不管在海外还是在台湾，我的确感觉到，在国际汉语教学和华文教育领域，有一种比较强的"地盘"意识。在一次研讨会上，我也听到了台湾朋友要以注音字母和繁体字"反攻大陆"的说法。在我看来，在当今汉语成为一种国际语言的进程明显加快，汉语的国际预期相对乐观的背景下，最重要的是大家共创汉语的国际需求，蛋糕做大了，大家都不愁吃不饱。在这样的一个历史机遇期，竞争固然难以避免，但融通与合作更是时代潮流。大家更要思考的是，在国际汉语教学领域，如何发展各自的优势，比如，大陆的优势何在，台湾和港澳地区、新加坡、马来西亚等的优势又何在？以我对台湾华语文教学界浅薄的了解看，我觉得台湾在华语文教学中是以"精致"见长，台湾大可借鉴发展精致农业的思路，发展精致的对外汉语教学。

　　在融通与合作方面，其实两岸有许多迫在眉睫的事要做，比如教学用词表的问题，由于两岸客观上几十年存在的语言变异，规范取舍上的差异，给国际汉语学习者带来不少困扰，如果要合作编写教材，就需要有融通两岸的词表。汉语水平测试等，大陆、台湾、日本等都有各自的测试体系，尽管水平测试多元化不是坏事，但一个通用的测试标准也是需要的。汉语要走向世界，标准要先行，而诸多与汉语教学有关的国际标准，需要两岸四地和世界各国汉语教学工作者来共同研制。当下有"侨务休兵"的说法，我觉得，在汉语国际教育领域，两岸更有条件摒弃旧思维，让"融通与合作"成为当下的主旋律，我本人能得到客座交流的机会，这本身就是融通与合作的体现。在此也感谢《华文世界》给我与读者朋友交流的机会！

　　记者：您能以"融通与合作"的现身说法，强调世界汉语教学工作者任重道远无私的精神，对我们后学者而言实有莫大的启发！谢谢您接受我们的采访！

后 记

近年来，随着海峡两岸接触、交流的逐步深化，两岸语言及其应用的比较研究成为备受关注的领域。民族共同语及其方言的对比研究，社会语言生活、语言变异研究，两岸现代汉语词典的编撰是两岸汉语及其应用比较研究三个重要的方面。此外，在汉语作为外语或第二语言教学方面，两岸同行的对话和交流也随着两岸气氛的日益融洽而走向深入。

面向世界的华文教学是海峡两岸顺应汉语国际需求增长，传播、传承中华语言文化的共同事业。多年来，两岸对外汉语/华语文教学工作者在教学上各自有着丰富的实践，在华文教学的理论和应用研究方面，有许多需要共同面对的问题，理论和方法上既有同一性，也有差异性，形成了各具优势的研究领域，研究视野和成果正可互融互通和互补。《海峡华文教学论丛》的出版，即在为两岸同行提供一个深入切磋、交流的学术园地。

两岸华文教学领域的交流形式可以多种多样。我们认为，相关学院、系、所、中心之间的点对点交流也是一种富有实效的方式。近年来，暨南大学华文学院与台湾大学国际华语研习所、台湾师范大学华语文教学研究所及应用华语文学系、高雄师范大学华语文教学研究所、台湾政治大学华语文教学中心、台湾暨南国际大学华语文教学研究所、台北教育大学人文艺术学院、中央大学语言中心、铭传大学华语文教学学系、台中教育大学语文教育学系等学院和系所中心进行了多种形式的交流与合作，或教师互访、研究生及本科生交换学习，或合作编撰教材，合办小型研讨会，取得了很好的效果。收入本文集的20多篇论文，即为大陆暨南大学华文学院与台湾铭传大学华语文教学学系2012年3月联合举办"华文教学研讨会暨工作坊"发表的成果。

本着学院、系、所、中心在华文教学专业领域点对点深入交流的想法，暨南大学华文学院与台湾铭传大学华语文教学学系近年来可谓有着深度合作。2010年11月，铭传华教系杨小定主任莅穗访问，与暨大华文学院签署了合作开展华文教学协议。之后，暨大华文学院有多位教师应邀赴台或参加研讨会，或作学术演讲。在学生交流方面，暨大华文学院也有10多位本科生应邀到铭传访学，期间除听课之外，还举行了演讲、论辩、电影配音、文化观光等多种形式的交流。在杨小定主任策划下，双方合作编写的教材《看话剧学华语》也已在台湾出版。2012年3月，杨小定主任偕同华教系黄景星、郑尊仁、胡依嘉、胡文菊几位老师应邀莅穗，与暨大华文学院应用语言学系、汉语系、华文教育系的20多位老师，举行了一天的论文发表会。大家以"华

文教学理论与实践的结合"为主题，进行了深入的切磋，以文会友，彼此都感到颇有
收获。

两年多前，编者接受台湾《华文世界》杂志专访，就两岸华文教学的融通与合作
谈了一些粗浅的看法。征得记者周静琬女士和《华文世界》编辑部的同意，特将专访
稿收入本文集，以反映我们对两岸华文教学交流的理解，并表达我们希望加强两岸同
行交流合作的愿望。

通过举办小型研讨会，编辑出版《海峡华文教学论丛》，发表相互切磋的成果，
我们希望这种深入交流的形式能为两岸同行所欣赏和认可，得到两岸华文教师和学者
的大力支持。暨南大学出版社徐义雄社长对论丛的编撰深表赞同，并给予热心支持，
人文事业部主任杜小陆先生和责编为论丛第 1 辑的出版做了许多工作，暨大华文学院
张耀文老师协助整理文稿，特致以衷心的感谢！

曾毅平

2013 年 2 月 12 日

农历正月初三